ファイナンスの数理

デリバティブ価格の決定について

A Course in Financial Calculus

アリソン・イーサリッジ＝著
Alison Etheridge

遠藤 靖＝訳

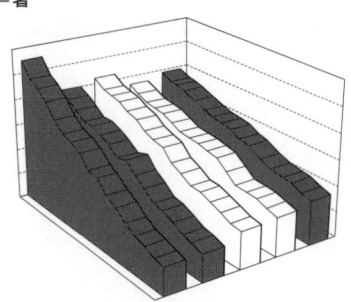

東京電機大学出版局

A Course in Financial Calculus
by Alison Etheridge
Copyright © 2002 by Cambridge University Press.
Translation Copyright © 2005 by Tokyo Denki University Press.
All rights reserved.
Japanese translation rights arranged
with the Syndicate of the Press of the University of Cambridge, England
on behalf of the Chancellor, Masters and Scholars of the University of Cambridge
(Cambridge University Press, The Edinburgh Building, Shaftesbury Road, Cambridge
CB2 2RU, England)
through Tuttle-Mori Agency, Inc., Tokyo.

本書の全部または一部を無断で複写複製（コピー）することは，著作権法上での例外を除き，禁じられています．小局は，著者から複写に係る権利の管理につき委託を受けていますので，本書からの複写を希望される場合は，必ず小局（03-5280-3422）宛ご連絡ください．

はじめに

　ファイナンス数学は，学術界と産業界の共同研究によって成功した特筆すべき一例だ．大学と銀行で発展した高度な数学的技法は，デリバティブ・ビジネスを数兆ドル市場へと変貌させた．このことによって高度に訓練された学生の需要が生まれ，この需要からテキストの必要性が出てきたのだ．

　本書はファイナンス数学への入門書で，Martin Baxter & Andrew Rennie の *Financial Calculus* から大きな影響を受けている．Martin と Andrew には，彼らの指導と彼らの本にあるいくつかの題材の使用を許可してくれたことに，大いに感謝している．

　このテキストの構成は *Financial Calculus* に準じているが，数学，特に確率解析の議論は大学の数学科コースに適したレベルにまで拡張して，数多くの演習問題をつけてある．教科に適した妥当な長さにするために犠牲にした部分もかなりある．特に利子率モデルに関する議論のために紙幅を割けなかったが，よく知られているモデルのほとんどは演習問題にあげておいた．部分的な補足として，利子率モデルを厳密に学ぶために必要な数学的背景は第 7 章に含め，そこではファイナンス数学の中級コースで取り上げる若干のトピックスを簡単に紹介してある．演習問題は，このテキストの不可欠な部分と見なされている．これらの解答は，solutions@cambridge.org から**正真正銘**の先生方なら利用できる．

　本書では確率的な方法に重きをおいているが，その他の方法を排除しているわけではない．多くの実務的な本で一般的となっているが，ここでも裁定価格決定の考え方を導入するために 2 項ツリー（分枝木）を採用した．*Financial Calculus* にしたがって，2 項ツリーの枠組みの中でマルチ

ンゲールや確率解析に関するカギとなる重要な定義や結果の離散バージョンも提示してある．この重要な考え方は，解析的技法によってその輝きが奪われるものではなくて，むしろ後の章で扱う，より技術的な結果にいたる道を拓くものだ．偏微分方程式による方法は，デルタ・ヘッジ法およびFeynman-Kacの確率表現定理の両者によって裁定価格決定と結びついている．いずれの方法を取るにせよ，強調したい要点は，この理論は裁定が存在しないという仮定に基づいているから，ヘッジが核心になるということである．価格決定公式が意味をもつのは，「複製ポートフォリオ」が存在するときだ．

このテキストの初期のバージョンは，もともと1997/8年度にオックスフォード大学の最終学年の学部生と初学年の院生に配布したものだ．確率論にいくらか通じていることを前提としてはいたが要件とは見なしていなかったし，それに何よりこのコースを履修した学生たちは，授業が進むにつれて必要な概念をほとんど苦もなく習得したものだ．適切な背景的読み物として，参考文献を推薦する．初級コースでは主題の表面を引っかく程度に過ぎないものであるから，知識を追加したりさらに先に進むためには，手に入る書物は戸惑うほど書棚に並んでいるので，それら読むとよい．

このプロジェクトはEPSRC Advanced Fellowshipの支援を受けた．Magdalen Collegeで仕事ができることはうれしくもあり，名誉に思う．それとともに，あのような素晴らしい環境でこの仕事ができたことに対して，学長はじめ教員やスタッフそして学生たちに感謝する．多くの人々が有益な提案をしてくれたり初期の原稿を読んでくれた．特に私は，Ben HamblyとAlex JacksonおよびSaurav Senに感謝する．また，この仕事を形あるものにするのに重要な役を担ってくれたCambridge University PressのDavid Tranahにも感謝する．彼の助言はこの上なく貴重なものだった．とりわけ私は，Lionel Masonに対して，彼の不断の援助と激励には感謝したい．

2001年6月　アリソン・イーサリッジ

訳者まえがき

　実務家にとってデリバティブの設計に当たり，価格を決める数学的道具は，必ずしも理解しやすいものとはいえない．前訳書「ファイナンスのための確率微分方程式」（トーマス・ミコシュ著，東京電機大学出版局）では，数学的な厳密さを追求しないで，Black-Scholesの枠組みにおいて論理的にヨーロピアン・コール・オプションの価格決定がどんな手順で行われるのかを明瞭に導いている．したがってかなり限定された状況のもとではあるが，入門書としての本筋をしっかり捉えて解説している．このようなわけで，初等数学の素養があってファイナンス業界に進まれた読者には好評を博している．

　しかしそうは言っても，ヨーロピアン・オプションだけではデリバティブの価格つけとしてはもの足りないであろう．それに実務サイドの読者は，ブラウン運動や確率積分など「確率解析」の必要性は認めていても，直接足を踏み入れることを躊躇するのではないだろうか．訳者は大学院の経営システム工学専攻で指導しているが，解析や確率論の基礎的な知識を備えている学生でも，連続パラメータの確率過程，特にブラウン運動などは理解しにくいようである．

　本書は「まえがき」にもあるように，はじめは最も単純なモデル，すなわち1つの無リスク資産と1つのリスク資産から成る1期間モデルを使って，デリバティブの決定に必要な本質的概念である無裁定，状態価格，リスク中立確率を導入して解説している．これらを理解した上で，1つの無リスク資産と複数のリスク資産から構成される複数期間の拡張モデルについて議論し，最終的に連続時間モデルへと巧みに読者を誘導している．さらに，いろいろなペイオフの問題も取り上げて実務家の興味をそそると同

時に，より複雑な理論モデルも解説している．たとえば，資産価格がジャンプ（急激に大きく変動）するような場合のモデルも扱っている．

著者は，定評のあるテキスト，Matin Baxter & Andrew Rennie による *Finacial Calculus*（日本語訳：「デリバティブ価格理論入門―金融工学への確率解析」藤田岳彦，塩谷匡介，高岡浩一郎（共訳））の構成を参考にしているということであるが，さらに大学で基本的数学を学んだ読者のレベルにまで拡張し，数多くの演習問題を付けて内容の濃いテキストに仕上げている．

このような理由から，訳者は本書を大学院の講義で使用している．が，残念ながらどんなに理想的なテキストであっても，原著のためか講義の進捗がはかばかしくなく，シラバスに計画した半分も達成できない状態であった．本来，学生に英語の文献を読む練習も兼ねて始めたのであるが，英語が理由で進度が遅いのでは講義の意味も半減してしまう．このような理由に加えてなによりも，本書を広く世に紹介したいとの願いから翻訳することにした．原著の微妙なニュアンスをうまく表現できなかったり，著者の意図を十分に翻訳し切れなかったところもあるかと思われるが，それは訳者の力量不足であり，すべて責任は訳者に帰するものである．賢明な読者諸兄姉の厳しくも暖かいご叱正やご指導をお願いしたい．

おわりに，東京電機大学出版局の菊地雅之氏には，翻訳作業のはじめからお付き合いいただき，ようやく形あるものとすることができた．ここに心から感謝を申し上げる．

2005年1月東京にて

遠藤　靖

目次

第1章　1期間モデル　　1
1.1　ファイナンス用語の定義 1
1.2　フォワードの価格決定 5
1.3　1期間2値モデル 9
1.4　3値モデル 12
1.5　無裁定の条件 14
1.6　リスク中立確率測度 19
演習問題 27

第2章　2値モデルと離散時間マルチンゲール　　31
2.1　多期間2値モデル 31
2.2　アメリカン・オプション 39
2.3　離散時間マルチンゲールとマルコフ過程 42
2.4　重要なマルチンゲール定理 55
2.5　2値表現定理 62
2.6　連続時間モデルへの序曲 65
演習問題 68

第3章　Brown運動　　73
3.1　Brown運動の定義 73
3.2　Lèvyの構成法 79
3.3　反射原理と伸縮性 83
3.4　連続時間マルチンゲール 90

演習問題..96

第4章　確率解析　　　　　　　　　　　　　　　　　　　　　　101
4.1　株価系列は微分できない................................102
4.2　確率積分..105
4.3　伊藤の公式..119
4.4　部分積分と確率的 Fubini の定理.........................129
4.5　Girsanov の定理...134
4.6　マルチンゲールの Brown 運動表現.......................139
4.7　幾何 Brown 運動が有効な理由...........................141
4.8　Feynman-Kac の表現....................................143
演習問題..150

第5章　Black-Scholes モデル　　　　　　　　　　　　　　　155
5.1　基本的 Black-Scholes モデル............................156
5.2　ヨーロピアン・オプションに対する
　　　　　　　　Black-Scholes の価格決定とヘッジ............163
5.3　外国為替..169
5.4　配当..174
5.5　債券..180
5.6　リスクの市場価格..182
演習問題..186

第6章　いろいろなペイオフ　　　　　　　　　　　　　　　　191
6.1　不連続なペイオフをもつヨーロピアン・オプション.........192
6.2　多段階オプション..194
6.3　ルックバック・オプションとバリアー.....................198
6.4　アジアン・オプション....................................205
6.5　アメリカン・オプション..................................207

演習問題 214

第 7 章　拡張モデル　　　　　　　　　　　　　　　　　　221

　7.1　一般的な株式モデル 222

　7.2　複数銘柄の株式モデル 226

　7.3　ジャンプのある資産価格モデル 242

　7.4　モデルの誤差 250

　演習問題 258

記号 263

参考文献 265

索引 269

第1章

1 期間モデル

本章では，ファイナンスに関する基礎的な定義を導入し，非常に原始的なモデルを使って金融商品の価格決定問題について詳しく調べる．このモデルでは，市場は契約時と契約が行使される時点 T の2時点だけで観測されるものと仮定する．さらに時点 T において，有限個のうちの1つの状態をとるものとする．単純ではあるけれどこのモデルは，現代ファイナンスの中心的パラダイムである完全ヘッジの考え方の重要性を明らかにする．また，デリバティブ契約の「公正な」価格を見つける際に，「完備市場」という概念とその重要性について予備的な議論をするのに適切なモデルでもあるのだ．

1.5節で扱ういくつかの結果については，その証明は省略するが，その内容については今後必要に応じて参照する．

1.1　ファイナンス用語の定義

金融商品は2つのタイプ——株式，債券，物資，外貨などの**原資**と，基礎となる原資の将来のふるまいに付随する決済や譲渡を約束する請求権である**デリバティブ**——に分けられる．デリバティブはプレーヤーに対して，将来の取引価格を現時点で固定することを可能とさせることで，リスクを軽減したり，あるいは増大することもできる．原資と合意された将来価格との差をペイオフとするコストのかからない契約は，ただちにその買入れ資金を必要とすることなしに，双方に対して原資を所有することによ

るリスクを回避させる．

　2つのタイプの商品間の関係は，双方が同じマーケットで激しく取引されるので，きわめて複雑で不確かなものとなる．原資がもつ明瞭なランダム性はデリバティブに影響をおよぼすので，当然デリバティブにもランダム性が現われてくるわけだ．

デリバティブ

　我々の主な狙いは，デリバティブ証券に対していくら払えばよいかを決めることにある．しかし，その前にファイナンス用語についてもう少し学ぶ必要がある．

定義 1.1　**フォワード契約**とは，ある資産を将来の定められた期日 T に決められた価格 K で買う（または，売る）という取り決めのことだ．このとき，買い手は**ロング・ポジション**を保持するといい，売り手は**ショート・ポジション**を保持するという．

　フォワードは一般に交換によって取引することはないので，フォワード契約の開始にはまったくコストがかからない．フォワードの「価格決定問題」は，契約に書くべき価格 K をいくらに決めるかということだ．**フューチャー契約**（先物）はフォワードとだいたい同じであるが，フューチャー取引所での交換により取引が行われ，その交換は契約の標準的な特徴を明記してあり，ある特有な決済形態をとるところがフォワードと異なっている．

　フォワードはデリバティブ証券の最も簡単な例を与えてくれ，その価格決定問題の数学はやはり単純である．より複雑な理論は，**オプション**の価格決定問題に関係している．オプションは保有者に何かをする**権利**を与えるが，**義務**を強要しないのだ．オプションにはいろいろな装いを凝らしたものがある．Black-Scholes は，ヨーロピアン・コール・オプションの価格決定について有名だ．

定義 1.2 ヨーロピアン・コール・オプションは，決められた時点 T において決められた価格 K で，ある資産を買う**権利**を与えるが，**義務**は負わせない．

一般に，**コール**は買いを，**プット**は売りを意味する．**ヨーロピアン**という用語は，満了時点 T において保有者にもたらされる価値が，時点 T における市場の状態のみに依存するオプションに対して使われる．そして，オプションには他にもいろいろあり，例えばアメリカン・オプションやアジアン・オプションは，そのペイオフが期間 $[0, T]$ 全体にわたる原資の挙動を条件として決まるものだ．しかし本章で扱える内容は，ヨーロピアン・コール・オプションに限られている．

定義 1.3 デリバティブの行使が行われる期日 T を**行使期日**あるいは**満期**という．また，価格 K は**行使価格**という．

価格決定問題

それでは，ヨーロピアン・コール・オプションの価格決定問題とはいったいどんなものか？

ある会社が，日常的に石油のような本質的にリスクをともなう資産を扱っているものとする．この会社は，3ヶ月以内に 1000 バレルの原油が必要な状況にある．原油の価格は大きく変動するが，たとえば行使価格 K のヨーロピアン・コール・オプションを買うことにより，会社は（3ヶ月の間に）1000 バレルを買うために必要とする金額の**最高額**を知ることになるのだ．つまり，このオプションは，高騰する原油価格に対する保険とみなすことができるわけだ．そこでこの価格決定問題は，与えられた T と K に対して，この会社はそのような保険にいくら支払うつもりがあるかを決めることにある．

この例にはさらに，石油を貯蔵するための費用という付加的な複雑さがある．問題をより簡単にするために，付加的な費用を必要としない株式のような典型的な資産をもとにしたデリバティブの価格決定について考える．また，株式を所有することによる付加的な利潤も生じない，すなわ

ち，配当は支払われないものとする．

仮定 特に断りのない限り，原資は付加的なコストや利潤なしに保有できる．

この仮定は第5章で緩和する．

そこで，この会社が3ヶ月後に1単位の株を価格 K で買う権利を与えられ，義務は負わない契約をするのにいくら支払うべきか？

ペイオフ

はじめに，この契約は行使期日にいくらの価値があるかを知らなければならない．オプションが満了する時点（3ヶ月後）において，その株式の実価格が S_T で，しかも $S_T > K$ ならば，オプションは行使される．このときオプションは**イン・ザ・マネー**といい，価値が S_T の資産をわずか K で買うことができる．よって，会社にとってこのオプションの価値は $(S_T - K)$ となる．一方，もし $S_T < K$ ならば，この株式は市場で安く買えるのでオプションは行使されないであろう（オプションとフューチャーの違いはこの行使**しない**という自由にある）．このとき，オプションには価値がなく，**アウトオブ・ザ・マネー**という（$S_T = K$ のときは**アット・ザ・マネー**という）．こうして，時点 T におけるオプションの**ペイオフ**は，

$$(S_T - K)_+ \triangleq \max\{(S_T - K), 0\}$$

となる．

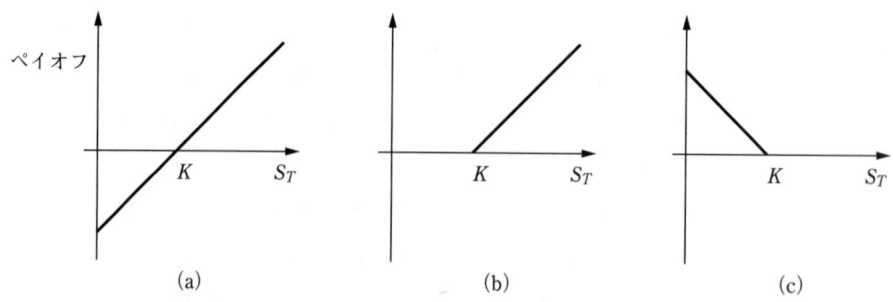

図1.1 行使価格 K の満期におけるペイオフを S_T の関数として表す；(a)フォワードの買い，(b)ヨーロピアン・コール・オプション，(c)ヨーロピアン・プット・オプション．

図 1.1 は，3 種類のデリバティブの満期におけるペイオフを示している．それぞれ「フォワードの買い」，「ヨーロピアン・コール・オプション」，「ヨーロピアン・プット・オプション」は満期における株価を変数とする関数である．時刻**ゼロ**におけるデリバティブの価格決定問題に取りかかる前に，少し寄り道をする．

パッケージ

私たちは，ヨーロピアン・コール・オプションをリスク軽減の一方法として提示した．もちろん投機家は，オプションを株価の上昇をもくろむ投機対象として利用する．実際，上で述べた「バニラ・オプション」の組合せ，すなわち**パッケージ**を所有することによって，さらに複雑な賭けができるのだ．ここでは一例を示すだけにとどめるが，他の例は演習問題1にあげておく．

例 1.1 **ストラッドル**：投機家は株価に大きな動きを期待しているが，それがどの方向に動くのかはわからないものと仮定する．このとき，1つの可能性のある組合せが**ストラッドル**である．すなわち，同一の行使価格と満期とをもつヨーロピアン・コール・オプションとヨーロピアン・プット・オプションを同時に保有することである．

解説 このストラッドルのペイオフは，(コールの) $(S_T-K)_+$ と (プットの) $(K-S_T)_+$ の和，すなわち，$|S_T-K|$ となる．この組合せのペイオフは常に正であるが，もし満期において株価が行使価格に接近していると，このペイオフではオプション購入費用を十分にまかなえないので，投機家は損することになってしまう．

1.2　フォワードの価格決定

価格決定問題を解くためには，市場が運営されている方法についてある種の仮定をおくことにする．この問題を定式化するために，フォワード契

約についてさらに詳しく調べる．

フォワード契約は，将来の定められた期日に定められた価格で資産を買う（または売る）という合意であることを思い出そう．そこで，私がある資産を時点 T において価格 K で買うことに同意したとする．時点 T におけるペイオフは，$S_T - K$ である．ここで，S_T はその資産の時点 T における実価格を表す．このペイオフは，正にも負にもなり得る．そして，フォワードを始めるためのコストはゼロであるから，このペイオフがフォワードの総利益（または損失）となる．問題は，K の公正な値を決めることにある．

期待値価格決定

契約が交わされる時点において，我々には S_T の値はわからず，せいぜいそれを推量したり，もっと形式的に言えばその確率分布を与えることができるだけである．広く用いられている（第 5 章の Black-Scholes 解析で基礎となる）モデルでは，株価は**対数正規分布**にしたがっている．つまり，（時点 T での株価と時点 0 での株価の比，一般に**収益**と呼ばれている）S_T/S_0 の**対数**は，平均 ν と分散 σ^2 の正規分布にしたがうような定数 ν と σ が存在することを仮定している．これを式で表すと，次のようになる．

$$\mathbf{P}\left\{\frac{S_T}{S_0} \in [a, b]\right\} = \mathbf{P}\left\{\log\left(\frac{S_T}{S_0}\right) \in [\log a, \log b]\right\}$$

$$= \int_{\log a}^{\log b} \frac{1}{\sqrt{2\pi}\sigma} \exp\left(-\frac{(x-\nu)^2}{2\sigma^2}\right) dx$$

ここに，株価は正でなければならないので，a, b はともに正であり，右辺の積分は有限な確定値であることに注意しなければならない．

第 1 の考え方として，$\mathbf{E}[S_T]$ は契約時点での公正な価格を示しているとすることだ．しかし，この値が市場価格と一致するのは稀である．実際に，借入れコストが価格決定問題の鍵となることを以下に示す．

無リスク金利

ここで，**お金の時間価値**について考慮しなければならない．すなわち，現時点の＄1 は将来の＄1 より価値があるということだ．この将来を約束された市場（**債券**市場）では，価格はある利率から導かれると仮定する．正確には次のようになる．

> **貨幣の時価**：はるか彼方の τ より手前の任意時点 T に対して，時点 T で保証された＄1 は現時点ではある定数 $r>0$ について e^{-rT} の価値がある．このとき，率 r はこの期間における**連続複利率**と呼ばれるものである．

たとえば，米国債から生ずる市場には債務不履行となるリスクはなくて，将来の＄1 の裏付けはいつも光栄に浴している．このことを重視して，我々は r のことをしばしば**無リスク金利**とみなす．

現実の金利市場はこれほど単純ではないが，この問題は保留する．

裁定価格決定

いまやフォワード契約における行使価格 K の値を決めるのは**無リスク金利**，すなわち債券の価格であって対数正規モデルではないことがわかる．

金利は通貨ごとに異なるので，明確にするために，ここでは（無リスク）金利が r のドル市場で運営されているとする．

- はじめに $K > S_0 e^{rT}$ とする．このとき，時点 T で 1 単位の株式に ＄K を支払う義務を負っている売り手は，次のような戦略をとる；

  時点 0 で ＄S_0 借りて（つまり債券を ＄S_0 で売って），1 単位の株式を買う．時点 T では ＄$S_0 e^{rT}$ 支払わなければならないが，＄K で売れる株をもっているので，＄$(K - S_0 e^{rT})$ だけ**確実**な利益が残る．

- もし $K < S_0 e^{rT}$ とすると，買い手は逆の戦略をとる；

  時点 0 で 1 単位の株式を \$ S_0 で売り，債券を買う．時点 T において，債券の価値は \$ $S_0 e^{rT}$ で，この中から 1 単位の株式を買い戻すのに \$ K を使うから，\$ $(S_0 e^{rT} - K)$ だけ**確実な**利益が残る．

  よって $K = S_0 e^{rT}$ で**ない**限り，どちらか一方に利益を保証することになってしまうのだ．

定義 1.4 無リスク利益をもたらす機会のことを**裁定機会**という．

現代的ファイナンス理論において，モデルを構築するための出発点は，裁定が存在しないことを明記することである（実際，裁定機会を有効に利用して生活している人々がいるが，そのような機会は市場価格が動いて裁定機会を消滅させるまでのわずかな時間しか存在し得ない）．こうして，以下の補題が証明されたことになる．

補題 1.1 裁定が存在しないとき，時点ゼロでの価値が S_0 の株式に基づいた満期 T のフォワード契約の行使価格は，$K = S_0 e^{rT}$ である．ここで，r は無リスク金利だ．

この価格 $S_0 e^{rT}$ は，しばしば**裁定価格**とよばれる．あるいは株式の**フォワード価格**としても知られているものだ．

注意事項 補題 1.1 の証明において，買い手は株式を売ってしまっていて所有していないかもしれない．これは**空売り**として知られている．空売りができる理由は，お金と同じように株式を「借りる」ことができるからだ．

もちろん，フォワードはデリバティブの中でも非常に特別なものだ．上の議論はオプションの価格を決める方法を教えてくれるものではないが，以下でも，双方に無リスク利益をもたらさないような価格を見つけるという戦略が原則となっているのだが．

これまでの議論を要約しておこう．フォワードの価格を決めるために，株式1単位と $-S_0$ の債券からなるポートフォリオを組むと，満期においてその価値が**ちょうど**フォワード契約の価値そのものとなる．このようなポートフォリオを，**完全ヘッジ**あるいは**複製ポートフォリオ**という．この考え方は現代的数理ファイナンスの中心的なパラダイムであって，今後たびたび繰り返される．皮肉なことに，完全ヘッジを構築するための道具として繰り返し「期待値」が使われることになる．

1.3　1期間2値モデル

ヨーロピアン・コール・オプションの公正な価格を定めるために，まず，市場価格の動きを表す**単純な**モデルから始めることにする．これまでと同じように，市場は2時点において，すなわち契約時点と契約を行使する時点だけで観測される．そして，時点 T において株価は2つの値だけをとるものとする．簡単な例をあげる．

ヨーロピアン・コールの価格決定

例 1.2　ある株式の現在価格は，日本円で￥2500とする．6ヶ月満期のヨーロピアン・コール・オプションは，￥3000の行使価格である．ある投資家は，6ヶ月後の株価は2分の1の確率で￥4000に，2分の1の確率で￥2000になると考えている．したがって，（それが行使されたとき）オプションの期待価値を￥500と見積もっている．日本の無リスク金利は現在のところゼロであり，彼はオプションに対して￥500支払うことに同意している．これは公正な価格だろうか？

解答　前節の説明から，読者はおそらくこの質問の答えは誤りと考えるであろう．この契約では，片方に無リスク利益をもたらすことがわかる．というのは，売り手はいろいろな手の中から次のような戦略がとれるからだ．

戦略　時点ゼロにおいてオプションを売り，￥2000借りて（オプションの売

価¥500 と合わせて) 1 単位の株を買う.

- まず,満期での株価が¥4000 とすると,契約が行使されて株を¥3000 で売る.そうすると¥(-2000+3000),つまり¥1000 を手にする.
- 一方,満期における株価が¥2000 とすると,オプションは行使されないので,持ち株を¥2000 で市場に出す.すると正味の取り分は¥(-2000+2000),つまり引き分けとなる.

いずれの場合も,売り手は損をする**リスク無し**に利益をあげるチャンスがある.つまり,オプションの価格は高すぎるのだ.

それでは,このオプションの公正な価格はいくらか？

売り手の立場で考えてみよう.契約が行使されるときの株価を S_T で表すと,時点 T において,売り手は請求権に見合うためには ¥(S_T-3000) が必要となる.考え方はとしては,株と債券を組み合わせて所有することでこの必要額を満たすために,時点ゼロにおいていくらのお金が必要となるかを計算することだ.

このときオプションを売って得たお金で,x_1 円の債券と x_2 株からなるポートフォリオを組む.もし満期において株価が¥4000 とすると,時点 T でのポートフォリオの価値は $x_1 e^{rT}+4000 x_2$ となる.オプションの売り手は,このために少なくとも¥1000 が必要だ.つまり,金利はゼロであるから,

$$x_1+4000 x_2 \geq 1000$$

と表される.もし株価が¥2000 ならば,ポートフォリオの価値は非負でなければならないので,

$$x_1+2000 x_2 \geq 0$$

となる.点 (x_1, x_2) が図 1.2 の斜線領域の内部に位置するならば,売り手にとって（リスクなしに）利益が保証される.境界上においては,2直線の交点以外のすべての点において利益を得る確率は正で,損する確率はゼロである.点 $(\bar{x}_1, \bar{x}_2)$ により示されるポートフォリオは,時点 T において請求権に対して**正確**に見合う額の富をもたらす.

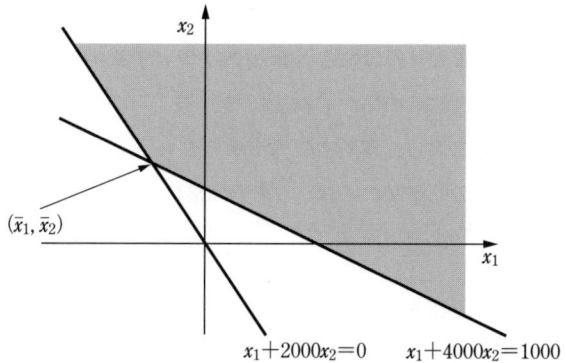

図 1.2 例 1.2 において契約の売り手は，もしグレー領域にある任意のポートフォリオを買うことができるならば，無理なく利益が保証される．

この連立方程式を解くと $\bar{x}_1 = -1000$，$\bar{x}_2 = 1/2$ となり，これが請求権にちょうど見合うものだ．時点ゼロにおいてこのポートフォリオを組むためのコストは ¥$(-1000 + 2500/2)$，すなわち ¥250 である．¥250 以上ならば，売り手は無リスク利益を得ることができる．

もし，オプション価格が ¥250 **以下**ならば，**買い手**はポートフォリオ $(\bar{x}_1, \bar{x}_2)$ を「借りて」オプションを買うことにより，無リスク利益を得ることができる．したがって裁定が存在しない場合，オプションの公正な価格は ¥250 である．

フォワード契約の場合と同じように公正な価格を決めるためには，市場がとるであろう可能な動きに対して定められる確率は使わない．むしろ，簡単なポートフォリオによって請求権を**複製**できるという事実だけが必要なのだ．売り手は，¥x_1 の債券と x_2 単位の株式から成る**ポートフォリオ**によって，**条件つき請求権**¥$(S_T - 3000)_+$ を**ヘッジ**できるのだ．

ヨーロピアン・コールの価格決定公式

同じような議論によって次の結果を証明できる．

補題 1.2 無リスクドル建て金利（はるか彼方の時点 τ 以前の $T < \tau$ におけ

る）を r とする．時点ゼロでの資産価値を S_0（ドル）とする．時点 T での資産価値は S_0u か S_0d のいずれかであるとし，さらに

$$d < e^{rT} < u$$

とする．満期でのペイオフを $C(S_T)$ とするヨーロピアン・オプションの時点ゼロにおける市場価格は，

$$\left(\frac{1-de^{-rT}}{u-d}\right)C(S_0u)+\left(\frac{ue^{-rT}-1}{u-d}\right)C(S_0d)$$

となる．さらに，オプションの売り手はオプションから得た金で，時点ゼロにおいて

$$\phi \triangleq \frac{C(S_0u)-C(S_0d)}{S_0u-S_0d} \tag{1.1}$$

単位の株を買って，残りを債券で所有することにすれば，時点 T での価値がちょうど $(S_T-K)_+$ となるポートフォリオを構成できる．

証明は演習問題 4(a) とする．

1.4　3値モデル

2値モデルにはいくつか特有の事情がある．特に，時点 T において資産価格はたった2つの値のいずれか1つを取るものとしている．もし，3つの値を許すとどうだろうか？

ここで 1.3 節の解析を繰り返す．売り手は，時点 T における請求権を，債券￥x_1 と x_2 単位の株とからなるポートフォリオにより複製したいと考えている．この場合，S_T の3つの可能な取り得る値に対応してそれぞれのシナリオを考える．金利がゼロとすると，3つの不等式

$$x_1 + S_T^i x_2 \geq (S_T^i - 3000)_+, \quad i=1,2,3$$

が得られる．ここで，S_T^i は S_T の取り得る値とする．この場合は，図 1.3 のようなグラフが描ける．

時点 T での請求権に見合う保証をするために，売り手は点 (x_1, x_2) が

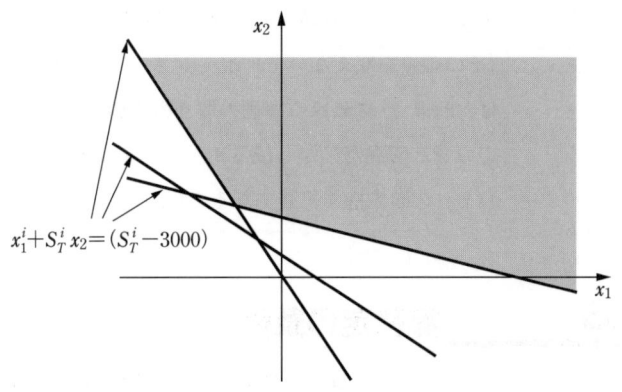

図 1.3 株価が時点 T で 3 つの値をとることができる場合,オプションの売り手は損するリスクがない点において,利益を得る得する厳密に正のチャンスがある.

灰色領域に位置することを要求するが,この領域ではどの点も正の確率で利益が得られ,損失をこうむる確率はゼロである.灰色領域以外のポートフォリオは損失をこうむるリスクをはらんでいる.この場合,請求権を**正確**に複製するポートフォリオは無く,このオプションには一意的な「公正」価格は存在しないのだ.

このような市場は**完全**ではない.すなわち,完全にヘッジできないような条件付き請求権があるということだ.

さらに大きいモデル

それでも,請求権をヘッジするために一生懸命努力しよう.まずこの市場は,原資と債券だけから成るポートフォリオを組むことが許されているが,現実の市場はこれよりもっと大きい.もし,第 3 の「独立した」資産を扱うことができるならば,$\mathbf{R}^3$ 空間の中に 3 つの平行でない平面ができる.この 3 平面は,請求権を正確に複製する 1 つのポートフォリオを表す 1 点で交わることも**あるであろう**.そこで次の問題が起こる.大きい市場にはいつ裁定が存在するか? 1 期間モデルに対するこの質問には,次節で答えることにする.もう 1 つの制約は,契約時点と満期との中間でポートフォリオを調整することはできないということだ.実際,第 2 章で見る

ように，もしゼロ時点と T 時点の中間で市場を観察することができて，（その価値を変えないで）ポートフォリオを再構築することができるならば，時点 T における株価の取り得る値はいくつあっても許されるし，その原資と債券だけから成るポートフォリオによって，時点 T におけるそれぞれの請求権を複製できるのだ．

1.5　無裁定の条件

　2値モデルでは，オプションの公正価格は2本の連立方程式を解くことによって容易に求めることができた．しかしながら，2値モデルはきわめて特殊であり，3値モデルを検討した経験からして，いろいろ注意すべきことがある．それは，2値モデルはただ1つの株式（と1つの債券）の動きだけを記述していることだ．3値問題の困難さを解決する1つの方法は，さらにもう1つの「独立な」資産を取引できるようにすることである．この節では，この考え方を大きな市場に拡張して，任意のオプションが公正な価格をもつために十分な個数の独立な資産を考慮したモデルの特徴付けを行う．定義1.5と定理1.1以外については，詳しい議論を省略する．

N 資産の市場

　さて，市場は有限（かなり大きい）個数の取引可能な資産から構成されているが，時点ゼロと固定された未来時点 T の2時点のみで観測される1期間モデルに限定する．とはいえ多期間への拡張は，2.1節で2値モデルの場合を述べるが，これと非常によく似ている．

　さて，市場には取引できる資産が N 種類あるとする．ゼロ時点におけるこれらの価格は，列ベクトル

$$S_0 = (S_0^1, S_0^2, \cdots, S_0^N)^t \triangleq \begin{pmatrix} S_0^1 \\ S_0^2 \\ \vdots \\ S_0^N \end{pmatrix}$$

で与えられる．

表記法　ベクトルや行列に対して，上付き添え字「t」は転置を意味する．

　市場の不確かさは，時点 T で市場がとり得る有限個の可能な状態で表現されるが，これらの状態を $1, 2, \cdots, N$ とラベルを付ける．時点 T での証券の価値は，$N \times n$ 行列 $D = (D_{ij})$ で与えられる．ここで D_{ij} は，市場が状態 j にあるとき，時点 T における第 i 証券の価値を意味する．2値モデルの場合は，$N=2$（株と無リスク債券）と $n=2$（S_T の2つの可能な価値により決まる2つの状態）に対応している．

　この表記法を使うと，ポートフォリオとはベクトル $\theta = (\theta_1, \theta_2, \cdots, \theta_N)^t$ $\in \mathbf{R}^N$ のことで，時点ゼロにおける市場価値は内積 $S_0 \cdot \theta$ で表される．時点 T におけるポートフォリオの価値はやはりベクトルで表され，そのベクトルの第 i 要素は市場が状態 i のときのポートフォリオの価値を示す．すなわち，時点 T でのポートフォリオの価値は，

$$\begin{pmatrix} D_{11}\theta_1 + D_{21}\theta_2 + \cdots + D_{N1}\theta_N \\ D_{12}\theta_1 + D_{22}\theta_2 + \cdots + D_{N2}\theta_N \\ \vdots \\ D_{1n}\theta_1 + D_{2n}\theta_2 + \cdots + D_{Nn}\theta_N \end{pmatrix} = D^t \theta$$

と書ける．

表記法　ベクトル $x = (x_1, x_2, \cdots, x_n)^t \in \mathbf{R}^n$ に対して，すべての $i = 1, \cdots, n$ について $x_i \geq 0$ ならば $x \geq 0$，あるいは $x \in \mathbf{R}^n_+$ と書く．また，$x > 0$ は $x_i \geq 0$ かつ $x \neq 0$ を意味する．ここで，$x > 0$ はベクトル x の**すべての要素が正**であることを要求しているものではないことに注意しなければならない．**すべての要素が正**であるような $\mathbf{R}^n$ のベクトルは，$x \gg 0$ または $x \in \mathbf{R}^n_{++}$ のように表す．

　この表記法でいうと，**裁定**とは
$$S_0 \cdot \theta \leq 0, \quad D^t \theta > 0 \quad \text{または} \quad S_0 \cdot \theta < 0, \quad D^t \theta \geq 0$$
をみたすポートフォリオ $\theta \in \mathbf{R}^N$ のことだ．

裁定価格決定

このモデルにおける裁定価格決定の鍵は，状態価格ベクトルの概念にある．

定義 1.5　**状態価格ベクトル**とは，$S_0 = D\psi$ をみたすベクトル $\psi \in \mathbf{R}_{++}^n$ のことだ．

この用語が自然であることを示そう．まず上式を展開する．

$$\begin{pmatrix} S_0^1 \\ S_0^2 \\ \vdots \\ S_0^N \end{pmatrix} = \psi_1 \begin{pmatrix} D_{11} \\ D_{21} \\ \vdots \\ D_{N1} \end{pmatrix} + \psi_2 \begin{pmatrix} D_{11} \\ D_{21} \\ \vdots \\ D_{N2} \end{pmatrix} + \cdots + \psi_n \begin{pmatrix} D_{1n} \\ D_{2n} \\ \vdots \\ D_{Nn} \end{pmatrix} \tag{1.2}$$

ベクトル $D^{(i)}$ を定数 ψ_i 倍したものは，市場が状態 i にある場合の証券の価格ベクトルである．定数 ψ_i は，市場が状態 i にあるとき，期間の終わりにおいてさらに 1 単位の富を得るための時点ゼロにおける限界コストと見なすことができる．いいかえると，期間の終わりにおいて市場の状態が i であるならば，ポートフォリオの価値は時点ゼロにおける投資を ψ_i 追加することによって 1 単位増加するのだ．このことを確めるために，

$$\theta^{(i)} \cdot D^{(j)} = \begin{cases} 1, & i=j \\ 0, & その他 \end{cases}$$

をみたすベクトル $\{\theta^{(i)} \in \mathbf{R}^N\}_{1 \le i \le n}$ が存在するとしよう．すなわち，時点 T におけるポートフォリオ $\theta^{(i)}$ の価値は，市場が状態 i にあるということを示す指標関数だ．方程式(1.2)を使うと，時点ゼロにおいて $\theta^{(i)}$ を購入するコストは，確かに $S_0 \cdot \theta^{(i)} = \sum_{j=1}^n \psi_j (D^{(j)} \cdot \theta^{(i)}) = \psi_i$ だ．このようなポートフォリオ $\{\theta^{(i)}\}_{1 \le i \le n}$ のことを **Arrow-Debreu 証券**という．

状態価格ベクトルについて考えるために便利な方法を 1.6 節において紹介するが，さしあたって，ここでは鍵となる結果だけを述べておく．

定理 1.1　　上で述べた市場モデルに対して，裁定が存在しないための必要十分な

条件は，状態価格ベクトルが存在することだ．

　Harrison & Krep (1979) によるこの結果は，しばしば「資産価格決定の基礎定理」として知られている一連の定理の中で最も単純な表現だ．この証明は，**超平面分離定理**とよばれる Hahn-Banach の分離定理を適用する．さらに **Riesz の表現定理**も必要だ．次のことを思い出そう．集合 $M \subset \mathbf{R}^d$ が**円錐体**であるとは，$x \in M$ のときにすべての正のスカラー λ に対して $\lambda x \in M$ となること，そして $\mathbf{R}^d$ 上の**線形汎関数**とは線形写像 $F: \mathbf{R}^d \to \mathbf{R}$ のことである．

定理 1.2 **超平面分離定理**：集合 M と K は原点だけで交わる $\mathbf{R}^d$ 内の閉円錐体とする．もし K が線形部分空間でなければ，任意の $x \in M$ とゼロでない任意の $y \in K$ に対して $F(x) < F(y)$ となるゼロではない線形汎関数 F が存在する．

　この超平面分離定理は Duffie (1992) に載っている．

定理 1.3 **Riesz の表現定理**：空間 $\mathbf{R}^d$ 上の任意の線形汎関数は，$F(x) = v_v \cdot x$ と表される．つまり，$F(x)$ はある固定したベクトル $v_0 \in \mathbf{R}^d$ と x との内積だ．

定理 1.1 の証明　　定理 1.2 において $d = 1 + n$ として，
$$M = \{(-S_0 \cdot \theta, D^t \theta): \theta \in \mathbf{R}^N\} \subset \mathbf{R} \times \mathbf{R}^n = \mathbf{R}^{1+n},$$
$$K = \mathbf{R}_+ \times \mathbf{R}^n_+$$
とおく．このとき，K は円錐体ではあるが線形空間ではなく，M は線形空間であることに注意する．明らかに K と M が図 1.4 で示されるように原点でのみ交わるとき，かつそのときだけ裁定は存在しない．よって，$K \cap M = \{0\}$ のときかつそのときだけ状態価格ベクトルが存在することを示せばよい．

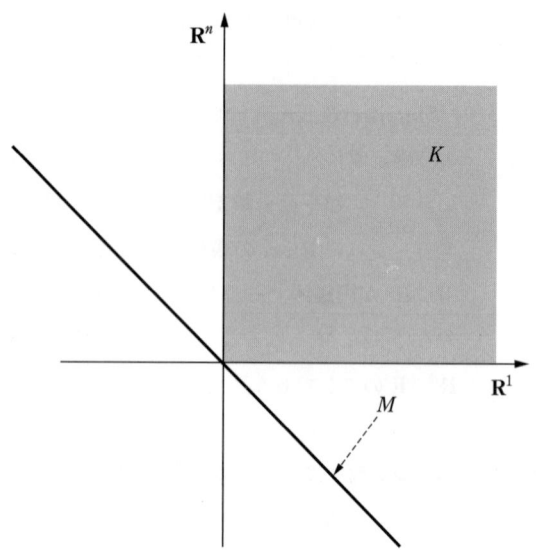

図 1.4 定理 1.1 の領域 K と M とが原点でのみ交わるならば，裁定機会は存在しない．

(i) はじめに $K \cap M = \{0\}$ を仮定する．定理 1.2 から線形汎関数 $F : \mathbf{R}^d \to \mathbf{R}$ が存在して，すべての $z \in M$ とゼロでない $x \in K$ に対して $F(z) < F(x)$ が成り立つ．

第 1 ステップとして，F が M 上でゼロとなることを示す．集合 M が線形空間という事実を利用する．まず（F が線形であることから）$F(0) = 0$ であり，しかも $0 \in M$ であるから，$x \in K$ に対して $F(x) \geq 0$ であり，$x \in K \setminus \{0\}$ に対して $F(x) > 0$ となる．さて，$x_0 \neq 0$ なる $x_0 \in K$ を固定すると，任意の $z \in M$ に対して $F(z) < F(x_0)$ となる．さらに M は線形空間であるから，すべての $\lambda \in \mathbf{R}$ に対して $\lambda F(z) = F(\lambda z) < F(x_0)$ である．これが成り立つのは，任意の $z \in M$ に対して $F(z) = 0$ のときだけである．こうして F は M 上でゼロとなることが示された．

第 2 ステップとして，以上のことを使って実際に F から状態価格ベクトルを構成する．まず Riesz の表現定理から，F がある $v_0 \in \mathbf{R}^d$ によって $F(x) = v_0 \cdot x$ と書ける．便利のために，$v_0 = (\alpha, \phi)$ と書く．ここに，$\alpha \in \mathbf{R}$ かつ $\phi \in \mathbf{R}^n$．そうすると，

$$F(v, c) = \alpha v + \phi \cdot c, \quad \forall (v, c) \in \mathbf{R} \times \mathbf{R}^n$$

と表すことができる．すべてのゼロでない $x \in K$ に対して $F(x) > 0$ であるから，$\alpha > 0$ かつ（ベクトルの要素ごとに考えると）$\phi \gg 0$ を得る．さらに F は M 上でゼロであるから，

$$0 = F(-S_0 \cdot \theta, D^t \theta) = -\alpha S_0 \cdot \theta + \phi \cdot D^t \theta, \quad \forall \theta \in \mathbf{R}^N$$

よって，$\phi \cdot D^t \theta = (D\phi) \cdot \theta$ という関係から，

$$-\alpha S_0 \cdot \theta + (D\phi) \cdot \theta = 0, \quad \forall \theta \in \mathbf{R}^N$$

と表され，これは $-\alpha S_0 + (D\phi) = 0$ を意味する．すなわち $S_0 = D(\phi/\alpha)$ となり，ベクトル $\psi = \phi/\alpha$ は状態価格ベクトルである．

(ii) 次に，状態価格ベクトル ψ が存在すると仮定する．そして，$K \cap M = \{0\}$ を示す．定義により $S_0 = D\psi$ であり，よって任意のポートフォリオ θ に対して

$$S_0 \cdot \theta = (D\psi) \cdot \theta = \psi \cdot (D^t \theta) \tag{1.3}$$

となる．今，あるポートフォリオ θ に対して，$(-S_0 \cdot \theta, D^t \theta) \in K$ とする．このとき，$D^t \theta \in \mathbf{R}_+^n$ かつ $-S_0 \cdot \theta \geq 0$ である．ところが，$\psi \gg 0$ からもし $D^t \theta \in \mathbf{R}_+^n$ とすると $\psi \cdot (D^t \theta) \geq 0$ となり，これは式 (1.3) によって $S_0 \cdot \theta \geq 0$ を意味する．よって，$S_0 \cdot \theta = 0$ かつ $D^t \theta = 0$ でなければならない．こうして $K \cap M = \{0\}$ が示された． ∎

1.6　リスク中立確率測度

このように状態価格ベクトルは，多種資産市場モデルに対する裁定価格決定のカギを握っている．このベクトルについて経済的な解釈を与えることはできるが，それでも確率やマルチンゲールを完全に使いこなすためには別の考え方をしなければならない．

ベクトル ψ のすべての要素は厳密に正であることに注意する．

状態ベクトルと確率

和を $\psi_0 = \sum_{i=1}^n \psi_i$ とおいて（基準化することにより），

$$\psi \triangleq \left(\frac{\psi_1}{\psi_0}, \frac{\psi_2}{\psi_0}, \cdots, \frac{\psi_n}{\psi_0}\right)^t \tag{1.4}$$

をそれぞれの状態に対する**確率**を表すベクトルとみなすことができる．このベクトルは，マーケットの将来の動きについてなんらかの見通しを与えるものではないことを強調しておくのは重要だ．はじめに

ψ_0 とは何か？

について考えよう．

2値モデル（無リスク債券を取り入れた）と同じように，この市場は**正の無リスク借入**を認めるものとする．この一般的な設定において，条件

$$D^t \bar{\theta} = \begin{pmatrix} 1 \\ 1 \\ \vdots \\ 1 \end{pmatrix}$$

をみたすポートフォリオ $\bar{\theta}$ によって，このような債券が複製されることだけを仮定する．すなわち，時点 T におけるポートフォリオの価値は，市場がどのような状態にあったとしても1とする．ベクトル ψ が状態価格ベクトルであることを利用して，時点ゼロにおけるこのようなポートフォリオのコストは，

$$S_0 \cdot \bar{\theta} = (D\psi) \cdot \bar{\theta} = \psi \cdot (D^t \bar{\theta}) = \sum_{i=1}^n \psi_i = \psi_0.$$

と求まる．つまり，ψ_0 は**無リスク借入割引**のことで，1.2節の記号で表すと $\psi_0 = e^{-rT}$ のことだ．

期待値

さて，式(1.4)のベクトルで与えられる確率分布のもとで，時点 T における第 i 証券の期待価格は，

$$\mathbf{E}[S_T^i] = \sum_{i=1}^n D_{ij} \frac{\psi_j}{\psi_0} = \frac{1}{\psi_0} \sum_{i=1}^n D_{ij} \psi_j = \frac{1}{\psi_0} S_0^i$$

となる．ここで，最後の等式で $S_0 = D\psi$ という関係を使った．よって，

$$S_0^i = \psi_0 \mathbf{E}[S_T^i], \quad i = 1, \cdots, N \tag{1.5}$$

つまり，**証券の価格**は式(1.4)の確率分布に関する**ペイオフの期待値を割り引いた値**である，ということだ．これは，任意のポートフォリオについても当てはまることに違いないので，この考え方は条件つき請求権の価格決定に新しい方法を与えてくれるものと期待できる．

定義 1.6　時点 T における請求権 C が**達成可能**であるというのは，それがヘッジできること，すなわち時点 T においてその価値がちょうど C となるようなポートフォリオが存在することだ．

表記法　確率測度が $\mathbf{Q}$ であることを強調するときは，期待値作用素を $\mathbf{E}^{\mathbf{Q}}$ のように書く．

定理 1.4　無裁定の場合，達成可能な時点 T での請求権 C の時点ゼロにおける一意的な価格は $\psi_0 \mathbf{E}^{\mathbf{Q}}[C]$ である．ここで期待値は，すべての i に対して $S_0^i = \psi_0 \mathbf{E}^{\mathbf{Q}}[S_T^i]$ をみたすような任意の確率測度 $\mathbf{Q}$ についてとられる．また，ψ_0 は無リスク金利である．

注意事項　請求権が達成可能であるということは，とても重要なことだ（演習問題11を参照）．

定理1.4の証明　定理1.1から状態価格ベクトルが存在し，これよりすべての i について $S_0^i = \psi_0 \mathbf{E}[S_T^i]$ をみたす確率測度 (1.4) が導かれる．この請求権はヘッジできるので，$\theta \cdot S_T = C$ をみたすポートフォリオ θ が存在する．よって無裁定の場合，この請求権の時点ゼロでの価格は時点ゼロにおけるこのポートフォリオのコストに等しいので，

$$\theta \cdot S_0 = \theta \cdot (\psi_0 \mathbf{E}[S_T]) = \psi_0 \sum_{i=1}^{N} \theta_i \mathbf{E}[S_T^i] = \psi_0 \mathbf{E}[\theta \cdot S_T] = \psi_0 \mathbf{E}[C]$$

となる．同じようにして，$S_0^i = \psi_0 \mathbf{E}^{\mathbf{Q}}[S_T^i]$ をみたす任意の確率ベクトル $\mathbf{Q}$ に関して期待値をとると，やはり同じ値が得られる．というのは，裁定が存在しない場合，一意的な無リスク金利が存在するからである．これで定理の証明が完結する．　■

リスク中立価格の決定

この裁定価格の決定法について，次のように言えるだろう．すべての原資について，そのゼロ時点価値と T におけるその割引された期待値とを等しくするような確率ベクトルを見つけることができるならば，任意の**達成可能な条件つき請求権のゼロ時点における価値**は，請求権の（この確率測度に関する）期待値を割り引くことにより求めることができる．このとき，請求権の如何にかかわらず，**同じ確率測度で期待値をとることに注意**する．

定義 1.7 　市場は時点 T において，n 個の可能な状態のうちの一つをとるものとする．各証券の（時点ゼロでの）価格とそのペイオフの割引期待値とを等しくするような任意の確率ベクトル $p = (p_1, p_2, \cdots, p_n) \gg 0$ のことを**リスク中立確率測度**，または**同値なマルチンゲール測度**という．

同値という単語は，$p \gg 0$ という条件に反映されている（定義 2.8 参照）．資産価格決定の基本的定理（定理 1.1）は，簡単に言うと，正の無リスク金利の市場において裁定がないということは，同値なマルチンゲール測度が存在するとき，かつそのときに限るということだ．リスク中立確率測度に関して期待値をとって価格を決定するこの手続きのことを**リスク中立価格決定法**という．

例 1.2 の改定　ヨーロピアン・コール・オプションの価格決定の例に戻って，上の公式が本当に裁定価格を与えるかどうか確めてみよう．

この市場は 2 つの証券，つまり債券と原資だけから成る．借り入れ割引率は $\psi_0 = e^{-rT}$ と表されるが，円の金利はゼロと仮定したので，この場合は $\psi_0 = 1$ だ．よって，T における証券価値の行列は，

$$D = \begin{pmatrix} 1 & 1 \\ 4000 & 2000 \end{pmatrix}$$

で与えられる．証券価格ベクトルが $(1, 4000)^t$ となるリスク中立確率を p と書く．もし，株価がそのペイオフの割引期待値に等しいとすると，p は

方程式
$$4000p + 2000(1-p) = 2500$$
を解いて，$p = 0.25$ となる．行使時点の株価が ¥4000 ならば条件つき請求権は ¥1000 で，そうでないならばゼロである．リスク中立確率のもとでの請求権の期待値は，したがって（利子率はゼロだから）オプションの価格は ¥$0.25 \times 1000 = $ ¥250 となってこの結果は前と同じだ．

この方法の利点は，確率 p の値が既知ならばこの株を原資とする同一行使期日（6ヶ月間）のすべてのヨーロピアン・オプションについて，その価格決定にはこの確率測度を用いて期待値をとればよい，という簡便法が使えることだ．たとえば，行使価格¥3500のヨーロピアン・プット・オプションに対して，その価格は
$$¥\mathbf{E}[(K - S_T)_+] = ¥0.75 \times 1500 = ¥1125$$
となる．すでに述べた議論から，もちろん新しい請求権に対しては新しい同時方程式が導かれることになのだ． ∎

完全市場

いまや我々は，請求権の裁定価格が存在するならば，すなわちもし請求権が達成可能ならば，それに対する処方箋を得たことになる．しかし，これには少しばかり注意が必要だ．裁定価格は，達成可能な請求権に対してだけ存在するからだ．それでもこの処方箋には意味がある．

定義 1.8 任意の条件つき請求権が達成可能ならば，すなわち任意の実行可能なデリバティブ請求権がヘッジできるならば，市場は**完備**であるという．

命題 1.1 1期モデルにしたがって展開する市場において，期末で可能な n 状態のうちの1つをとるものとする．N 種類の取引可能な資産から成るとき，市場が完備であるのは $N \geq n$ であり，しかも債券価格の行列 D の階数が n のとき，かつそのときに限る．

証明 この市場における任意の請求権は，ベクトル $v \in \mathbf{R}^n$ によって表現できる．この請求権に対するヘッジは，$D^t\theta = v$ をみたすポートフォリオ $\theta = \theta(v) \in \mathbf{R}^N$ である．このような θ を求めるためには，未知数が N 個の n 本の方程式を解くことだ．よって，v の**任意**の選択に対してヘッジ・ポートフォリオが存在するのは $N \geq n$ であり，D の階数が n のときかつそのときだけとなる． ∎

特に1期間2値モデルは完備であることに注意しよう．

今，市場は完備かつ無裁定で，$\mathbf{Q}$ と $\mathbf{Q}'$ は任意の2つの同値なマルチンゲール測度とする．このとき，完備性により任意の請求権は達成可能であるので，**任意の確率変数 X に対してただ1つの無リスク金利が存在する**ことを用いると，

$$\mathbf{E}^{\mathbf{Q}}[X] = \mathbf{E}^{\mathbf{Q}'}[X]$$

となる．つまり $\mathbf{Q} = \mathbf{Q}'$ を得る．よって，完備な無裁定市場において同値なマルチンゲール測度は**一意的**である．

これまでに得られた主な結果

1期間市場に対する結果をまとめておく．今後この結果は，何回も繰り返し使われることになるのだ．

1期間モデルの結果
- 市場が無裁定であるのは，マルチンゲール測度が存在するとき，かつそのときだけである．
- 市場が完備であるのは $\mathbf{Q}$ が一意的であるとき，かつそのときだけである．
- 達成可能な請求権 C の裁定価格は，$e^{-rT}\mathbf{E}^{\mathbf{Q}}[C]$ である．

マルチンゲール測度は強力な道具であるものの，不完備市場において，もし請求権 C が達成可能でないならば，異なるマルチンゲール測度に対

して同一価格を与えるとは限らない．それゆえ，**公正な価格**が無裁定であるという概念は，**ヘッジ**ができるときだけに意味があるのだ．

二つの異なる市場での取引

我々はもう一つの事柄に注意を向けなければならない．リスク中立確率を求める際に，モデルに属する資産のすべては同一市場で取引ができるということが重要だ．

例 1.3 米ドル市場において，現在の英ポンドの交換レートが1.5（£100は$150相当）とする．時点 T において£100を$150で買う権利を与えるヨーロピアン・コール・オプションを考える．イギリスにおける無リスク金利は u で，アメリカのそれは r である．行使時期での交換率が1.65か1.45のいずれかをとる1期間2値モデルとすると，このオプションの公正価格はいくらになるか．

解答 ところがここに問題がある．というのは，交換レートは取引可能**ではなく**，しかも英ポンドは英ポンド市場では取引可能であるが，**ドル市場**において取引可能ではないからだ．しかし，これら両者の積はドル取引が**できる**ので，時点 t におけるこの積の価格を S_t と表す．

さて，イギリスにおける無リスク金利は u であるから，英国債券の時点ゼロでの価格は時点 T において£1を支払うことを約束しているので，e^{-uT} である．もちろん，時点 T での英国債券の価格は£1だ．よって，$S_0=e^{-uT}150$ で，また $S_T=165$ か $S_T=145$ のいずれかだ．

$S_T=165$ であるリスク中立確率を p とすると，（ドル市場で）時点 T における「資産」の割引価格の期待値は S_0 となるはずであるから，方程式
$$150e^{-uT}=e^{-rT}(165p+145(1-p))$$
が得られ，これを解くと
$$p=\frac{150e^{(r-u)T}-145}{20}$$
となる．オプションの価格は，この確率に関するペイオフの期待値を割り

引いたものであるから

$$V_0 = e^{-rT}15p = \frac{3}{4}(150e^{-uT} - 145e^{-rT})$$

となる． ∎

第 1 章　　演習問題

1. 市場についてどのような見方が以下の戦略に反映されているか？

    (a) **ブル・バーティカル・スプレッド**：1 つのヨーロピアン・コールを買い，同じ満期でより高い行使価格のもう 1 つのヨーロピアン・コールを売る．

    (b) **ベア・バーティカル・スプレッド**：1 つのヨーロピアン・コールを買い，同じ満期でより安い行使価格のもう 1 つのヨーロピアン・コールを売る．

    (c) **ストリップ**：同じ満期と行使価格の 1 つのヨーロピアン・コールと 2 つのヨーロピアン・プットを買う．

    (d) **ストラップ**：同じ満期と行使価格の 2 つのヨーロピアン・コールと 1 つのヨーロピアン・プットを買う．

    (e) **ストラングル**：同じ満期で行使価格の異なる 1 つのヨーロピアン・コールと 1 つのヨーロピアン・プットを買う（すべての可能な場合を考えなさい）．

2. **バタフライ・スプレッド**はストラッドルに対する補完的な賭けだ．これは満期において，下図のようなペイオフをもつ．同一満期のヨーロピアン・コールとヨーロピアン・プットからなるポートフォリオで，このペイオフをもつものを求めなさい．

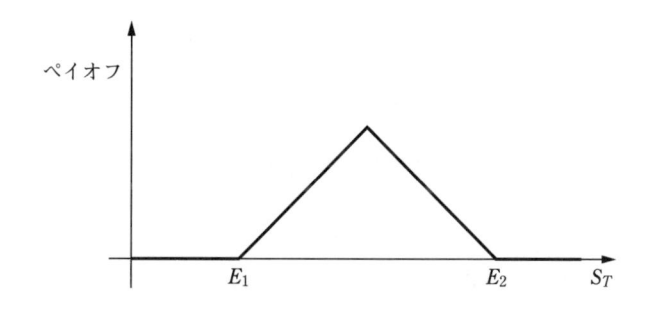

3. ある資産価格が対数正規分布をもつとする．つまり，$\log(S_t/S_0)$ は平均

ν と分散 σ^2 の正規分布にしたがう．このとき，$\mathrm{E}[S_T]$ を計算しなさい．

4 (a) 補題 1.2 を証明しなさい．
  (b) 仮定 $d < e^{rT} < u$ を外すと，どんなことが起きるか？

5 　現時点の交換レートは，£100 が €160 とする．ある投機家は，年末までに £1 が €1.40 に下がる確率が 1/2 で，€2.00 に上がる確率が 1/2 とみなしている．そこで，投機家は年末に £100 を €180 で売る権利（義務ではない）のヨーロピアン・プット・オプションを買う．彼はこのオプションに €20 支払う．ユーロ圏では，無リスク利子率はゼロと仮定する．1 期間 2 値モデルを使って，一方が利益を得る戦略を立てるか，もしくはこれが公正な価格であることを示しなさい．

6 　石油のような商品に基づくオプションの価格決定をする場合，例題 1.2 の解析方法をどのように変更すればよいだろうか？

7 　裁定が存在しない市場において，時点 T における請求権 C を正確に複製する時点ゼロで構築されたポートフォリオは，すべて時点ゼロで同じ価値を持つことを示しなさい．

8 　**プット・コール・パリティ**：満期 T と行使価格 K のヨーロピアン・コール・オプションとプット・オプションの時点 t での価格を，それぞれ C_t と P_t とする．無リスク利子率は一定値 r で，市場には裁定は存在しないとする．このとき，各 $t < T$ に対して
$$C_t - P_t = S_t - Ke^{-r(T-t)}$$
となることを示しなさい．

9 　リスク中立価格決定法を使って，演習問題 5 のオプションの価格決定をしなさい．

10 　満期におけるフォワードのペイオフを求めなさい．リスク中立価格決定法を使って，フォワード契約に対する価格決定問題を解きなさい．

11　1.4節の3値モデルについて考えよう．同値なマルチンゲール測度はいくつ存在するか？　もし2つの異なるマルチンゲール測度が存在するなら，1つの請求権に対して同じ価格を与えるだろうか？　裁定機会は存在するのか？

12　時点 T におけるある株価は，分布 $\mathbf{P}$ の確率変数とする．ここでは2値モデルを仮定してはいないことに注意する．この株式を原資とするオプションは，時点 T においてペイオフ C をもつとする．ϕ 単位の原資と ψ 単位の債券からなるポートフォリオを考え，それを時点 T まで保有する．時点ゼロでの価値を V_0 と表す．利子率はゼロと仮定して，時点 T での請求権 C に見合うために，このポートフォリオの保有者が必要とする余分の現金は

$$\Psi \triangleq C - V_0 - \phi(S_T - S_0)$$

であることを示しなさい．また，

$$\mathbf{E}[\Psi^2]$$

を最小とする V_0 と ϕ の価値を $\mathbf{E}[S_T], \mathbf{E}[C], \mathrm{Var}[S_t]$，および $\mathrm{Cov}(S_t, C)$ を使って表現しなさい．そして，これらの値に対して $\mathbf{E}[\Psi]=0$ となることを確かめなさい．

2値モデルに対して，任意の請求権 C は $S_T - S_0$ に**線形**に依存することを示しなさい．この場合，$\Psi=0$ をみたす V_0 と ϕ を求めることができることを推論しなさい．

このモデルが**完備**でないとき，$\mathbf{E}[\Psi^2]$ を最小化するパラメータは（$S_T - S_0$ に基づく）C の最良線形近似を求めることに対応する．この期待値に対応する値は，オプションの**固有リスク**の1つの尺度だ．

13　**交換レート・フォワード**：イギリスにおける無リスク借入れ金利は u で，アメリカでは r とする．ドル投資家は時点 T での £1 について，双方が $\$C_T$ で交換するという合意のフォワード契約によって交換レート C_T を決めたいと希望している．もし £1 の現在価格が C_0 なら，C_T の公正な価格はいくらか？

14　例題1.3のオプションのライターは，投機家に**デジタル**オプションを売っている．これは，資産価格が上がるほうに賭けることに相当する．このペイオフは，もし交換レートが£100当たり$165と上がるのであればある固定された現金で，下落したらゼロだ．この賭けに投機家が$10払うとき，ライターはこのオプションにいくらの現金を支払うと書くだろうか？　利子率はゼロと仮定してよい．

15　例題1.3のオプションの売り手は，ポンド市場で運営しているとする．ポンド取引可能な商品によって市場を再表現しなさい．そして，相当するリスク中立確率を求めなさい．これらはドル・トレーダによって求められたオプションの時点ゼロでのリスク中立確率と等しいか？　また，ポンド・トレーダによって価格決定されたオプションのゼロ時点でのドル・コストはいくらか？　これは，**標準資産の変更**の一つの例だ．ドル・トレーダは標準無リスク資産としてドル債券を使い，これに対してポンド・トレーダはポンド債券を使う．

第2章

2値モデルと離散時間マルチンゲール

　本章では，継続した複数期間における株価の推移を表現するために，より洗練されたモデルを構築する．それぞれ個別の期間においては，市場の動きは第1章の単純な2値モデルにしたがうものとする．したがって，株価のとり得る軌道はツリー上にコード化されるのだ．第1章で得た結果の簡単な系から，株価過程が離散パラメータのマルチンゲールとなるようなツリー上の確率に関する期待値によって請求権の価格が決まることになる．

　2.3節では，離散パラメータ・マルチンゲールに関する定義や基礎的性質を提示したり，あるいは例示する．そして，はじめにマルチンゲールを用いた方法が洗練された計算ツールとしてどのようにとり上げられているかを知る．次に2.4節では，いくつかの重要なマルチンゲール定理を紹介する．2.5節では，マルチンゲールの枠組みの中で請求権を複製するポートフォリオをいかにして構築するかという方法を示すことによって，第5章で扱うBlack-Scholes解析への道筋を立てる．2.6節では，ヒューリスティックな方法で極限をとることによって，Black-Scholes公式を概観する．

2.1　多期間2値モデル

　もちろん1期間2値モデルは，資産価格の推移モデルとして不十分なものだ．特に市場はゼロと T の2時点だけで観測されていて，その上で時点 T において株価はわずか2つの可能な値のうちの1つをとるものと仮

定した．本節では，1期間モデルのコピーをつなげてツリー（構造木，分枝木）にすることによって，さらに洗練されたモデルを構築する．

市場はやはり株式と債券の2つだけの金融商品からなるものとする．これまでと同様に売買は無制限に行われ，しかも手数料は掛からないものとする．また，この市場では契約不履行によるリスクは存在せず，証券は同一価格で売買できる（すなわち**呼値スプレッド**はない）ものとする．

さらにこの市場は時点 $0 = t_0 < t_1 < \cdots < t_N = T$ において観測可能とする．

株式

各期間 $[t_i, t_{i+1}]$ において，株式は2値モデルにしたがう．この様子を図2.1に示しておく．i 期間の後に，株式は 2^i 個の可能な値のいずれかをと

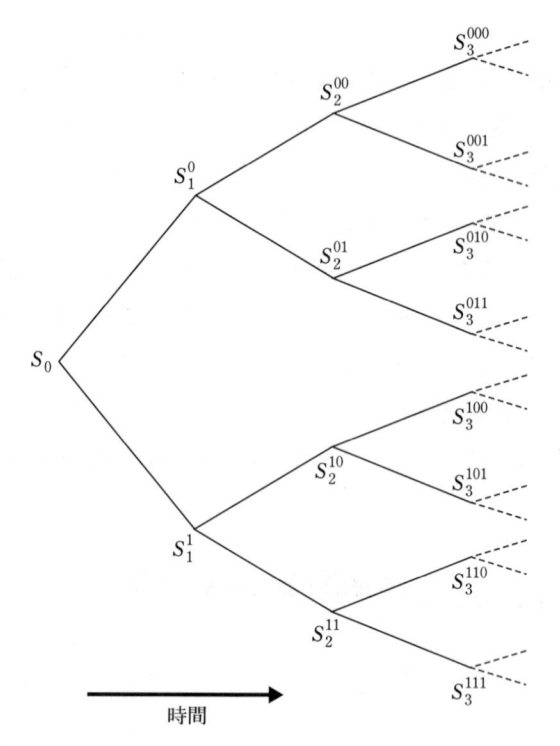

図 2.1 株価ツリー

ることができる.しかしながら,時点 t_i においてその値が**与えられると**,時点 t_{i+1} において株価に許される可能性は 2 つしかない.必ずしもそうする必要はないが,すべて期間の長さは同じとすると便利であるから,$t_i = i\delta t$ と書くことにする.ここに,$\delta t = T/N$ とする.

債券

これまでの単純なモデルでは,債券の動きは完全に予測されていた.既知の利子率 r が存在して,長さ T の期間において債券の価値は e^{rT} 倍に増加するというものであった.しかし,実はこのような厳しい条件を設ける必要はない.利子率そのものが期間ごとに,ランダムに変化すると考えることもできるのだ.実際,期間 $[t_i, t_{i+1}]$ での利子率が,市場が 2^i 個のうちのどの状態にあるかということに依存するにしても,その**期首**において判明しているという条件のもとで,ただちに一般化される.このようにして,債券がランダムであるという可能性を許容することはできるのだが,株価とは異なるランダム性であることに注意する.というのは,時点 t_{i+1} での債券価値は時点 t_i においてすでに既知であるが,このことは株式では明らかに当てはまらないからだ.こうした新しい選択肢があるにもかかわらず,以下では簡単化のために利子率は一定値 r であると仮定する.

複製ポートフォリオ

一見して,新しいモデルに進展が見られるものか否かは明らかではない.k ステップのツリーの場合,株価は 2^k 通りの値をとる.このことを命題 1.1 に戻って検討してみると,もし市場が完備であることを望むならば,少なくとも 2^k 種類の株式が必要であることを示唆している.たとえば $k = 20$ の場合,百万の「独立な」資産が必要になり,これは実際のどの市場で見るよりはるかに大きな数なのだ.しかし物事は悪いことばかりではない.各期末において,複製ポートフォリオをリバランス(再構築)できるとすれば,多くの請求権は達成可能なものとなる.このリバランスには,資産を追加投入してはならないという制約条件だけはどうしても必

要だ．したがって株式を追加するためには，相当額の債券を売ってそれにあてなければならない．逆の場合も同様だ．後でこのことを，**自己資金調達**として定式化する．

ツリー上の後退帰納法

この大きなモデルにおいて価格決定やヘッジを理解するための鍵は，株価ツリー上の**後退帰納法**である．

例2.1 **ヨーロピアン・コールの価格決定**：再び，満期 T のヨーロピアン・オプションの価格決定について考える．上で定義したように $\delta t = T/N$ とおくと，T は N 期に対応する．また，時点 $i\delta t$ における株価を S_i，時点 T におけるこのオプションのペイオフを C_N とする．

方法 鍵となる考え方はこうだ．時点 $(N-1)\delta t$ における株価 S_{N-1} は既知とする．このとき，これまでの解析方法から，時点 $(N-1)\delta t$ におけるオプションの価値 C_{N-1} がわかる．実際，$C_{N-1} = \psi_0^{(N)} \mathbf{E}_{N-1}[C_N]$ として求まるからだ．この期待値は，$S_{N-1} = \psi_0^{(N)} \mathbf{E}_{N-1}[S_N]$ をみたす確率測度に関して得られる．また，$\psi_0^{(N)} = e^{-r\delta t}$ にも注意しよう（利子率 r が変動する場合は，r の値を**既知**の価値 S_{N-1} に対応するツリー上のノードにおける利子率と置き替えればよい）．さらに補題1.2を使うと，時点 $N\delta t$ でちょうど C_N となるような時点 $(N-1)\delta t$ におけるポートフォリオをどうすれば構築できるかがわかる．このようにして，時点 $(N-1)\delta t$ における 2^{N-1} 個のノードに対して時点 T での請求権 C_N をちょうど複製するポートフォリオを構築するのに必要な金額 C_{N-1} を算出できるのだ．

次に，C_{N-1} を時点 $(N-1)\delta t$ での**請求権**と考えて，同じことを繰り返す．もし S_{N-2} の値が**判明**すれば，その価値が時点 $(N-1)\delta t$ においてちょうど C_{N-1} となるポートフォリオを構築できる．そしてこのポートフォリオのコストは，$\psi_0^{(N-1)} \mathbf{E}_{N-2}[C_{N-1}]$ である．ただしこの期待値は，$N_{N-2} = \psi_0^{(N-1)} \mathbf{E}_{N-2}[S_{N-1}]$ をみたす確率測度に関してとるものとする．ここでも同じように，$\psi_0^{(N-1)} = e^{-r\delta t}$ とする．この手順を繰り返すと，各時点におい

て適切な再調整を行うことによって，資産の追加投入や配当の支払いなしに，時点 $N\delta t = T$ での請求権にちょうど見合うポートフォリオのコストを継続して算出できる．例 2.2 でこの方法を取り上げる． ∎

2項ツリー

各期間 $[t_i, t_{i+1}]$ 上で株価は，ある定数 $0 < d < u < \infty$ について，現在価格 S_i から $S_i u$ に上昇するか，$S_i d$ に下降するかという特別な 2 値ツリーを考えると便利だ．このツリーでは，多くの異なったルートを通って同じ株価に達することができる．たとえば時点 t_2 において，値 $S_0 ud$ は下降した後に上昇することにより，あるいは逆の場合に達成される．したがって，株価ツリーは図 2.2 のような形になる．このようなツリーは，（異なる枝から再結合できるので）**再結合**ツリーという．この場合，再結合ツリーは **2 項ツリー**として知られているものだ．その理由は，（u, d, r が一定のもとで）リスク中立確率はすべての上向き枝について同一であり，よって時点 $t_n = n\delta t$ における株価は 2 項分布で定まるからだ．2 項ツリーは一般の 2 値ツリーに比べて計算が簡単であり，すぐにわかるように以下の目的にかなっている．2 項モデルは Cox, Ross & Rubinstein（1979）により

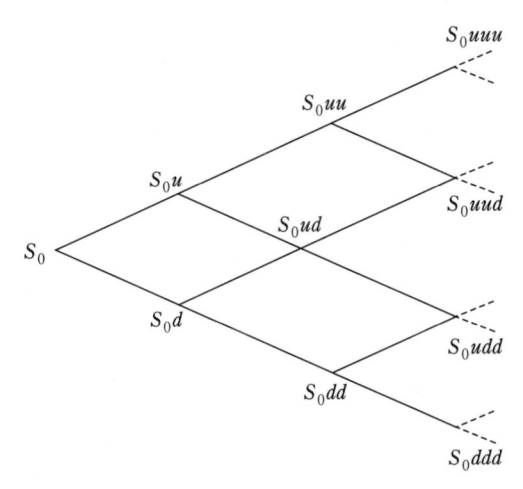

図 2.2 株価の（再結合）2 項ツリー

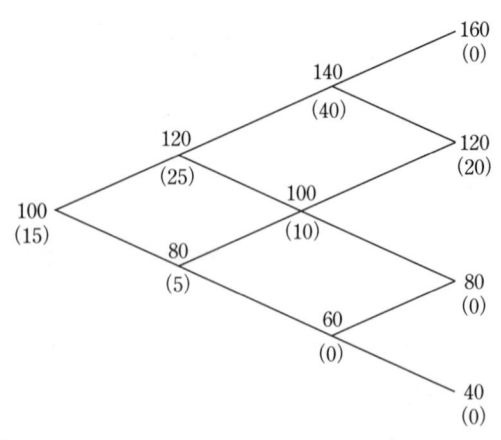

```
                           ┌── 160
                      140 ─┤   (0)
                    (40)   │
               120 ─┤      └── 120
              (25)  │          (20)
         100 ─┤     100 ─┤
         (15) │    (10)  │
               80 ─┤      └── 80
              (5)   │          (0)
                    60 ─┤
                   (0)   │
                           └── 40
                              (0)
```

図 2.3　例 2.2 の原資株価のツリー．括弧内の値は各ノードにおける請求権の価値を表す．

導入されて，デリバティブ業界で中心的役割を担ってきた．

例 2.2　株価は図 2.3 のツリーで与えられるものとし，$\delta t = 1$ とする．利子率がゼロの場合，株式を時点 3 において価格 100 で買うというオプションのコストはいくらか？

解答　時点 3 における請求権の値を埋めるのは簡単だ．請求権の値は，上から順に 60, 20, 0, 0 と読める．

次に，下図の 3 つの組のノードからリスク中立確率を求める．明らかにこの例では，各ノードから上昇する枝のリスク中立確率は 1/2 である．この確率を使って，最後から 2 番目の時点におけるオプションの価値を算出すると，上から順に 40, 10, 0 となる．この方法を時点 1 に対して行うと

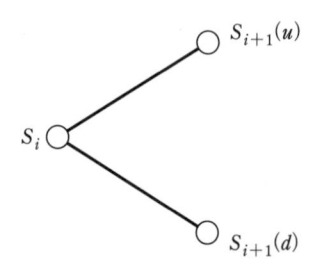

```
                    ○ S_{i+1}(u)
                   /
              S_i ○
                   \
                    ○ S_{i+1}(d)
```

(時点 0 から価格が上がると) 25, (価格が下がると) 5 を得る. このようにして, 最後に時点 0 でのオプションの価値は 15 と求まる.

ツリー上でオプション価格が求まると, 補題 1.2 の処方箋にしたがって, 売り手は時点 3 における請求権を正確に複製するポートフォリオを構築できる. 期間 $[(i-1)\delta t, i\delta t)$ 中に株式と債券により構築されるポートフォリオを (ϕ_i, ψ_i) と表す.

- 時点 0 においてオプションから 15 を得ている. ϕ_1 として $(25-5)/(120-80)=0.5$ と算出できる. そこで, 0.5 単位の株式を買って 50 支払い, 債券を 35 借りる.
- まず $S_1=120$ とする. 新しい ϕ は $(40-10)/(140-100)=0.75$ となるから, さらに $0.75-0.5=0.25$ 単位の株式を買い, 債券の借り入れ総額は 65 となる.
- 次に $S_2=140$ とする. このとき $\phi=(60-20)/(160-120)=1$ となるから, さらに株式を購入して 1 単位まで保有し, 債券の借り入れ総額は 100 となる.
- 最後に $S_3=120$ とする. オプションはイン・ザ・マネーとなり, 1 単位の株式を 100 で売り渡さなければならない. が, これは債券の借入を帳消しにするのにぴったりだ.

株価がツリー上のその他のパスにしたがう場合について, 次表に株式と債券の保有を集約してある.

時点 i	ジャンプ	株価 S_i	オプション価値 V_i	株 ϕ_i	債券 ψ_i
0	—	100	15	—	—
1	下降	80	5	0.50	-35
2	上昇	100	10	0.25	-15
3	下降	80	0	0.50	-40

すべての過程 $\{S_i\}_{0\le i\le N}$, $\{V_i\}_{0\le i\le N}$, $\{\phi_i\}_{0\le i\le N}$, $\{\psi_i\}_{0\le i\le N}$ は，上下する枝の列に依存していることに注意する．特に，$\{\phi_i\}_{0\le i\le N}$ と $\{\psi_i\}_{0\le i\le N}$ はともにランダムである．時点 0 においてポートフォリオのダイナミックスは**不明**だが，それが**自己資金調達**であることは決まっている．期間 $[i+1, i+2)$ において保有することになるポートフォリオは，期間 $[i, i+1)$ で保有していたポートフォリオを（時刻 $i+1$ において）清算して，それを継続投資することにより構築できる．このとき，資産の追加投入は一切してはいけない．さらに各ステップにおけるポートフォリオの調整は，**その時点の株価情報に基づいて行われるので，リスクは存在しないのだ．** ∎

1 期間 2 値モデルでは，時点 T での任意の請求権は達成可能であり，ゼロ時点での価格は期待値として表すことができることを見た．多期間モデルの設定でも同じことがいえる（演習問題 1 を参照）．任意の請求権が達成可能であるという証明は，ツリー上の後退帰納法にほかならない．期待値を使って価格決定式を表すために，パス上に確率分布を定義する．

パスの確率

後退帰納法では，ツリーの各枝上にただ一つの確率を特定していることに注意しよう．株価はツリー上のパスにそって推移するのだが，パスの確率はパスを構成する枝上の確率の積によって定義する．

演習問題 2 では，後退帰納法で求めた時点 T における請求権の価格が，まさにこれらのパス確率（各ノードでの割引請求権は，そのノードを終点とするすべてのパスの確率の和に対して重みづけされる）に関する割引請求権の期待値であることを要求しているのだ．この処方箋を上の例で検証してみよう．例 2.2 の再結合ツリーには 8 つのパスがあり，1 つは最上位のノードが終点で，もう 1 つは最下位のノードが終点で，その他 2 つのノードはそれぞれ 3 つのパスの終点になっている．パスはそれぞれ等確率 $1/8$ をもっているので，この請求権の期待値は $1/8\times 60+3/8\times 20+3/8\times 0+1/8\times 0=15$ となり，後退帰納法で算出した値と同じだ．

2.2　アメリカン・オプション

もう少し洗練された市場モデルとして，ペイオフが——期間 $[0, T]$ を通じて株価が推移する——**パス**に依存するようなオプションに目を転じてみるのもよい．この節では，そのようなオプションの中で最も重要な例であるアメリカン・オプションに焦点をあてる．

定義 2.1　満期 T での行使価格が K の**アメリカン・コール・オプション**とは，所有者に対して時点 T までの任意の時点において資産を買う権利を与え，義務は負わせないオプションのことだ．

また，満期 T での行使価格が K の**アメリカン・プット・オプション**とは，所有者に対して時点 T までの任意の時点において資産を売る権利を与え，義務は負わせないオプションのことをいう．

アメリカン・オプションでは行使のチャンスが増えるので，その価値は相当するヨーロピアン・オプションの価値より大きい（少なくとも小さくはない）に違いない．それでは，どれ位大きいのか？

無配当株のコール

まず，よく引用される次の結果を証明しておく．

補題 2.1　**無配当**な株式を原資とするアメリカン・コール・オプションを満期前に行使することは，決して最適ではない．

証明　以下の2つのポートフォリオを考えてみよう．

- ポートフォリオ A：アメリカン・コール・オプションと時点 t の値が $Ke^{-r(T-t)}$ の債券．
- ポートフォリオ B：1単位の株式．

時点 t の株価を S_t とする．このコール・オプションが時点 $t < T$ にお

いて行使されるならば，ポートフォリオ A の時点 t での価値は $S_t - K + Ke^{-r(T-t)} < S_t$ となる（もちろんオプションは $S_t > K$ のときだけ行使される）．このとき，ポートフォリオ B の価値は S_t だ．一方，T においてオプションが行使されるならば，ポートフォリオ A の価値は $\max\{S_T, K\}$ であり，これはポートフォリオ B の価格以上となる．

ポートフォリオ A を満期前に行使するとポートフォリオ B より低価格となり，満期に行使するとポートフォリオ B 以上になることを見た．よって，早期に行使することは最適でない． ∎

この結果は，無配当株式に対してだけ成り立つことだ．補題 2.1 の別証明は演習問題 5 にある．この結果は，演習問題 7 において次のように拡張される．すなわち離散時点で配当が支払われるオプションでは，時点 T または配当の支払い時点のうちの 1 時点で行使するときだけ最適となるのだ（演習問題 8 を参照）．一般的には，早期に行使するか否かの意思決定は配当収入を失うことによる「コスト」に依存する．

■ 無配当株のコール

アメリカン・プット・オプションの場合は，（無配当であっても）さらに難しくなる．このことを以下の例で示そう．

例 2.3 資産価格は，図 2.3 に示された結合ツリーにしたがって推移するものとする．説明の都合上，無リスク金利はゼロと仮定する（注意事項 2.1 の第 2 段を参照）．行使価格 100 の 3 ヶ月アメリカン・プット・オプションの価値はいくらになるか？

解答 コールオプションの場合と同様に，ツリー上の後退帰納法を使う．
- 時点 3 での請求価値は，上から順に 0，0，20，60 だ．
- 時点 2 では 2 つの可能性，すなわち請求権を行使したときの価値と行使しなかったときの価値を考慮しなければならない．1 番目のノードは簡単だ．価値はどちらに進んでもゼロである．2 番目のノードに対して，株価

は行使価格に等しいので，オプションを行使した場合は価値はゼロとなる．これに対して行使しない場合は，1期間モデルの解析から，請求権の価値は時点3でのリスク中立確率に関する期待値である．すでにリスク中立確率はこのツリーの各枝の上で1/2と求められているから，この期待値は10となる．一番下のノードについては，行使してもしなくても価値は40だ．

- 次に，時点1における2つのノードについて考える．上のノードでは，オプションを行使するとその価値はゼロで，保有したままだとやはり1期間モデルの解析からその価値は5となる．下のノードでは，オプションを行使するとその価値は20で，行使しなければ25となる．
- 最後に時点0において，行使するとその価値はゼロで，待つと15となる．オプションの価格を図2.4に示す． ■

注意事項 2.1　1　上の例では，たとえ「イン・ザ・マネー」であっても，時点1でのオプションの行使は最適でないことに注意．というのは，$S_1=80$のときに行使すると20だが，待つと25を得られるからだ．

2　この例では，オプションを早期に行使することによって厳密に正の優位とはならない．どんな場合でも常に，少なくとも待つ方がよい．実

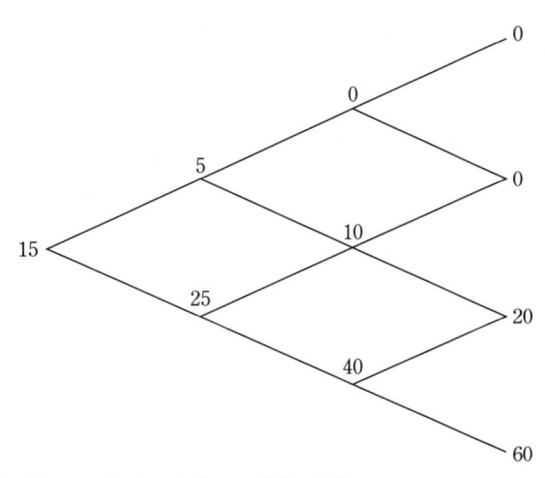

図2.4　例2.3のアメリカン・プット・オプション価格の推移

際，利子率がゼロならば，演習問題6で示すように**どの場合**も待つ方がよい．しかし，利子率がゼロでなければ，早期の行使が最適となることもあるのだ（演習問題9参照）．

2.3　離散時間マルチンゲールとマルコフ過程

多期間株価市場モデルは，モデルとしてはまだかなり特別なものだ．連続時間の世界については後の章で扱うが，基礎的な事柄を準備するために，これまでのモデルを離散時間マルチンゲールとマルコフ過程の枠組に組み入れる．

まず，確率変数と確率過程の概念を復習しておく．

確率変数

形式的に確率変数について語るときは，まず確率空間 $(\Omega, \mathcal{F}, \mathbf{P})$ を設定しなければならない．ここで，Ω は標本の集合で**標本空間**といい，$\mathcal{F}$ は Ω の部分集合つまり**事象**の集まりである．そして $\mathbf{P}$ は各事象 $A \in \mathcal{F}$ の確率を定める．部分集合の集まり $\mathcal{F}$ は **σ-集合体**をなしている．すなわち $\Omega \in \mathcal{F}$ であり，かつ $\mathcal{F}$ は加算演算と補集合演算について閉じている．確率測度 $\mathbf{P}$ は次の**確率の公理**をみたす．

- すべての $A \in \mathcal{F}$ に対して $0 \leq \mathbf{P}(A) \leq 1$ とする．
- $\mathbf{P}(\Omega) = 1$.
- すべての背反な $A, B \in \mathcal{F}$ に対して，$\mathbf{P}(A \cup B) = \mathbf{P}(A) + \mathbf{P}(B)$ とする．
- もし，すべての $n \in \mathbf{N}$ に対して $A_n \in \mathcal{F}$ かつ $A_1 \subset A_2 \subset \cdots$ ならば，$n \to \infty$ のとき $\mathbf{P}(A_n) \uparrow \mathbf{P}(\bigcup_n A_n)$ とする．

定義2.2　実数値確率変数 X とは，$\mathcal{F}$-可測な Ω 上の実数値関数のことだ．離散確率変数（つまり加算無限個の値だけをとる確率変数のこと）の場合，可測性は

$$\{\omega \in \Omega : X(\omega) = x\} \in \mathcal{F}$$

を意味するので，$\mathbf{P}$ は事象 $\{X=x\}$ の確率を定める．一般の確率変数の場合は条件

$$\{\omega\in\Omega : X(\omega)\leq x\}\in\mathcal{F}$$

をみたすことを要請するので，**分布関数** $F(x)=\mathbf{P}\{X\leq x\}$ を定義する．

このように定義すると，比較的簡単な概念を述べるのに不必要に複雑な方法を使っているように見えるが，技術的には実際に必要なことだ．というのは，$\mathbf{P}$ を Ω の**すべて**の部分集合の上に自明でない方法で定義することは**可能**ではないからだ．とはいえ，たいていの場合，そのような技術的詳細を無視してもそれほど悪いことにはならない．しかし，**確率過程**——時間とともに推移する確率変数——を研究する場合，もう少し形式的な枠組の中で始めるのがより自然だ．

確率過程

一般的に（離散時間）確率過程を設定するためには，1つの σ-集合体 $\mathcal{F}$ だけでなく，σ-集合体の増加列 $\mathcal{F}_n\subset\mathcal{F}_{n+1}\subset\cdots\subset\mathcal{F}$ もあわせて必要になる．これらの集まり $\{\mathcal{F}_n\}_{n\geq 0}$ のことを**フィルター**（フェルトレーションともいう）といい，4つの組 $(\Omega, \mathcal{F}, \{\mathcal{F}_n\}_{n\geq 0}, \mathbf{P})$ を**フィルター確率空間**（フィルターつき確率空間ともいう）という．

定義 2.3 **実数値確率過程**とは，**実数値確率変数列** $\{X_n\}_{n\geq 0}$ のことである．もし，すべての n について X_n が $\mathcal{F}_n$-可測であるならば，確率過程はフィルター $\{\mathcal{F}_n\}_{n\geq 0}$ に**適合している**という．

したがって σ-集合体 $\mathcal{F}_n$ は，確率過程の時点 n までの推移に関するすべての情報をコード化したものと考えることができる．すなわち，$\mathcal{F}_n$ に属する各事象が起こったか起こらなかったかを知れば，時点 n までに確率過程が導かれたパスについて言及することができる．この情報を**正確に**表しているフィルターのことを，確率過程 $\{X_n\}_{n\geq 0}$ に付随する**自然な**フィルターという．

このようにしてフィルターを設定した形式的な方法には，1つの重要な結論が含まれている．確率測度 $\mathbf{P}$ を**参照しないで**確率過程 $\{X_n\}_{n\geq 0}$ を Ω 上の可測関数列として定義したことに注意しよう．この状況は，正しくツリー・モデルにおける状況と酷似している．はじめに関数 $\{X_n\}_{n\geq 0}$ を規定することに対応させて，時点 n で株価のとるであろう値を定め，その後で確率を付与した．たとえ株価が上昇あるいは下降する確率が何であるかを予想できる場合でも，請求権の価格を決めるためにはその確率を（リスク中立確率に）**変更**する必要があったのだ．確率を変化させるこの手続きは，オプションの価格決定にとって根幹をなすものである．

条件つき期待値

2値（または2項）ツリーを通るパス上の確率を構成するとき，まずツリーの各枝の確率を決めた．つまり，時点 $k\delta t$ での株価が S_k であることを知っているという条件のもとで，$e^{-r\delta t}S_{k+1}$ の期待値はちょうど S_k であるという方法で行った．この条件は，時点 $k\delta t$ における S_k に対応するノードから出ている二つの枝の確率を定めるのに使われた．この考え方をさらに進めるためには，**条件つき期待値**について復習しておく必要がある．

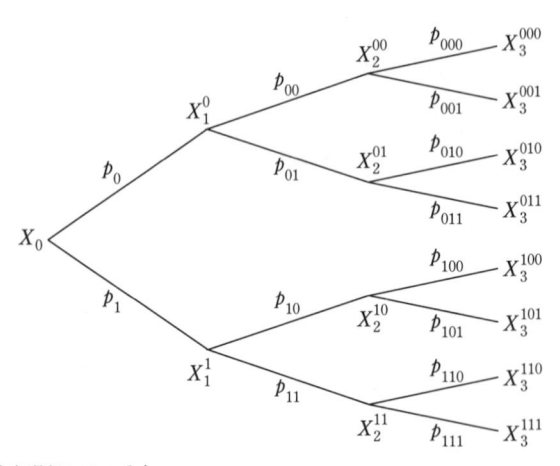

図 2.5 例 2.3 の確率過程とその分布

例2.4 図2.5で示すツリーで表現された確率過程について考える．この分布は，ツリーの枝につけられた確率により与えられる．ここに，ツリーを通る特定のパスの確率をそのパスを構成する枝の確率の積とすることは，2.1節の場合と同じだ．

結果 このツリーから明示的に $\{X_n\}_{n\geq 0}$ が決まり，さらに与えられた Ω について $\mathbf{P}$ が間接的に決まる．以後の例ではあまり細部にわたって説明することはしないが，ここでは Ω を明示する．この Ω として何を選択するかは多くの可能性があるが，「上昇」と「下降」のすべての可能な列の集合とするのが一番自然であろう．たとえば，もし $\omega=(u,u,d)$ ならば $X_1(\omega)=X_1^0$, $X_2(\omega)=X_2^{00}$, $X_3(\omega)=X_3^{001}$ とするのだ．

はじめに条件つき期待値
$$\mathbf{E}[X_3|\mathcal{F}_1]$$
を求める．これは，σ-集合体 $\mathcal{F}_n$ を「時点 n までの情報」と解釈すると，時点 1 までの情報が与えられたという条件のもとで X_3 の条件付き期待値を求めることだ．求めるものは $\mathcal{F}_1$-可測**確率変数**であることに注意．つまり，この確率変数は時点 1 までに何が起こったかということだけに依存している．はじめに上昇するか下降するかの二つの可能性がある．

- はじめのジャンプが上昇する場合．X_3 のとり得る可能な値は X_2^{000}, X_3^{001}, X_3^{010}, X_3^{011} だ．これらの値をとる確率はパスの確率から決まるが，この場合，時点 1 における上側のノードから発生するパスだけに制限する．よって条件つき期待値は，
$$\mathbf{E}[X_3|\mathcal{F}_1](u)=p_{00}p_{000}X_3^{000}+p_{00}p_{001}X_3^{001}+p_{01}p_{010}X_3^{010}+p_{01}p_{011}X_2^{011}$$
となる．これが起きる確率は p_0 だ．

- はじめのジャンプが下降する場合．この確率は p_1 であるが，条件つき期待値は，
$$\mathbf{E}[X_3|\mathcal{F}_1](d)=p_{01}p_{100}X_3^{100}+p_{10}p_{101}X_3^{101}+p_{11}p_{110}X_3^{110}+p_{11}p_{111}X_2^{111}$$
となる．

同様にして $\mathbf{E}[X_3|\mathcal{F}_2]$ も計算できる．この確率変数は $\mathcal{F}_2$-可測，すなわちその値は確率過程のはじめの2ステップに依存している．この分布を下の表に示す．

期待値	確率
$\mathbf{E}[X_3|F_2](uu) = p_{000}X_3^{000} + p_{001}X_3^{001}$	$p_0 p_{00}$
$\mathbf{E}[X_3|F_2](ud) = p_{010}X_3^{010} + p_{011}X_3^{011}$	$p_0 p_{01}$
$\mathbf{E}[X_3|F_2](du) = p_{100}X_3^{100} + p_{101}X_3^{101}$	$p_1 p_{10}$
$\mathbf{E}[X_3|F_2](dd) = p_{110}X_3^{110} + p_{111}X_3^{111}$	$p_1 p_{11}$

もちろん，条件つき期待値 $\mathbf{E}[X_3|\mathcal{F}_2]$ は $\mathcal{F}_2$-可測確率変数で $\mathcal{F}_1 \subset \mathcal{F}_2$ であるから，条件つき期待値 $\mathbf{E}[\mathbf{E}[X_3|\mathcal{F}_2]|\mathcal{F}_1]$ は次のように計算できる．

$$\mathbf{E}[\mathbf{E}[X_3|\mathcal{F}_2]|\mathcal{F}_1](u) = p_{00}\mathbf{E}[X_3|\mathcal{F}_2](uu) + p_{01}\mathbf{E}[X_3|\mathcal{F}_2](ud),$$

$$\mathbf{E}[\mathbf{E}[X_3|\mathcal{F}_2]|\mathcal{F}_1](d) = p_{10}\mathbf{E}[X_3|\mathcal{F}_2](du) + p_{11}\mathbf{E}[X_3|\mathcal{F}_2](dd)$$

上の表の値 $\mathbf{E}[X_3|\mathcal{F}_2]$ を代入することによって，上式は，

$$\mathbf{E}[\mathbf{E}[X_3|\mathcal{F}_2]|\mathcal{F}_1] = \mathbf{E}[X_3|\mathcal{F}_1] \tag{2.1}$$

に帰着する． ∎

ここで，条件つき期待値の形式的な定義を与えておく．

定義2.4 確率変数 X は，$\mathcal{F}$-可測で $\mathbf{E}[|X|]<\infty$ とする．さらに $\mathcal{G} \subset \mathcal{F}$ を部分 σ-集合体とする．このとき，$\mathcal{G}$ のもとでの X の**条件つき期待値**（$\mathbf{E}[X|\mathcal{G}]$ と表す）とは，任意の $A \in \mathcal{G}$ について

$$\mathbf{E}[\mathbf{E}[X|\mathcal{G}]; A] \triangleq \int_A \mathbf{E}[X|\mathcal{G}] d\mathbf{P} = \int_A d\mathbf{P} \triangleq \mathbf{E}[X; A]$$

をみたす $\mathcal{G}$-可測な確率変数のことである．

条件つき期待値の存在性は，確率1でゼロである確率変数との和をとってもよいという意味で一意的である．この技術的な考え方は，第3章の演習問題17で重要な点である．

式(2.1)は，条件つき期待値の次の性質の特別な場合だ．

条件つき期待値の積み重ね法則：$\mathcal{F}_i \subset \mathcal{F}_j$ のとき

2.3 離散時間マルチンゲールとマルコフ過程   47

$$E[E[X|\mathcal{F}_j]|\mathcal{F}_i] = E[X|\mathcal{F}_i]$$

つまり，はじめに時点 j までの情報で条件をとった後，それより以前の時点 i までの条件をとることは，はじめから時点 i までの情報で条件をとることと同じことだ． ∎

次の事実は，覚えておくと条件つき期待値の計算に便利だ．

条件つき期待値の括り出し法則：$E[|X|] < \infty$ かつ $E[|XY|] < \infty$ とするとき，

もし Y が $\mathcal{F}_n$-可測ならば，$E[XY|\mathcal{F}_n] = Y E[X|\mathcal{F}_n]$

これはまさに，もし時点 n までに Y のすべてがわかっている場合に，Y を時点 n までの情報で条件づけするときは定数として扱うことができる，ということを述べている． ∎

マルチンゲールの性質

2.1節で請求権の価格を決めるのに用いたツリー上の確率測度は，$\tilde{S}_k$ が既知であるもとでの $\tilde{S}_{k+1}$ の期待値が，ちょうど $\tilde{S}_k$ となるように選ばれていた．ここで，$\{\tilde{S}_k\}_{k \geq 0}$ を割引株価，すなわち $\tilde{S}_k = e^{-k\delta t} S_k$ とする．このことを式で表すと，

$$E[\tilde{S}_{k+1}|\tilde{S}_k] = \tilde{S}_k$$

ということだ．私たちのモデルにおいて株価は**無記憶**であるから，次の時点までの株価の動きは現時点の値に到達した履歴には影響されない．すなわち，$\tilde{S}_k$ を既知として条件づけすることは，$\mathcal{F}_k$ のすべてを既知として条件づけすることと事実上同じことである．よって，

$$E[\tilde{S}_{k+1}|\mathcal{F}_k] = \tilde{S}_k \tag{2.2}$$

と表すことができる．この式(2.2)は，命名に値するほど重要な性質の一つだ．

定義 2.5 フィルター確率空間を $(\Omega, \mathcal{F}, \{\mathcal{F}_n\}_{n \geq 0}, \mathbf{P})$ とする．確率変数列 $\{X_n\}_{n \geq 0}$ が $(\mathbf{P}, \{\mathcal{F}_n\}_{n \geq 0})$-**マルチンゲール**であるとは，

$$\mathbf{E}[|X_n|] < \infty, \forall n \tag{2.3}$$

かつ

$$\mathbf{E}[X_{n+1}|\mathcal{F}_n] = X_n, \forall n \tag{2.4}$$

をみたすことである．もし式(2.4)の代わりに

$$\mathbf{E}[X_n|\mathcal{F}_n] \leq X_n, \forall n$$

をみたすならば，確率変数列 $\{X_n\}_{n \geq 0}$ は $(\mathbf{P}, \{\mathcal{F}_n\}_{n \geq 0})$-**優マルチンゲール**という．また，もしその代わりに

$$\mathbf{E}[X_n|\mathcal{F}_n] \geq X_n, \forall n$$

をみたすならば，確率変数列 $\{X_n\}_{n \geq 0}$ は $(\mathbf{P}, \{\mathcal{F}_n\}_{n \geq 0})$-**劣マルチンゲール**という．

これらの定義は包括的ではない．というのは，この範疇に属さない多くの確率過程が存在するからだ．マルチンゲールはしばしば，公正なゲームに継続的に参加して得られる純利得を追跡しているものと考えられている．この設定において，優マルチンゲールは不利なゲーム（勝つことより負ける方が多い）をして得られる純利得をモデル化したもので，劣マルチンゲールは有利なゲームをして得られる純利得を表しているのだ．

マルチンゲールという概念は，$(\mathbf{P}, \{\mathcal{F}_n\}_{n \geq 0})$ に関するマルチンゲールのことだと認識することはきわめて重要なことである．私たちは確率過程というものを，σ-集合体の列 $\{\mathcal{F}_n\}_{n \geq 0}$ や Ω 上の $\mathcal{F}$-可測関数列 $\{X_n\}_{n \geq 0}$ や $\mathcal{F}$ 上で定義された確率測度 $\mathbf{P}$ の役割とは切り離して定義したことを思い起こそう．2.1節の設定では，市場とは「割引株価はマルチンゲールでは**ない**」もの（実際，株式に投資する場合に，債権を買って得られるのと同額の金をリスクなしで得られるとは誰も考えないし，多分そうではない）と見なしている．私たちは価格決定のために，また後でわかるようにヘッジのためには，この確率測度を割引株価がマルチンゲールとなるような確率測度に**変えた**のだった．市場観を表す確率測度は**市場の測度**と考え，また価格決定やヘッジに使われる新しい確率測度のことを**同値なマルチンゲール測度**という．

注意事項　**N の部分集合上のマルチンゲール**：これまで，マルチンゲールは $n \in \mathbf{N}$ をパラメータとして定義してきたが，しばしば有限 $\{0 \leq n \leq N\}$ をパラメータとするマルチンゲールについて考える．このマルチンゲールは，条件 (2.3) と (2.4) を $\{0 \leq n \leq N\}$ に限定して定義する．一般的なマルチンゲールのほとんどの結果は，$\{0 \leq n \leq N\}$ をパラメータとするマルチンゲールにも直接適用することができる．■

積み重ね法則から，もし $\{X_n\}_{n \geq 0}$ が $(\mathbf{P}, \{\mathcal{F}_n\}_{n \geq 0})$-マルチンゲールであれば，$i < j$ について

$$\mathbf{E}[X_j | \mathcal{F}_i] = X_i$$

となるが，これはよく使われる便利な性質である．

マルコフ性

マルチンゲールが次のマルコフ性という性質をもつなら，計算はさらに簡単になる．

定義 2.6　**マルコフ性**：（自然なフィルター $\{\mathcal{F}_n\}_{n \geq 0}$ をもつ）確率過程 $\{X_n\}_{n \geq 0}$ は，すべての $B \in \mathcal{F}$ について

$$\mathbf{P}[X_{n+1} \in B | \mathcal{F}_n] = \mathbf{P}[X_{n+1} \in B | X_n]$$

が成り立つとき，**離散時間マルコフ過程**という．

いいかえると，時点 n までの確率過程の履歴のすべてがわかっているという条件のもとでの $X_{n+1} \in B$ の条件つき確率は，X_n の値だけがわかっているもとでの $X_{n+1} \in B$ の条件つき確率と等しい，ということだ．つまり，マルコフ過程は**無記憶**ということだ．これまであげたマルチンゲールの大半の例（そして市場モデルのすべての例）は，マルコフ性をもつ．しかし，すべてのマルチンゲールがマルコフ過程というわけではなく，またすべてのマルコフ過程がマルチンゲールというわけでもない（演習問題 11 参照）．

表記法　フィルターが確率過程 $\{X_n\}_{n \geq 0}$ によって「生成された」ことを強調する

ときは，記号 $\{\mathcal{F}_n^X\}_{n\geq 0}$ で表す．

特に断りがない限り，$\{\mathcal{F}_n\}_{n\geq 0}$ は問題としている確率過程に付随する自然なフィルターを意味するものと解釈する．記号 Ω の明示にこだわるのはあまりにも融通の利かないことなので，以下では一般的に Ω の表示は省略する．確率過程 $\{X_n\}_{n\geq 0}$ が **P**-マルチンゲールであるとは，(**P**, $\{\mathcal{F}_n^X\}_{n\geq 0}$)-マルチンゲールのことを意味する．

例題

例 2.5 ランダム・ウォーク：1 次元単純ランダム・ウォーク $\{S_n\}_{n\geq 0}$ は，$S_{n+1}=S_n+\xi_{n+1}$ によって定義されるマルコフ過程のことだ．ここに，(各 n について) $\xi_n\in[-1,+1]$ かつ **P** のもとで，$\{\xi_n\}_{n\geq 0}$ は独立同一分布にしたがう確率変数である．したがって，
$$\mathbf{P}[S_{n+1}=k+1|S_n=k]=p,\ \mathbf{P}[S_{n+1}=k-1|S_n=k]=1-p$$
となる．ここで，$p\in[0,1]$．

もし $p=0.5$ ならば，$\{S_n\}_{n\geq 0}$ は **P**-マルチンゲールだ．もし $p<0.5$ (または $p>0.5$) ならば，$\{N_n\}_{n\geq 0}$ は **P**-優マルチンゲール (または **P**-劣マルチンゲール) である．

正当性 これを検証する．ランダム・ウォークは時点 n において，出発点からの距離はせいぜい n であるから，期待値が $\mathbf{E}[|S_n|]<\infty$ となるのは明らかだ．さらに，
$$\mathbf{E}[S_{n+1}|\mathcal{F}_n]=\mathbf{E}[S_n+\xi_{n+1}|\mathcal{F}_n]$$
$$=S_n+\mathbf{E}[\xi_{n+1}|\mathcal{F}_n]$$
$$=S_n+\mathbf{E}[\xi_{n+1}]$$
となる．最後の式は，$\{\xi_n\}_{n\geq 0}$ の独立性を使った．このとき，
$$\mathbf{E}[\xi_{n+1}]\begin{cases}<0,\ p<0.5,\\=0,\ p=0.5,\\>0,\ p>0.5\end{cases}$$
となることから結論が得られる．■

例 2.6 請求権の条件つき期待値：標本空間 Ω とフィルター $\{\mathcal{F}_n\}_{n\geq 0}$ が与えられているものとする（この例では $\mathcal{F}_n$ は時点 $n\delta t$ までの金融市場の履歴をコード化しているものを想定している）．さらに，C_N は任意の $\mathcal{F}_N$-可測確率変数（これは時点 $N\delta t$ での請求権を考えている）とする．このとき，任意の確率測度 $\mathbf{P}$ について

$$X_n = \mathbf{E}[C_N|\mathcal{F}_n]$$

で与えられる条件つき期待値過程 $\{X_n\}_{0\leq n\leq N}$ は，$(\mathbf{P}, \{\mathcal{F}_n\}_{0\leq n\leq N})$-マルチンゲールとなる．

例 2.7 請求権の割引価格：2.1 節で考えた株価の多期間 2 値モデルにおいて，満期 $N\delta t$ における価値が C_N のヨーロピアン・オプションの価格決定問題を解く際に，その確率測度に関して割引株価がマルチンゲールになるような確率測度（これを $\mathbf{Q}$ と表した）を見つけた．時点 $N\delta t$ における任意の請求権 C_N について $\mathbf{E}^{\mathbf{Q}}[|C_N|] < \infty$ を仮定すれば，時点 $N\delta t$ でのペイオフが C_N のオプションの時点 $n\delta t$ における公正な価格は，

$$V_n = e^{-r(N-n)\delta t}\mathbf{E}^{\mathbf{Q}}[C_N|\mathcal{F}_n]$$

となる．$\tilde{V}_n = e^{-rn\delta t}V_n$ とおく．このとき，割引請求権過程 $\{\tilde{V}_n\}_{0\leq n\leq N}$ は $\mathbf{Q}$-マルチンゲールとなる．このことは，期間 $[i\delta t, (i+1)\delta t)$ での無リスク率が期首に判明しているならば，利子率が一定であるという仮定を外しても成り立つのだ．

新しいマルチンゲールへの変換

上の例は，ヨーロピアン・オプションの割引価格過程はマルチンゲールであることを示している．つまり，複製ポートフォリオの割り引かれた価値はマルチンゲールである．これまで通り，第 n 期間 $[(n-1)\delta t, n\delta t)$ での株式と債券からなる複製ポートフォリオを (ϕ_n, ψ_n) とする．このとき，時点 $n\delta t$ でのポートフォリオの価値は，

$$V_n = \phi_{n+1}S_n + \psi_{n+1}B_n$$

と表される．ここに，B_n は時点 $n\delta t$ での債券の価値だ．このポートフォ

リオは**自己資金調達**である．すなわち，時点 $(n+1)\delta t$ における新しいポートフォリオを構築するための資金は，期間 $[n\delta t, (n+1)\delta t)$ で所有していたポートフォリオを清算して全額をこれにあてることを意味する．これを式で表すと，

$$\phi_{n+1}S_{n+1} + \psi_{n+1}B_{n+1} = \phi_{n+2}S_{n+1} + \psi_{n+2}B_{n+1}$$

となる．このポートフォリオ V_n の割引価格は，

$$\tilde{V}_n = \phi_{n+1}\tilde{S}_n + \psi_{n+1}$$

となり，自己資金調達という性質

$$\phi_{n+1}\tilde{S}_{n+1} + \psi_{n+1} = \phi_{n+2}\tilde{S}_{n+1} + \psi_{n+2}$$

を使うと

$$\tilde{V}_{n+1} - \tilde{V}_n = \phi_{n+2}\tilde{S}_{n+1} + \psi_{n+2} - \phi_{n+1}\tilde{S}_n - \psi_{n+1}$$
$$= \phi_{n+1}(\tilde{S}_{n+1} - \tilde{S}_n)$$

すなわち，

$$\tilde{V}_n = \tilde{V}_0 + \sum_{j=0}^{n-1} \phi_j(\tilde{S}_{j+1} - \tilde{S}_j) \tag{2.5}$$

を得る．すでに述べたように $\{\tilde{V}_n\}_{0 \le n \le N}$ は **Q**-マルチンゲールであるから，これまで検証してきたことは $\{\tilde{V}_n\}_{0 \le n \le N}$ をマルチンゲールとするような確率測度 **Q** のもとで，式(2.5)の右辺もマルチンゲールとなるということだ．このことはさらに一般的な現象の一部であって，正確な結果を述べるためにはさらに次の定義が必要となる．値 ϕ_i は，時点 $(i-1)\delta t$ において既知であることを思い出そう．

定義 2.7 フィルター $\{\mathcal{F}_n\}_{n \ge 0}$ が与えられている．もし A_n が $\mathcal{F}_{n-1}$-可測ならば，確率過程 $\{A_n\}_{n \ge 0}$ は $\{\mathcal{F}_n\}_{n \ge 0}$-**可予測**，あるいは $\{\mathcal{F}_n\}_{n \ge 0}$-**可予見**という．

これは，債券に対して許容される，ある種のランダム性を表している．

離散型確率積分

命題 2.1 確率過程 $\{X_n\}_{n \ge 0}$ は $\{\mathcal{F}_n\}_{n \ge 0}$ に適合しているものとし，また，$\{\phi_n\}_{n \ge 0}$ は $\{\mathcal{F}_n\}_{n \ge 0}$-可予測とする．和を

$$Z_n = Z_0 + \sum_{j=0}^{n-1} \phi_{j+1}(X_{j+1} - X_j) \tag{2.6}$$

と定義する．ここに，Z_0 は定数とする．このとき，もし $\{X_n\}_{n\geq 0}$ が $(\mathbf{P}, \{\mathcal{F}_n\}_{n\geq 0})$-マルチンゲールならば，$\{Z_n\}_{n\geq 0}$ も $(\mathbf{P}, \{\mathcal{F}_n\}_{n\geq 0})$-マルチンゲールとなる．

注意事項 もし $\{\theta_n\}_{n\geq 0}$ が $\{\mathcal{F}_n\}_{n\geq 0}$ に適合しているならば，$\phi_n = \theta_{n-1}$ により定義される確率過程 $\{\phi_n\}_{n\geq 0}$ は可予測である．よって，$\{\mathcal{F}_n\}_{n\geq 0}$ に適合する確率過程 $\{\theta_n\}_{n\geq 0}$ に対して，もし $\{X_n\}_{n\geq 0}$ が $(\mathbf{P}, \{\mathcal{F}_n\}_{n\geq 0})$-マルチンゲールならば，

$$Z_n = Z_0 + \sum_{j=0}^{n-1} \theta_j (X_{j+1} - X_j)$$

も $(\mathbf{P}, \{\mathcal{F}_n\}_{n\geq 0})$-マルチンゲールとなる．

命題 2.1 の証明 この証明は，条件つき期待値の演習問題であり，以下のように示すことができる．

$$\begin{aligned}
\mathbf{E}[Z_{n+1}|\mathcal{F}_n] - Z_n &= \mathbf{E}[Z_{n+1} - Z_n | \mathcal{F}_n] \\
&= \mathbf{E}[\phi_{n+1}(X_{n+1} - X_n) | \mathcal{F}_n] \\
&= \phi_{n+1} \mathbf{E}[X_{n+1} - X_n | \mathcal{F}_n] \\
&= \phi_{n+1} (\mathbf{E}[X_{n+1}|\mathcal{F}_n] - X_n) \\
&= 0 \quad\blacksquare
\end{aligned}$$

式 (2.6) の総和は**離散型確率積分**とみなすことができる．第 4 章で考える確率積分は，基本的にはこの総和の極限をとったものだ．

資産価格決定の基本定理

2 項モデルは，マルチンゲールの枠組の中には入らないモデルだ．そこで，2 値モデルを 1 期間から多期間に拡張した方法と同じようにして，1.5 節と 1.6 節の 1 期間モデルを多期間モデルに拡張する．もう一度定理 1.1 と定理 1.4 を述べておく．市場は K 銘柄の株式からなり，それぞれの株価 $S^1, \cdots, S^K$ が時点 $\delta t, 2\delta t, 3\delta t, \cdots, N\delta t = T$ でとり得る値は既知と

する．株価ベクトルが通る $\mathbf{R}^K$ 中のすべての可能な「パス」を Ω とする．

定理 1.1 から，裁定が存在しないことは，すべての $\omega \in \Omega$ に正の確率要素を与える Ω 上の確率測度 $\mathbf{Q}$ が存在して，しかも

$$S_{r-1} = \psi_0^{(r)} \mathbf{E}^{\mathbf{Q}}[S_r | S_{r-1}]$$

をみたすことと等価であることがわかる．ここに，S_r は時点 r での株価ベクトルで，$\psi_0^{(r)}$ は期間 $[(r-1)\delta t, r\delta t]$ における無リスク金利である．

上と同じように，$\tilde{S}_j = \prod_{i=1}^{j} \psi_0^{(i)} S_j$ により与えられる**割引株価** $\{\tilde{S}_j\}_{0 \le j \le N}$ について，

$$\mathbf{E}^{\mathbf{Q}}[\tilde{S}_r | \tilde{S}_1, \cdots, \tilde{S}_{r-1}] = \mathbf{E}^{\mathbf{Q}}[\tilde{S}_r | \mathcal{F}_{r-1}] = \tilde{S}_{r-1}$$

が成り立つ．つまり，割引株価ベクトルは **Q-マルチンゲール**だ．

定義 2.8　空間 Ω 上の 2 つの確率測度 $\mathbf{P}$ と $\mathbf{Q}$ が**同値**であるとは，すべての事象 $A \subset \Omega$ について

$$\mathbf{Q}(A) = 0 \Leftrightarrow \mathbf{P}(A) = 0$$

となることだ．

そこで，株価ベクトルが空間 $\mathbf{R}_+^K$ 中を通る有限個のパス Ω の 1 つにしたがう市場を考えよう．我々は，株価が Ω 上の確率測度 $\mathbf{P}$ にコード化されて推移する方法について，独自の見解を示す．それは，定理 1.1 と定理 1.4 を一緒にして次のようにまとめることができる．

定理 2.1　多期間市場モデルにおいて，裁定が存在しないための必要十分条件は，同値なマルチンゲール測度 $\mathbf{Q}$ が存在することである．つまり，$\mathbf{P}$ と同値な測度 $\mathbf{Q}$ が存在して，割引株価過程が **Q-マルチンゲール**となることだ．

このとき，(時点 $N\delta t$ で譲渡される) 達成可能な請求権 C_N のゼロ時点での市場価格は，一意的に

$$\mathbf{E}^{\mathbf{Q}}[\psi_0 C_N]$$

で与えられる．ここに，$\psi_0 = \prod_1^N \psi_0^{(i)}$ は N 期間全体の割引率とする．

この基礎的な定理は，いくつかの技術的条件を付加すれば，基本的には連続時間で推移する市場に対しても成り立つのだ．

2.4　重要なマルチンゲール定理

マルチンゲールの枠組で表現すると，我々は多くの強力な定理を自由に使いこなすことができる．本節では離散パラメータのマルチンゲール理論で最も重要な結果のいくつかを示すが，ここで扱う範囲は不十分なものとならざるをえない．これらについては，Williams (1991) の本は素晴らしく読みがいがある．

ストッピング・タイム

マルチンゲール理論で最も重要な解析ツールは，オプショナル・ストッピング定理である．この定理を導入するためには，ストッピング・タイム（停止時点）の概念が必要だ．

定義 2.9　フィルター $\{\mathcal{F}_n\}_{n\geq 0}$ をもつ標本空間 Ω が与えられたとき，**ストッピング・タイム**または**オプショナル・タイム**とは，条件
$$\{T\leq n\}\in \mathcal{F}_n, \forall n\geq 0$$
をみたす確率変数 $T:\Omega\to \mathbf{Z}_+$ のことだ．

つまり，$T\leq n$ が起ったか否かは，時点 n で得られる情報をもとに決定できる（未来を覗く必要はない）ということを意味している．

例 2.8　例 2.5 の単純ランダム・ウォークを考える．このランダム・ウォークがはじめて 1 をとる時点を T と定義する．すなわち，
$$T=\inf\{i\geq 0: S_i=1\}$$
とすると，T はストッピング・タイムとなる．

これに対して，
$$U=\sup\{i\geq 0: S_i=1\}$$
はストッピング・タイムではない．

オプショナル・ストッピング

ストッピング・タイムの定義は，すべての $n \geq 0$ について確率変数 $\theta_n \triangleq \mathbf{1}_{\{T \geq n+1\}}$ が $\mathcal{F}_n$-可測であることと同等である（定義2.3を参照）．よって，命題2.1の後の注意事項から，もし $\{X_n\}_{n \geq 0}$ がマルチンゲールなら確率過程

$$Z_n \triangleq \sum_{j=0}^{n-1} \theta_j (X_{j+1} - X_j) \tag{2.7}$$

もマルチンゲールである．ここに $Z_0 = 0$ とする．

この式を書き直すと，

$$Z_n = \sum_{j=0}^{n-1} \theta_j (X_{j+1} - X_j)$$

$$= \sum_{j=0}^{n-1} \mathbf{1}_{\{T \geq j+1\}} (X_{j+1} - X_j)$$

$$= X_{T \wedge n} - X_0$$

となる．ここに，$T \wedge n$ は T と n との小さい方を意味する．

定理2.2 **オプショナル・ストッピング定理**：フィルター確率空間を $(\Omega, \mathcal{F}, \{\mathcal{F}_n\}_{n \geq 0}, \mathbf{P})$ とする．確率過程 $\{X_n\}_{n \geq 0}$ は $(\mathbf{P}, \{\mathcal{F}_n\}_{n \geq 0})$-マルチンゲールとし，$T$ は**有界**なストッピング・タイムとする．このとき，

$$\mathbf{E}[X_T | \mathcal{F}_0] = X_0$$

となる．よって，

$$\mathbf{E}[X_T] = \mathbf{E}[X_0]$$

証明 この証明は，上の計算を単純に当てはめればよい．もし $T \leq N$ ならば，式(2.7)から $Z_N = X_T - X_0$ となる．$\{Z_n\}_{n \geq 0}$ はマルチンゲールだから，$\mathbf{E}[Z_N | \mathcal{F}_0] = Z_0 = 0$ となり，よって

$$\mathbf{E}[X_T | \mathcal{F}_0] = X_0$$

となる．もう一度両辺の期待値をとると，

$$\mathbf{E}[X_T] = \mathbf{E}[X_0]$$

∎

2.4 重要なマルチンゲール定理

この定理で，ストッピング・タイムが**有界**であることは欠かせない．現実の金融問題ではすべてがこの場合にあたるが，有界でない場合には定理が成り立たないことを演習問題 15 に示す．

命題 2.2　　確率過程 $\{S_n\}_{n \geq 0}$ は，例 2.5 において $p > 1/2$ とする（非対象）ランダム・ウォークとする．$x \in \mathbf{Z}$ に対して

$$T_x = \inf\{n : S_n = x\}$$

とおき，さらに

$$\phi(x) = \left(\frac{1-p}{p}\right)^x$$

と定義する．このとき $a < 0 < b$ に対して，

$$\mathbf{P}[T_a < T_b] = \frac{1 - \phi(b)}{\phi(a) - \phi(b)}$$

が成り立つ．

証明　　まず，$\{\phi(S_n)\}_{n \geq 0}$ が $\mathbf{P}$-マルチンゲールであることを示す．このランダム・ウォークは 1 度に 1 ステップしか進めないから，$-n \leq S_n \leq n$ であり，さらに $p > 1/2$ に対して $0 < (1-p)/p < 1$ となることを使うと，

$$\mathbf{E}[|\phi(S_n)|] < \infty, \ \forall n$$

を得る．マルチンゲール性の証明は，条件つき期待値の演習問題に帰着する．条件つき期待値

$$\mathbf{E}[\phi(S_{n+1})|\mathcal{F}_n]$$

を計算する．$S_{n+1} = \sum_{j=1}^{n+1} \xi_j = S_n + \xi_{n+1}$ に注意しよう．ここで，$\mathbf{P}$ のもとで確率変数 ξ_j は独立で，同一分布

$$\mathbf{P}[\xi_j = 1] = p, \ \mathbf{P}[\xi_j = -1] = 1 - p$$

をもつ．よって

$$\mathbf{E}[\phi(S_{n+1})|\mathcal{F}_n] = \mathbf{E}\left[\phi(S_n)\left(\frac{1-p}{p}\right)^{\xi_{n+1}} \bigg| \mathcal{F}_n\right]$$

$$= \phi(S_n) \mathbf{E}\left[\left(\frac{1-p}{p}\right)^{\xi_{n+1}}\right]$$

$$= \phi(S_n)\Big(p\Big(\frac{1-p}{p}\Big)^1 + (1-p)\Big(\frac{1-p}{p}\Big)^{-1}\Big)$$
$$= \phi(S_n)$$

となる．

さて，オプショナル・ストッピング定理をストッピング・タイム $T = T_a \wedge T_b$，すなわちランダム・ウォークが a または b をはじめてヒットする時刻に対して適用しようと思うのだが，問題は T が有界でないことだ．そこで代わりに任意の（定数）N について，ストッピング・タイムを $T \wedge N$ と定義して定理を適用すると，

$$1 = \mathbf{E}[\phi(S_0)] = \mathbf{E}[\phi(S_{T \wedge N})]$$
$$= \phi(a)\mathbf{P}[S_T = a,\ T \leq N] + \phi(b)\mathbf{P}[S_T = b,\ T \leq N]$$
$$+ \mathbf{E}[\phi(S_N)\,;\,T > N] \tag{2.8}$$

を得る．ところで，

$$0 \leq \mathbf{E}[\phi(S_N)\,;\,T > N] = \mathbf{E}[\phi(S_N)|T > N]\mathbf{P}[T > N]$$
$$\leq \Big[\Big(\frac{1-p}{p}\Big)^a + \Big(\frac{p}{1-p}\Big)^b\Big]\mathbf{P}[T > N]$$

であり，$N \to \infty$ のとき $\mathbf{P}[T > N] \to 0$ となることから，式 (2.8) において $N \to \infty$ とすると，

$$\phi(a)\mathbf{P}[S_T = a] + \phi(b)\mathbf{P}[S_T = b] = 1 \tag{2.9}$$

に帰着する．最後に，$\mathbf{P}[S_T = a] = 1 - \mathbf{P}[S_T = b]$ と $\mathbf{P}[T_a < T_b] = \mathbf{P}[S_T = a]$ であるから，式 (2.9) は

$$\phi(a)\mathbf{P}[T_a < T_b] + \phi(b)(1 - \mathbf{P}[T_a < T_b]) = 1$$

となる．これを書き直すと，証明すべき式

$$\mathbf{P}[T_a < T_b] = \frac{1 - \phi(b)}{\phi(a) - \phi(b)}$$

が得られる． ∎

収束定理

しばしば不十分な情報からでも，マルチンゲールについて多くのことが推論できる．たとえば演習問題 12 の結果がその例だ．つまり，可予測な

マルチンゲールは一定であること．その他の例として，次の結果もある．

定理 2.3 **正の優マルチンゲール収束定理**：もし $\{X_n\}_{n \geq 0}$ が $(\mathbf{P}, \{\mathcal{F}_n\}_{n \geq 0})$-優マルチンゲールで，すべての n について $X_n \geq 0$ ならば，そのとき $\mathbf{E}[X_\infty] < \infty$ となる $\mathcal{F}_\infty$-可測確率変数 X_∞ が存在して，確率 1 で

$$n \to \infty \text{ のとき } X_n \to X_\infty$$

が成り立つ．

この証明は我々の範囲外であるが，たとえば Williams (1991) の本に載っている．

補償

ファイナンスに戻る前に，もう一つ記憶にとどめておくことがある．それは，劣マルチンゲールは平均的に上昇し，優マルチンゲールは平均的に下降するということだ．**補償**とよばれる以下の結果は，劣マルチンゲールから非減少な確率過程を差し引くとマルチンゲールが得られ，優マルチンゲールに非減少な確率過程を加えるとマルチンゲールが得られることを意味する．興味深いのは，いずれの場合も非減少な確率過程は**可予測**なことだ．

命題 2.3

1. $\{X_n\}_{n \geq 0}$ を $(\mathbf{P}, \{\mathcal{F}_n\}_{n \geq 0})$-劣マルチンゲールとする．このとき，$\{X_n - A_n\}_{n \geq 0}$ がマルチンゲールとなるような可予測な非減少過程 $\{A_n\}_{n \geq 0}$ が存在する．さらに $A_0 = 0$ とすると，$\{A_n\}_{n \geq 0}$ は一意的である．

2. $\{X_n\}_{n \geq 0}$ を $(\mathbf{P}, \{\mathcal{F}_n\}_{n \geq 0})$-優マルチンゲールとする．このとき，$\{X_n + A_n\}_{n \geq 0}$ がマルチンゲールとなるような可予測な非減少過程 $\{A_n\}_{n \geq 0}$ が存在する．さらに $A_0 = 0$ とすると，$\{A_n\}_{n \geq 0}$ は一意的である．

証明 証明方法は基本的に同じなので，1の場合だけにとどめる．

まず $A_0=0$ と定義して，それから $n \geq 0$ に対して

$$A_n - A_{n-1} = \mathbf{E}[X_n - X_{n-1}|\mathcal{F}_{n-1}]$$

とおく．定義から $\{A_n\}_{n \geq 0}$ は可予測であり，しかも非減少である（というのは，$\{X_n\}_{n \geq 0}$ が劣マルチンゲールだから）．そこで，$\{X_n - A_n\}_{n \geq 0}$ がマルチンゲールであることをチェックする．まず，すべての $n \geq 0$ に対して $\mathbf{E}[|X_n - A_n|] < \infty$ であることを示す．

$$\mathbf{E}[|X_n - A_n|] \leq \mathbf{E}[|X_n|] + \mathbf{E}[A_n]$$

$$= \mathbf{E}[|X_n|] + \mathbf{E}\left[A_0 + \sum_{j=1}^{n}(A_j - A_{j-1})\right]$$

$$= \mathbf{E}[|X_n|] + \sum_{j=1}^{n}\mathbf{E}[\mathbf{E}[X_j - X_{j-1}|\mathcal{F}_{j-1}]]$$

（A_j の定義による）

$$\leq \mathbf{E}[|X_n|] + \sum_{j=1}^{n}\mathbf{E}[\mathbf{E}[|X_j| + |X_{j-1}||\mathcal{F}_{j-1}]]$$

$$= \mathbf{E}[|X_n|] + \sum_{j=1}^{n}\mathbf{E}[|X_j| + |X_{j-1}|] \text{（積み重ねの原理）}$$

となり，最後の式は明らかに有限である．なぜなら仮定より，すべての j について $\mathbf{E}[|X_j|] < \infty$ であるからだ．

次にマルチンゲール性を示す．

$$\mathbf{E}[X_{n+1} - A_{n+1}|\mathcal{F}_n] = \mathbf{E}[X_{n+1} - \mathbf{E}[X_{n+1} - X_n|\mathcal{F}_n] - A_n|\mathcal{F}_n]$$

（A_{n+1} の定義による）

$$= \mathbf{E}[X_{n+1} - \mathbf{E}[X_{n+1}|\mathcal{F}_n] + X_n - A_n|\mathcal{F}_n]$$

$$= X_n - A_n$$

後は，もし $A_0=0$ ならば，過程 $\{A_n\}_{n \geq 0}$ が一意的であることを示せばよい．同じ性質をもつもう一つの過程 $\{B_n\}_{n \geq 0}$ が存在したと仮定する．すると，$\{X_n - A_n\}_{n \geq 0}$ も $\{X_n - B_n\}_{n \geq 0}$ もマルチンゲールだから，これらの差 $\{A_n - B_n\}_{n \geq 0}$ もマルチンゲールである．一方，$\{A_n - B_n\}_{n \geq 0}$ は可予測であり，しかも**可予測マルチンゲールは一定である**（演習問題12参照）．したがって，$A_0 = 0 = B_0$ から証明が完了する． ∎

アメリカン・オプションと優マルチンゲール

例2.9 **アメリカン・オプション**：2.2節の2項モデルと表記法を流用する．ツリー上で割引株価 $\{\tilde{S}_n\}_{0\leq n\leq N}$ をマルチンゲールとする確率測度を $\mathbf{Q}$ とする．満期 $T=N\delta t$ で行使価格 K のアメリカン・コール（または，プット）・オプションの割引価値を $\{\tilde{V}_n\}_{0\leq n\leq N}$ とし，

$$\tilde{B}_n = \begin{cases} e^{-n\delta t}(S_n-K)_+, & \text{コール・オプションの場合}, \\ e^{-n\delta t}(K-S_n)_+, & \text{プット・オプションの場合} \end{cases}$$

と定義する（フィルターは常に過程 $\{S_n\}_{0\leq n\leq N}$ により生成されているとする）．このとき $\{\tilde{V}_n\}_{0\leq n\leq N}$ は，$\{\tilde{B}_n\}_{0\leq n\leq N}$ よりも優位な最小の $\mathbf{Q}$-優マルチンゲールである．

演習問題16の中で，この特徴づけが補題2.1のさらに簡単な別証明を与えることを示している．

例題の説明 2.2節から，

$$\tilde{V}_{n-1} = \max\{\tilde{B}_{n-1}, \mathbf{E}^{\mathbf{Q}}[\tilde{V}_n|\mathcal{F}_{n-1}]\}, \quad 0\leq n\leq N,$$

かつ $\tilde{V}_N = \tilde{B}_N$ がわかる．明らかに $\{\tilde{V}_n\}_{0\leq n\leq N}$ は，$\{\tilde{B}_n\}_{0\leq n\leq N}$ よりも優位な優マルチンゲールである．過程 $\{\tilde{V}_n\}_{0\leq n\leq N}$ がこの性質をもつ最小の優マルチンゲールであることを示すために，$\{\tilde{B}_n\}_{0\leq n\leq N}$ より優位な別の優マルチンゲールを $\{\tilde{U}_n\}_{0\leq n\leq N}$ とする．このとき，$\tilde{U}_N \geq \tilde{V}_N$ である．もし $\tilde{U}_n \geq \tilde{V}_n$ ならば，

$$\tilde{U}_{n-1} \geq \mathbf{E}^{\mathbf{Q}}[\tilde{U}_n|\mathcal{F}_{n-1}] \geq \mathbf{E}^{\mathbf{Q}}[\tilde{V}_n|\mathcal{F}_{n-1}]$$

となるので，よって

$$\tilde{U}_{n-1} \geq \max\{\tilde{B}_{n-1}, \mathbf{E}^{\mathbf{Q}}[\tilde{V}_n|\mathcal{F}_{n-1}]\} = \tilde{V}_{n-1}$$

となる．こうして，あとは後退帰納法により結果が得られる．過程 $\{\tilde{V}_n\}_{0\leq n\leq N}$ は，$\{\tilde{B}_n\}_{0\leq n\leq N}$ の**鋭利な包絡**過程という． ■

注意事項 命題2.3から，

$$\tilde{V}_n = \tilde{M}_n - \tilde{A}_n$$

と表すことができる．ここに，$\{\tilde{M}_n\}_{n\geq 0}$ はマルチンゲールで，$\{\tilde{A}_n\}_{n\geq 0}$ は $A_0=0$ をみたす非減少過程である．市場は完備であるから，第 n 期間において ϕ_n 単位の株式と ψ_n 単位の債券から成るポートフォリオを保有することにより，正確に M_n がヘッジできる．オプションの所有者は，$\tilde{A}_{j+1}$ が非ゼロとなる最初の時点 j（過程 $\{\tilde{A}_n\}_{n\geq 0}$ は**可予測**であることを思い出せ！）において権利行使をするであろう．というのは，その時点でオプションを売って得た金を，ヘッジ・ポートフォリオ $\{(\phi_n, \psi_n)\}_{0 \leq n \leq N}$ にしたがって投資する方が有利となるからだ．

2.5 2値表現定理

マルチンゲールの枠組の中では，デリバティブ価格の決定は期待値をとることに対応している．しかし裁定価格は，ヘッジ・ポートフォリオを構築できるときにだけ意味がある．ヘッジ・ポートフォリオがわかれば，定義 2.7 に続く議論で見たようにポートフォリオの割引価値を，したがってデリバティブの価値をポートフォリオで保有する株の割引株価に関する「離散確率積分」で表すことができる．デリバティブの割引価格からヘッジ・ポートフォリオに移行するためには，命題 2.1 の逆命題が必要だ．ここでは，2 項モデル株価の文脈で議論を進める．

定理 2.4 **2 項表現定理**：確率測度 **Q** は，割引 2 項株価過程 $\{\tilde{S}_n\}_{n\geq 0}$ が **Q**-マルチンゲールとなるような測度とする．もし，$\{\tilde{V}_n\}_{n\geq 0}$ をもう 1 つの任意の $(\mathbf{Q}, \{\mathcal{F}_n\}_{n\geq 0})$-マルチンゲールとすると，$\{\mathcal{F}_n\}_{n\geq 0}$-可予測過程 $\{\phi_n\}_{n\geq 0}$ が存在して，

$$\tilde{V}_n = \tilde{V}_0 + \sum_{j=0}^{n-1} \phi_{j+1}(\tilde{S}_{j+1} - \tilde{S}_j) \tag{2.10}$$

と表される．

証明 2 項ツリーの 1 期間ステップについて考える．次のように表記すると便

利だ.

$$\Delta \tilde{V}_{i+1} = \tilde{V}_{i+1} - \tilde{V}_i, \quad \Delta \tilde{S}_{i+1} = \tilde{S}_{i+1} - \tilde{S}_i.$$

時点 $i\delta t$ において, $\tilde{V}_{i+1}$ と $\tilde{S}_{i+1}$ はそれぞれ2つの可能な値のうち1つをとる. これらをそれぞれ $\{\tilde{V}_{i+1}(u), \tilde{V}_{i+1}(d)\}$ と $\{\tilde{S}_{i+1}(u), \tilde{S}_{i+1}(d)\}$ と表す.

目標は, $\Delta \tilde{V}_{i+1} = \phi_{i+1} \Delta \tilde{S}_{i+1} + k_{i+1}$ と書けることだ. ここに, ϕ_{i+1} と k_{i+1} はともに時点 $i\delta t$ で既知とする. つまり,

$$\tilde{V}_{i+1}(u) - \tilde{V}_i = \phi_{i+1}(\tilde{S}_{i+1}(u) - \tilde{S}_i) + k_{i+1}$$

かつ

$$\tilde{V}_{i+1}(d) - \tilde{V}_i = \phi_{i+1}(\tilde{S}_{i+1}(d) - \tilde{S}_i) + k_{i+1}$$

をみたす ϕ_{i+1} と k_{i+1} を見つけることだ. そこで, これらを連立して解くと,

$$\phi_{i+1} = \frac{\tilde{V}_{i+1}(u) - \tilde{V}_{i+1}(d)}{\tilde{S}_{i+1}(u) - \tilde{S}_{i+1}(d)}$$

および

$$k_{i+1} = \tilde{V}_{i+1}(u) - \tilde{V}_i - \phi_{i+1}(\tilde{S}_{i+1}(u) - \tilde{S}_i)$$

を得る. これらの値は, ともに時点 $i\delta t$ で既知だ.

さて, $\{\tilde{V}_n\}_{n \geq 0}$ と $\{\tilde{S}_n\}_{n \geq 0}$ はそれぞれマルチンゲールであるから,

$$\mathbf{E}[\Delta \tilde{V}_{i+1} | \mathcal{F}_i] = 0 = \mathbf{E}[\Delta \tilde{S}_{i+1} | \mathcal{F}_i]$$

となり, これから $k_{i+1} = 0$ を得る.

つまり,

$$\Delta \tilde{V}_{i+1} = \phi_{i+1} \Delta \tilde{S}_{i+1}$$

ということだ. ここに, ϕ_{i+1} は時点 $i\delta t$ において既知である. 帰納的にこれらの差分を構成して, 総和をとることによって結果が得られる. ∎

マルチンゲール表現から複製ポートフォリオへ

上記のことから, もし $\{\tilde{V}_i\}_{i \geq 0}$ を請求権の割引価格とすると, 複製ポートフォリオを構築する株式(の単位数)を表現する可予測な過程 $\{\phi_i\}_{i \geq 0}$ が存在することがわかった. 次に, 逆方向に進んでみよう. つまり, $\{\phi_i\}_{i \geq 0}$ が与えられたとして, 自己資金調達複製ポートフォリオが構築で

きるだろうか？ 驚くにはあたらないが，答えは「イエス」だ．

構築戦略 時点 $i\delta t$ において，ϕ_{i+1} 単位の株式と $\tilde{V}_i - \phi_{i+1}\tilde{S}_i$ 単位の債券を買う．

この戦略が実施可能か否かをチェックしなければならない．時点 $i\delta t$ での債券価値を，便宜上 B_i と書く．

時点 $i\delta t$ において，ϕ_{i+1} 単位の株式と $\left(\tilde{V}_i - \phi_{i+1}\dfrac{S_i}{B_i}\right)$ 単位の債券を買う．この総コストは，

$$\phi_{i+1}S_i + \left(\tilde{V}_i - \phi_{i+1}\dfrac{S_i}{B_i}\right)B_i = \tilde{V}_iB_i = V_i$$

したがって，時点 $(i+1)\delta t$ でのこのポートフォリオの価値は

$$\phi_{i+1}S_{i+1} + \left(\tilde{V} - \phi_{i+1}\dfrac{S_i}{B_i}\right)B_{i+1} = B_{i+1}\left(\phi_{i+1}\left(\dfrac{S_{i+1}}{B_{i+1}} - \dfrac{S_i}{B_i}\right) + \tilde{V}_i\right)$$
$$= \tilde{V}_{i+1}B_{i+1} \quad (\text{2 項表現より})$$
$$= V_{i+1}$$

となり，時点 $(i+1)\delta t$ で新しいポートフォリオを構築するのに必要な値にちょうど一致する．その上，時点 $N\delta t$ では請求権に正確に見合う金額となる．

---

3 ステップ複製法：時点 T における請求権の価格決定とヘッジには，以下の 3 ステップを踏めばよい．

- 割引株価（自然なフィルターをもつ）がマルチンゲールになるような確率測度 **Q** を見つける．
- 割引株価過程
$$\tilde{V}_i = e^{-ri\delta t}V_i = \mathbf{E}^Q[e^{-rT}C_T|\mathcal{F}_i]$$
を構築する．
- 次式をみたす可予測過程 $\{\phi_i\}_{1 \le i \le N}$ を見つける．
$$\Delta\tilde{V}_i = \phi_i\Delta\tilde{S}_i.$$

2.6 連続時間モデルへの序曲

ヨーロピアン・オプションの価値に対する有名な Black-Scholes 価格決定公式を厳密に導き出す前に，その実体を明らかにする．はやる気持ちはわかるが，まず離散的方法を用いて，連続の場合にその結果がどのような形をとるかを見てみよう．

微小期間の離散モデルを使って連続モデルを近似できることは容易に想像されるだろう．Black-Scholes のモデルは，1.2 節で述べた対数正規モデルを基礎においている．このことを考慮して，一定の伸び率で一定の「雑音」をもつ近似モデルを選択する．

ノイズを含む一定株価成長モデル

このモデルは，期間 δt と 3 つの定数 ν と σ と無リスク利子率 r をパラメータとしてもつ．

- 債券は $B_t = e^{rt}$ となる．これは微小期間の長さに依存しない．
- 株価過程は 2 項ツリーのノードにしたがう．もし株式の現在価格を s とすると，次の期間では新しい値

$$\begin{cases} s\exp(\nu\delta t + \sigma\sqrt{\delta t}), & \text{上昇の場合} \\ s\exp(\nu\delta t - \sigma\sqrt{\delta t}), & \text{下降の場合} \end{cases}$$

のいずれかに変化する．

上昇と下降は同等に確からしいとする．そうすると，**市場**測度のもとではステップの各時点で $\mathbf{P}[\text{上昇}] = 1/2 = \mathbf{P}[\text{下降}]$ だ．

固定された時点 t に対して，t までの期間を N 等分する．つまり $N = t/\delta t$ とする．このとき，

$$S_t = S_0 \exp\left(\nu t + \sigma\sqrt{t}\left(\frac{2X_N - N}{\sqrt{N}}\right)\right)$$

となる．ここに，X_N は N 個の期間のうち上昇した個数を示す．$\delta t \to 0$（同じことだが，$N \to \infty$）のときに何が起こるかを知るために，以下の中

心極限定理が必要だ．

> **定理 2.5** 中心極限定理：$\xi_1, \xi_2, \cdots$ を，確率測度 $\mathbf{P}$ のもとで，有限な平均値 μ と有限な非ゼロ分散 σ^2 をもつ独立同一分布にしたがう確率変数列とする．このとき，
>
> $$\frac{S_n - n\mu}{\sqrt{n\sigma^2}}$$
>
> は $n \to \infty$ とすると，分布 $N(0,1)$ にしたがう確率変数に収束する．

さて，X_N は確率 $1/2$ で $+1$ と 0 をとる独立確率変数 $\{\xi_i\}_{0 \le i \le N}$ の総和である．このとき，$\mathbf{E}[\xi_i]=1/2$ かつ $\mathrm{Var}[\xi_i]=1/4$ であるから，中心極限定理によって確率変数 $(2X_N-N)/\sqrt{N}$ は平均ゼロ，分散 1 の正規分布をもつ確率変数に収束する．つまり，δt が小さくなるにつれて（同じことだが N が大きくなるにつれて），S_t の分布は対数正規分布に収束する．もっと詳しく言うと，極限で $\log S_t$ は平均 $\log S_0 + \nu t$ と分散 $\sigma^2 t$ の正規分布にしたがう，ということだ．

マルチンゲール測度のもとで

上のことは，確率測度 $\mathbf{P}$ のもとで起こる．それでは，価格決定に用いてきたマルチンゲール測度 $\mathbf{Q}$ のもとでは何が起こるだろうか？

補題 1.2 によると，マルチンゲール測度のもとでは上昇の確率は，

$$p = \frac{\exp(r\delta t) - \exp(\nu \delta t - \sigma\sqrt{\delta t})}{\exp(\nu \delta t + \sigma\sqrt{\delta t}) - \exp(\nu \delta t - \sigma\sqrt{\delta t})}$$

で，これは近似的には

$$\frac{1}{2}\left(1 - \sqrt{\delta t}\left(\frac{\nu + \frac{1}{2}\sigma^2 - r}{\sigma}\right)\right)$$

となる．したがって，マルチンゲール測度 $\mathbf{Q}$ のもとで X_N は相変わらず 2 項分布にしたがっているが，平均は Np で分散は $Np(1-p)$ だ．

こうして $\mathbf{Q}$ のもとでは，$\delta t \to 0$ のとき，$(2X_N-N)/\sqrt{N}$ の平均は $-\sqrt{t}$

$\left(\nu+\frac{1}{2}\sigma^2-r\right)\Big/\sigma$，分散は 1 に近づいていく．再び中心極限定理を適用すると，確率変数 $(2X_N-N)/\sqrt{N}$ は平均 $-\sqrt{t}\left(\nu+\frac{1}{2}\sigma^2-r\right)\Big/\sigma$ と分散 1 の正規分布をもつ確率変数に収束する．よって $\mathbf{Q}$ のもとでは，S_t は平均 $\log S_0+\left(r-\frac{1}{2}\sigma^2\right)t$ と分散 $\sigma^2 t$ の対数正規分布にしたがう．これは次のように書くことができる．

$$S_t = S_0 \exp\left(\sigma\sqrt{t}\,Z + \left(r-\frac{1}{2}\sigma^2\right)t\right)$$

ここで，Z は $\mathbf{Q}$ のもとで平均ゼロと分散 1 の正規分布にしたがう．

コール・オプションの価格決定

離散の理論を極限移行して連続の理論に持ち込むと，連続モデルの中で，時点 T で行使価格 K のヨーロピアン・コール・オプションの時点ゼロにおける価格は，マルチンゲール測度に関する請求権の割引期待値となる．すなわち，

$$\mathbf{E}^{\mathbf{Q}}[e^{-rT}(S_T-K)_+]$$

となる．ここで r は無リスク利子率である．この式に上の式を代入すると，

$$\mathbf{E}^{\mathbf{Q}}\left[\left(S_0\exp\left(\sigma\sqrt{T}Z-\frac{1}{2}\sigma^2 T\right)-K\exp(-rT)\right)_+\right] \qquad (2.11)$$

となる．第 5 章では，この価格決定公式を厳密に導き出すことにする．また，式 (2.11) は次のようにも評価できる．

$$S_0\Phi\left(\frac{\log\frac{S_0}{K}+\left(r+\frac{1}{2}\sigma^2\right)T}{\sigma\sqrt{T}}\right) - Ke^{-rT}\Phi\left(\frac{\log\frac{S_0}{K}+\left(r-\frac{1}{2}\sigma^2\right)T}{\sigma\sqrt{T}}\right)$$

ここで，Φ は標準正規分布関数

$$\Phi(z) = \mathbf{Q}[Z\leq z] = \int_{-\infty}^{z}\frac{1}{\sqrt{2\pi}}e^{-x^2/2}dx$$

を意味する．

第2章　演習問題

1 　第1章の1期間3値モデルのように，2期間2項モデルは時点2で3つの異なる値をとることを許していることに注意しよう．このモデルでは，請求権はいずれも自己資金調達ポートフォリオによって正確に複製できること，すなわち**市場は完備**であることを示しなさい．

　さらに，一般的に市場が k-期間2項モデルにしたがって推移するならば，その市場は完備であることを示しなさい．

2 　2項ツリー上の後退帰納法によって得られる請求権の価格は，2.1節で導入したパス確率に関して，その請求権の割引期待値を計算して得られた値と正確に一致することを示しなさい．

3 　2時点 T_0 と T_1 を考える $(T_0 < T_1)$．**フォワード・スタート・オプション**とは，その保有者が時点 T_0 において余計なコストなしに，満期 T_1 と行使価格が S_{T_0} (時点 T_0 での資産価格) のオプションを手にするという契約のことだ．株価は2期間2値モデルにしたがって推移するものとし，時点 T_0 での資産価格は $S_0 u$ か $S_0 d$ のいずれかであり，また T_1 では $S_0 u^2$ あるいは $S_0 ud$ か $S_0 d^2$ のいずれか一つをとるものとする．ただし，

$$d < \min\{e^{rT_0}, e^{r(T_1-T_0)}\} \leq \max\{e^{rT_0}, e^{r(T_1-T_0)}\} < u$$

で，r は無リスク利子率である．時点ゼロにおけるこのオプションの公正価格を求めなさい．

4 　**デジタル・オプション**とは，資産価格に離散的に依存するペイオフをもつオプションのことだ．最も簡単な例は**キャシュ・オア・ナッシング**で，満期 T での保有者のペイオフは $X\mathbf{1}_{\{S_T > K\}}$ である．ここに，X は前もって決められたある金額とする．資産価格は2項モデルにしたがって推移するものとし，各ステップで資産価格は現在価値 S_n から $S_n u$ か $S_n d$ のいずれかに変化する．いつものように ΔT をステップ間隔として，$d < e^{r\Delta T} < u$ とする．このオプションの時点ゼロでの価格を求めなさい．答えは和の

形のままでよい．

5   C_t は，無配当株を原資とする満期 T と，行使価格 K のアメリカン・コール・オプションの時点 t での価値を表すものとする．無リスク利子率が $r>0$ のとき，

$$C_t \geq S_t - Ke^{-r(t-t)} > S_t - K$$

となることを示しなさい．そして，満期 T 以前にこのオプションを行使することは，決して最適ではないことを導きなさい．

6   C_t は演習問題 5 と同じとし，P_t は同じ株式に基づく同じ行使価格と満期のアメリカン・プット・オプションの価格とする．2 つの適当なポートフォリオの価格を比較することによって

$$C_t + K \geq P_t + S_t$$

となることを示しなさい．ヨーロピアン・オプションのプット・コール・パリティと演習問題 5 の結果を使って，

$$P_t \geq C_t + Ke^{-r(T-t)} - S_t$$

を示しなさい．これらの結果を結合して，もし $r>0$ かつ $t<T$ ならば

$$S_t - K \leq C_t - P_t < S_t - Ke^{-r(T-t)}$$

となり，もし利子率がゼロならばプットを早期に行使することは何の優位性もないことを導きなさい．

7   配当 D が支払われる直前の株価が S のとき，支払い直後の価格はいくらか？ 株の配当が離散時点 $T_0, T_1, \cdots, T_n$ で支払われるとする．このような株に基づくアメリカン・コール・オプションを満期**以前**に行使することは最適になりうることを示しなさい．

8   図 2.3 の株式は，時点 2 におけるその価値の 5% の配当を支払うと仮定する．これまでと同じように利子率はゼロで，時点 2 と時点 3 の間では株価は 20 上がるか，または 20 下がる．この株式に基づく行使価格 100 と，満期 3 のアメリカン・コール・オプションの時点ゼロでの価格を求めなさい．早期に行使することは常に最適だろうか？

9 例題 2.4 のアメリカン・プット・オプションを考えるが，ここでの利子率を，時点 $i\delta t$ で $1 の債券が時点 $(i+1)\delta t$ で $1.1 となるものと考える．このプット・オプションの価格を求めなさい．行使はいつがよいだろうか？

10 資産価格は 2 項モデルにしたがって推移するものとする．簡単のために，無リスク利子率はゼロとし，$\Delta T=1$ とする．確率 $\mathbf{P}$ のもとでの各ステップにおいて，株価は確率 p で上がり，確率 $1-p$ で下がるとする．条件つき期待値
$$M_n \triangleq \mathbf{E}[S_N | \mathcal{F}_n], \quad 1 \leq n \leq N$$
は確率過程である．この過程が $\mathbf{P}$-マルチンゲールであることを示し，確率変数 M_n の分布を求めなさい．

11 (a) マルチンゲールでないマルコフ過程を見つけなさい．
    (b) マルコフ過程でないマルチンゲールを見つけなさい．

12 可予測なマルチンゲールは一定であることを示しなさい．

13 $\{S_n\}_{n \geq 0}$ は $\mathbf{P}$ のもとで単純ランダム・ウォークとする．$\mathbf{E}[S_n]$ と $\mathrm{Var}(S_n)$ を計算しなさい．

14 $\{S_n\}_{n \geq 0}$ は $\mathbf{P}$ のもとで対称な単純ランダム・ウォークとする．すなわち，例題 2.5 の記号では $p=1/2$ だ．$\{S_n^2\}_{n \geq 0}$ は $\mathbf{P}$-劣マルチンゲールで，$\{S_n^2-n\}_{n \geq 0}$ は $\mathbf{P}$-マルチンゲールであることを示しなさい．
　　$T=\inf\{n: S_n \notin (-a, a)\}$ とおく．ここに，$a \in \mathbf{N}$ とする．オプショナル・ストッピング定理（適当な有界なストッピング・タイムの列に適用して）を使って $\mathbf{E}[T]=a^2$ を示しなさい．

15 演習問題 14 と同じく，$\{S_n\}_{n \geq 0}$ は $\mathbf{P}$ のもとで対称な単純ランダム・ウォークとし，$X_n = S_n + 1$ とおく（$\{X_n\}_{n \geq 0}$ は時点ゼロで 1 を出発する単純なランダム・ウォークだ）．
　　$T=\inf\{n: S_n=0\}$ とおく．このとき，T はストッピング・タイムであ

り，もし $Y_n = X_{T \wedge n}$ なら $\{Y_n\}_{n \geq 0}$ は非負マルチンゲールであり，よって定理 2.3 から，$n \to \infty$ について極限 Y_∞ に収束することを示しなさい．

すべての n について $\mathbf{E}[Y_n]=1$ となり，$Y_\infty=0$ であることを示しなさい．なぜこれがオプショナル・ストッピング・タイムの結論と矛盾しないのだろうか？

16 **Jensen の不等式**：g が凸関数で，X が実数値確率変数ならば，
$$\mathbf{E}[g(X)] \geq g(\mathbf{E}[X])$$
が成り立つことを思い出そう．この不等式と，無配当株式に基づくアメリカン・コール・オプションの割引価格が $\{e^{-rn\delta t}(S_n-K)_+\}_{n \geq 0}$ を越える最小の $\mathbf{Q}$-優マルチンゲールと等しくなるという特長づけとを合わせて，無配当株式に基づくアメリカン・コールの価格は，同一の行使価格と満期のヨーロピアン・コールの価格と同じであることを示しなさい．

第3章

Brown 運動

離散モデルは，株式市場の実際の動きを粗く近似したものに過ぎない．さらによいモデルとは，株価が任意の時点で変化できるモデルだ．1900 年初頭に Bachelier は学位論文 "La théore de la spéculation" の中で，株価の変動を表すモデルとして Brown 運動を提唱した．Brown 運動は今日でも，連続時間市場の基本的な基準モデルを構築するための基礎となっている．さらに進む前に，一旦ファイナンスから離れて Brown 運動を定義し構築する．

手始めに Brown 運動を，限りなく小さなステップでより頻繁に動きを繰り返す「無限小」ランダム・ウォークとして考えるという，2.6 節のヒューリスティックな方法をとる．この方法は，我々を Brown 運動の自然な定義に導いてくれる．3.2 節の Lévy による形式的な構成法は省略しても構わない．次の 3.3 節では，後の章で必要となるいくつかの事実を構築する．この事柄についても読み飛ばして，それが必要になったときに読み返してもよい．

ランダム・ウォークの研究において離散パラメータ・マルチンゲールが主役を演じたのと同様に，Brown 運動に対して連続パラメータ・マルチンゲールを使って多くの計算を簡単化する．3.4 節では，離散パラメータ・マルチンゲールの定義や基本的な結果を連続パラメータ・マルチンゲールに拡張する．

3.1　Brown 運動の定義

Brown 運動を考える最も容易な方法は「無限小ランダム・ウォーク」

を導入することで，この方法は応用分野でもよく使われている．そこで，形式的な定義をするための動機として，簡単なランダム・ウォークについて考えてみよう．

単純ランダム・ウォークの特徴

確率過程 $\{S_n\}_{n\geq 0}$ が確率測度 $\mathbf{P}$ のもとで単純ランダム・ウォークであるというのは，$S_n = \sum_{i=1}^n \xi_i$ と表されて，ξ_i が値 $\{-1, +1\}$ だけをとる $\mathbf{P}$ のもとで独立で，同一分布にしたがう確率変数のときだと例題 2.5 で述べた．以下では**対称**な場合，つまり

$$\mathbf{P}[\xi_i = -1] = \frac{1}{2} = \mathbf{P}[\xi_i = +1]$$

の場合に専念する．この過程は，しばしば公平なゲームを継続してプレーするというモデルの原型となっている．たとえば，私が友人と各プレーで偏りのないコインを投げるというゲームをするとしよう．もし表が出たら私が彼女に1ドル払い，そうでなければ彼女が私に1ドル払う．このとき，S_n は n 回プレー後の私の正味利得をモデル化しているのだ．

第2章の演習問題13から，$\mathbf{E}[S_n] = 0$ かつ $\mathrm{Var}(S_n) = n$ であることがわかっている．

補題3.1 過程 $\{S_n\}_{n\geq 0}$ は（自然なフィルターに関する）$\mathbf{P}$-マルチンゲールであり，かつ
$$\mathrm{Cov}(S_n, S_m) = n \wedge m$$
をみたす．

証明 $\{S_n\}_{n\geq 0}$ が $\mathbf{P}$-マルチンゲールであることは，例題2.5ですでに示した．あとは，以下の共分散の計算をすればよい．

$$\begin{aligned}
\mathrm{Cov}(S_n, S_m) &= \mathbf{E}[S_n, S_m] - \mathbf{E}[S_n]\mathbf{E}[S_m] \\
&= \mathbf{E}[\mathbf{E}[S_n S_m | \mathcal{F}_{m \wedge n}]] \quad (\text{積み重ねの性質}) \\
&= \mathbf{E}[S_{m \wedge n} \mathbf{E}[S_{m \vee n} | \mathcal{F}_{m \wedge n}]]
\end{aligned}$$

$$= \mathbf{E}[S_{m \wedge n}^2] \quad \text{(アルチンゲール性)}$$
$$= \text{Var}(S_{m \wedge n}) = n \wedge m. \blacksquare$$

確率変数 $\{\xi_i\}_{i \geq 0}$ が互いに独立であることから，$0 \leq i \leq j \leq k \leq l$ のとき $S_j - S_i$ と $S_l - S_k$ は独立となる．さらに，一般的に $0 \leq i_1 \leq i_2 \leq \cdots \leq i_n$ のとき $\{S_{i_r} - S_{i_{r-1}} : 1 \leq r \leq n\}$ は互いに独立である．また，$j - i = l - k = m$ とするとき，$S_j - S_i$ と $S_l - S_k$ は S_m と同じ分布にしたがう．

表記法 2つの確率変数 X と Y について，記号
$$X \stackrel{\mathcal{D}}{=} Y$$
は X と Y が同一分布にしたがうことを意味する．

また，$X \sim N(\mu, \sigma^2)$ は，X が平均 μ と分散 σ^2 の正規分布にしたがうことを表している．上のことから次の結果を得る．

補題3.2 確率測度 $\mathbf{P}$ のもとで，過程 $\{S_n\}_{n \geq 0}$ は定常な独立増分をもつ．

事実，補題3.1と補題3.2は対称な単純ランダム・ウォークを**特徴**づけするのに十分である．

ランダム・ウォークのスケール変換

我々はBrown運動を，無限小ランダム・ウォークとして考えようとしている．賭ゲームの言葉でいうと，プレー間の時間は δt で，賞金額はたとえば δx として，これらを「ゼロにもっていく」ことを考えている．意味のある極限を得るためには，δt と δx の間にある種の関係があるはずだ．この関係がどんなものかを知るために，(2.6節で導入した) 中心極限定理を適用する．この場合の設定では $\mu = \mathbf{E}[\xi_i] = 0$ と $\sigma^2 = \text{Var}(\xi_i) = 1$ だから，$\delta t = 1/n$ と $\delta x = 1/\sqrt{n}$ として，
$$\mathbf{P}\left[\frac{S_n}{\sqrt{n}} \leq x\right] \to \int_{-\infty}^{x} \frac{1}{\sqrt{2\pi}} e^{-y^2/2} dy \quad (n \to \infty)$$

を得る．さらに一般的には，

$$\mathbf{P}\left[\frac{S_{[nt]}}{\sqrt{n}} \leq x\right] \to \int_{-\infty}^{x} \frac{1}{\sqrt{2\pi}} e^{-y^2/2t} dy \quad (n \to \infty),$$

が成り立つ．ここに，$[nt]$ は nt の整数部（演習問題1）である．よって極限過程では，時点ゼロから時点 t までの正味利得は，平均ゼロと分散 t の正規分布にしたがうのだ．

Brown 運動の定義

離散時間の場合と同じように，連続時間確率過程 $\{X_t\}_{t \geq 0}$ を定義するには，（形式的に）X_t が $\mathcal{F}$-可測となる3つの組 $(\Omega, \mathcal{F}, \mathbf{P})$ が必要であるが，離散の場合と同様に，めったに Ω を明示的に特定することはしない．

ヒューリスティック的ではあるが，ランダム・ウォークの極限操作から Brown 運動を以下のよう定義するとよいことがわかる．

定義3.1 **Brown 運動**：実数値確率過程 $\{W_t\}_{t \geq 0}$ が $\mathbf{P}$-Brown 運動（あるいは $\mathbf{P}$-ウィーナ過程）であるとは，ある正定数 σ に対して $\mathbf{P}$ のもとで以下の条件が成り立つことだ．

1　各々の $s \geq 0$ と $t > 0$ とについて，確率変数 $S_{t+s} - S_s$ は，平均ゼロと分散 $\sigma^2 t$ の正規分布にしたがう．

2　各 $n \geq 0$ と任意の時点 $0 \leq t_0 \leq t_1 \leq \cdots \leq t_n$ について，確率変数 $\{W_{t_r} - W_{t_{r-1}}\}$ は互いに独立である．

3　$W_0 = 0$．

4　W_t は $t \geq 0$ において連続である．

注意事項　定義3.1の条件1と条件2は，離散の場合と同じように，Brown 運動が定常な独立増分をもつことを保証している．

条件3は通常の約束事であるが，特に点 x から出発する Brown 運動の場合は $\{x + W_t\}_{t \geq 0}$ のように定義できる．

条件4は，ある意味で上の3つの条件の結論であるが，今回に限って Brown 運動のパスはすべて連続であると明言しておく．　∎

パラメータ σ^2 は**分散**パラメータとして知られている．正規分布を基準化することにより，$\{W_{t/\sigma}\}_{t\geq 0}$ は分散 1 の Brown 運動となる．

定義 3.2　パラメータ $\sigma^2=1$ の過程は，**標準** Brown 運動という．

仮定　特に断りがない限り，$\sigma^2=1$ とする．

定義 3.1 の条件 1 と条件 2 を合わせると，標準 Brown 運動の**推移確率**を次のように書くことができる．

$$\mathbf{P}[W_{t_n}\leq x_n|W_{t_i}=x_i, 0\leq i\leq n-1]=\mathbf{P}[W_{t_n}-W_{t_{n-1}}\leq x_n-x_{n-1}]$$
$$=\int_{-\infty}^{x_n-x_{n-1}}\frac{1}{\sqrt{2\pi(t_n-t_{n-1})}}\exp\left(-\frac{u^2}{2(t_n-t_{n-1})}\right)du$$

表記法　**推移密度関数** $p(t, x, y)$ は，

$$p(t, x, y)=\frac{1}{\sqrt{2\pi t}}\exp\left(\frac{(x-y)^2}{2t}\right)$$

と表す．

これは，条件 $W_s=x$ のもとでの確率変数 W_{t+s} の確率密度関数のことだ．

時点 $0=t_0\leq t_1\leq t_2\leq\cdots\leq t_n$ について，$x_0=0$ として $W_{t_1}, \cdots, W_{t_n}$ の同時確率密度関数は

$$f(x_1, \cdots, x_n)=\prod_{j=1}^{n}p(t_j-t_{j-1}, x_{j-1}, x_j)$$

と表される．各 $n\geq 1$ とすべての $t_1, \cdots, t_n$ について，$W_{t_1}, \cdots, W_{t_n}$ の同時分布のことを確率過程 $\{W_t\}_{t\geq 0}$ の**有限時限分布**という．

次の補題 3.1 の類似は明らかであろう．

補題 3.3　任意の $s, t>0$ について
1．$\mathbf{E}[W_{t+s}-W_s|\{W_r\}_{0\leq r\leq s}]=0$
2．$\mathrm{Cov}(W_s, W_t)=s\wedge t$

が成り立つ．

実際に多変数正規分布は平均と共分散によって決まり，正規分布にしたがう確率変数が独立であるのはその共分散がゼロのとき，かつそのときだけであるので，この補題はパスの連続性を考慮に入れると，標準 Brown 運動を特徴づけるものだ．

Brown 運動の挙動

標本パスが連続だということだけから，Brown 運動が他の意味においても「よい」性質をもつとはいえない．事実，Brown 運動の振る舞いは極めて異常ですらある．以下に奇妙な動きの特徴をいくつかあげておく．

1. 過程 $\{W_t\}_{t \geq 0}$ はいたるところで連続であるが，（確率 1 で）いたるところで微分可能ではない．
2. Brown 運動は，それがいくら大きくとも，またどんな負の数であっても，任意の実数をいつかはヒッティング（到達）する．
3. Brown 運動がひとたびある値をヒッティングすると，その値を（任意に大きな時間を経過したあとで）またヒッティングし，そしてこれを**無限回繰り返す**．
4. Brown 運動は，どんなにスケールを変えて調べても問題はないし，同じような形状をしている．すなわち Brown 運動は，フラクタルの一つなのだ．

演習問題 9 は，時点 $t=0$ で微分可能でないことを示している．3.3 節と演習問題 8 では，ヒッティング確率（到達確率）に関する性質のいくつかについて議論する．上記の最後の項目で述べたスケーリングについては，命題 3.2 で正式に証明する．それはまさしく Brown 運動を構成する段階で得られることだ．図 3.1 に，Brown 運動パスの一つの実現値を例示しておく．

「このような奇妙な過程が本当に**存在**するのか？」ということは明確でないから，次節でこれについて考える．

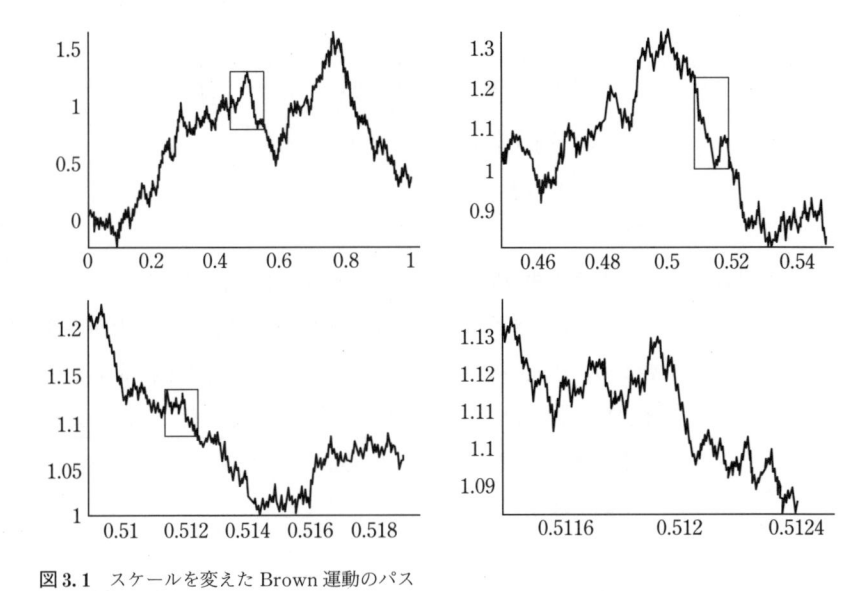

図 3.1 スケールを変えた Brown 運動のパス

3.2 Lèvy の構成法

すでに Brown 運動は，ランダム・ウォークの極限として得られることをほのめかした．しかし本節では，ランダム・ウォークの構成法について技術的な細部にわたって追求することはしないで，Lèvy による別の方法を提示する．Brown 運動の存在を確信できる読者はこの節を飛ばしてもよい．

多角形近似

このアイディアは，Brown 運動のパスを直接多角形で内挿補間することによって実現する．このためには，ただ 1 つの計算式が必要だ．

補題 3.4 標準 Brown 運動を $\{W_t\}_{t \geq 0}$ とする．$W_{t_1} = x_1$ を条件とする $W_{t_{1/2}}$ の確率密度関数は

$$p_{t_1/2}(x) \triangleq \sqrt{\frac{2}{\pi t_1}} \exp\left(-\frac{1}{2}\left(\frac{\left(x-\frac{1}{2}x_1\right)^2}{t_1/4}\right)\right)$$

となる.つまり条件つき分布は,平均 $x_1/2$ と分散 $t_1/4$ の正規分布にしたがう,ということだ.

構成法　一般性を失うことなく,t の範囲を $[0,1]$ としてよい.Lèvy の構成法は,加算個の平均ゼロと分散 1 の**独立**な正規分布にしたがう確率変数の集合から,Brown 運動を(帰納的に)多角形近似で構成する.これらの確率変数を $[0.1]$ に属する 2 進点によって添字を付ける.一般表示として,確率変数を $\xi(k2^{-n})$, $n \in \mathbf{N}$, $k \in \{0, 1, \cdots, 2^n\}$ のように表す.

帰納法はまず,

$$X_1(t) = t\xi(1)$$

とおくことから始める.つまり,X_1 は $[0,1]$ 上の線形関数だ.

第 n 番目の過程 X_n は各区間 $[(k-1)2^{-n}, k2^{-n}]$ で線形であり,t について連続で,しかも $X_n(0)=0$ をみたす.よってこの過程は,値 $\{X_n(k2^{-n}), k=1, \cdots, 2^n\}$ によって決まる.

帰納的ステップ:まず

$$X_{n+1}(2k2^{-(n+1)}) = X_n(2k2^{-(n+1)}) = X_n(k2^{-n})$$

とおく.次に $X_{n+1}((2k-1)2^{-(n+1)})$ の値を決める.$X_{n+1}(2k2^{-(n+1)}) - X_{n+1}(2(k-1)2^{-(n+1)})$ を条件として,補題 3.4 から

$$X_{n+1}((2k-1)2^{-(n+1)}) - X_{n+1}(2(k-1)2^{-(n+1)})$$

は平均

$$\frac{1}{2}(X_{n+1}(2k2^{-(n+1)}) - X_{n+1}(2(k-1)2^{-(n+1)}))$$

と分散 $2^{-(n+1)}$ の正規分布にしたがうことがわかる.

さて,もし $X \sim N(0,1)$ ならば $aX+b \sim N(b, a^2)$ となることから,

$$X_{n+1}((2k-1)2^{-(n+1)}) - X_{n+1}(2(k-1)2^{-(n+1)})$$
$$= 2^{-(n/2+1)}\xi((2k-1)2^{-(n+1)})$$

$$+\frac{1}{2}(X_{n+1}(2k2^{-(n+1)})-X_{n+1}(2(k-1)2^{-(n+1)}))$$

とする．つまり，

$$\begin{aligned}X_{n+1}((2k-1)2^{-(n+1)})&=\frac{1}{2}X_n((k-1)2^{-n})+\frac{1}{2}X_n(k2^{-n})\\&\quad+2^{-(n/2+1)}\xi((2k-1)2^{-(n+1)})\\&=X_n((2k-1)2^{-(n+1)})\\&\quad+2^{-(n/2+1)}\xi((2k-1)2^{-(n+1)})\end{aligned} \quad (3.1)$$

となる．ここで最後の等式には，区間 $[(k-1)2^{-n}, k2^{-n}]$ における X_n の線形性を使った．

この構成法を図 3.2 に例示しておく．

Brown 運動への収束

こうして構成した過程は，n を無限大に近づけたときに Brown 運動に近づく．この極限が存在することを検証するためには，技術的な補題がいくつか必要だ．補題の証明は Knight (1981) から引用した．

補題 3.5　　$\mathrm{P}[\lim_{n\to\infty} X_n(t)$ は区間 $0\le t\le 1$ の t について一様収束する$]=1$

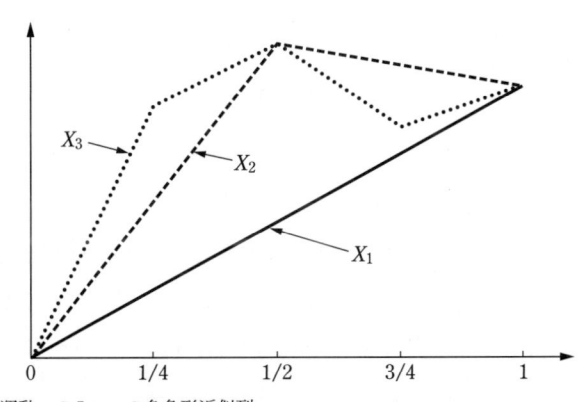

図 3.2　Brown 運動への Lèvy の多角形近似列

証明 $\max_t |X_{n+1}(t) - X_n(t)|$ は分点で,つまり $t \in \{(2k-1)2^{-(n+1)}: k=1,2, \cdots, 2^n\}$ で達成されるので,式(3.1)を使って

$$\mathbf{P}[\max_t |X_{n+1}(t) - X_n(t)| \geq 2^{-n/4}]$$

$$= \mathbf{P}[\max_{1 \leq k \leq 2^n} \xi((2k-1)2^{-(n+1)}) \geq 2^{n/4+1}] \leq 2^n \mathbf{P}[\xi(1) \geq 2^{n/4+1}]$$

とする.演習問題7の結果($t=1$ とおいて)から,$x>0$ に対して

$$\mathbf{P}[\xi(1) \geq x] \leq \frac{1}{x\sqrt{2\pi}} e^{-x^2/2}$$

が成り立つから,不等式

$$\exp(-2^{(n/2+1)}) < 2^{-2n+2}$$

と組み合わせて,$n \geq 4$ に対して

$$2^n \mathbf{P}[\xi(1) \geq 2^{n/4+1}] \leq \frac{2^n}{2^{n/4+1}} \frac{1}{\sqrt{2\pi}} \exp(-2^{(n/2+1)}) \leq \frac{2^n}{2^{n/4+1}} 2^{-2n+2} < 2^{-n}$$

が得られる.

さて,$k > n \geq 4$ について考える.余事象について

$$\mathbf{P}[\max_t |X_k(t) - X_n(t)| \geq 2^{-n/4+3}]$$

$$= 1 - \mathbf{P}[\max_t |X_k(t) - X_n(t)| \leq 2^{-n/4+3}]$$

が成り立つことと,上で示したことから,

$$\mathbf{P}[\max_t |X_k(t) - X_n(t)| \leq 2^{-n/4+3}]$$

$$\geq \mathbf{P}\left[\sum_{j=n}^{k-1} \max_t |X_{j+1}(t) - X_j(t)| \leq 2^{-n/4+3}\right]$$

$$\geq \mathbf{P}[\max_t |X_{j+1}(t) - X_j(t)| \leq 2^{-j/4}, j=n, \cdots, k-1]$$

$$\geq 1 - \sum_{j=n}^{k-1} 2^{-j} \geq 1 - 2^{-n+1}$$

となる.よって,すべての $k \geq n \geq 4$ に対して

$$\mathbf{P}[\max_t |X_k(t) - X_n(t)| \geq 2^{-n/4+3}] \leq 2^{-n+1}$$

を得る.左辺の事象は k を大きくすると増大する(というのは,最大値は新しい分点が加わることによって増加する(減少しない))から,

$$\mathbf{P}[ある k \geq n について,\max_t |X_k(t) - X_n(t)| \geq 2^{-n/4+3}] \leq 2^{-n+1}$$

となる.特に任意の $\varepsilon > 0$ に対して

$$\lim_{n\to\infty} \mathbf{P}[\text{ある } k>n \text{ と } t\leq 1 \text{ について, } |X_k(t)-X_n(t)|\geq\varepsilon]=0$$

となって，補題が証明される． ∎

Brown 運動の存在を証明するためには，次の補題を示さなければならない．

補題 3.6 一様収束極限が存在するときは $X(t)=\lim_{n\to\infty}X_n(t)$ とおいて，そうでないときは 0 とおく．このとき，$t\in[0,1]$ に対して，$X(t)$ は定義 3.1 の条件をみたす．

証明 構成法から，$T_n=\{k2^{-n}: k=0,1,\cdots,2^n\}$ に制限した近似過程 $X_n(t)$ に対して，定義 3.1 の性質 1〜3 が成り立つ．$k>n$ について T_n 上で X_k は変わらないので，$\bigcup_{n=1}^{\infty} T_n$ 上で X に対しても成り立つ．連続関数列の一様収束極限は連続であるから，性質 4 が成り立つ．さらに任意の $0\leq t_1\leq t_2\leq\cdots, t_n\leq 1$ に対して，稠密集合 $\bigcup_{n=1}^{\infty} T_n$ から選ばれる近似列によって 4 つの性質すべてが成り立つことから，制限なしに $t\in[0,1]$ に対して成り立つことになる． ∎

3.3 反射原理と伸縮性

Brown 運動が実際に存在することを示したので，今度はいくつかの計算式について考えよう．これらは，後の章に進む際に小さな手品のネタ入れ以上のものとなる（つまり大いに役立つのだ）．Brown 運動を専門的に扱っているテキストはたくさんあるので，それらから広範な知識を得ることができる．

ストッピング・タイム

Brown 運動はその構造により無記憶性をもつ．つまり，もし $\{W_t\}_{t\geq 0}$ が Brown 運動で，$s\geq 0$ を固定した時点とすると，$\{W_{t+s}-W_s\}_{t\geq 0}$ は

$\{W_r\}_{0 \le r \le s}$ とは独立な Brown 運動となる．さらに，**ランダム・タイム** T に対しても $\{W_{T+s} - W_T\}_{t \ge 0}$ は標準 Brown 運動となり，$\{W_s : 0 \le s \le T\}$ とは互いに独立である．このようなランダム・タイムには，すでに離散パラメータのマルチンゲールの節でお目にかかっている．

定義 3.3 過程 $\{W_t\}_{t \ge 0}$ に対する**ストッピング・タイム**とは，この過程の各 t について，事象 $\{T \le t\}$ が時点 t 以前の履歴にのみ依存するランダム・タイムのことだ．

つまり，時点 t まで Brown 運動を観察することによって，$T \le t$ か否かを決定できるのだ．

以下ではストッピング・タイムにお目にかかるのは，**ヒッティング・タイム**（到達時点）の場合だけだ．固定した a に対してレベル a のヒッティング・タイムを

$$T_a = \inf\{t \ge 0 : W_t = a\}$$

と定義する．a にいつまでも到達しないならば，$T_a = \infty$ とおく．容易にわかるように，T_a は一種のストッピング・タイムである．というのは，パスの連続性から事象

$$\{T_a \le t\} = \{\text{ある } s, 0 \le s \le t \text{ について } W_s = a\}$$

は $\{W_s, 0 \le s \le t\}$ だけに依存しているからだ．同じく連続性から，$T_a < \infty$ ならば $W_{T_a} = a$ となることに注意しなければならない．

ランダム・ウォークの場合と同様に，ストッピング・タイム**でない**ランダム・タイムとしては，過程があるレベルを**最後**にヒッティングする時点の例に見ることができる．

反射原理

驚くほどのことではないが，Brown 運動が継承する対称性を有効に利用して多くのことが得られる．

補題 3.7 $W_0 = 0$ を出発点とする **P**-Brown 運動を $\{W_t\}_{T \ge 0}$ とし，$a > 0$ とする．

このとき，
$$P[T_a<t]=2P[W_t>a]$$
が成り立つ．

証明 もし $W_t>a$ ならば，Brown 運動のパスの連続性から $T_a<t$ となる．さらに T_a はストッピング・タイムだから，$\{W_{t+T_a}-W_{T_a}\}_{t\geq 0}$ は Brown 運動となり，よって対称性から $P[W_t-W_{T_a}>0|T_a<t]=1/2$ となる．したがって，
$$\begin{aligned}P[W_t>a]&=P[T_a<t,\ W_t-W_{T_a}>0]\\&=P[T_a<t]P[W_t-W_{T_a}>0|T_a<t]\\&=\frac{1}{2}P[T_a<t]\end{aligned}$$
が得られる． ∎

次の結果は，この考えをさらに洗練したものだ．

補題 3.8 反射原理：標準 Brown 運動を $\{W_t\}_{t\geq 0}$ とし，T をストッピング・タイムとする．そして
$$\widetilde{W}_t=\begin{cases}W_t, & t\leq T,\\ 2W_T-W_t, & t>T\end{cases}$$
と定義すると，$\{\widetilde{W}_t\}_{t\geq 0}$ もやはり標準 Brown 運動となる．

もし $T=T_a$ なら，変換 $W_t\to\widetilde{W}_t$ は，a を最初にヒッティングした時点以後のパスを直線 $x=a$ について反転することにあたる（図 3.3 参照）．ここでは，一般的な反射原理については証明しない．以下の結果は，第 6 章のバリヤー・オプションの価格決定のカギとなるものだ．

補題 3.9 Brown 運動とその最大値の同時分布：期間 $[0,t]$ における Brown 運動が到達した最大レベルを $M_t=\max_{0\leq s\leq t}W_s$ とする．このとき，

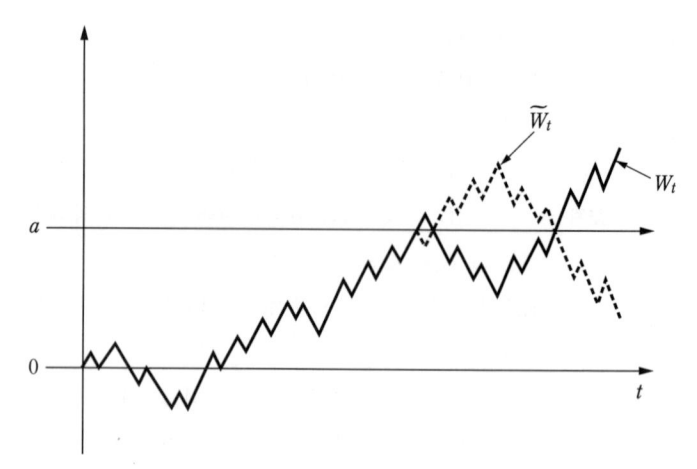

図 3.3 $T=T_a$ における反射原理

$$\mathbf{P}[M_t \geq a, W_t \leq x] = 1 - \Phi\left(\frac{2a-x}{\sqrt{t}}\right)$$

となる．ここに，

$$\Phi(x) = \int_{-\infty}^{x} \frac{1}{\sqrt{2\pi}} e^{-u^2/2} du$$

は標準正規分布関数である．

証明 $M_t \geq 0$ かつ t について非減少であるから，もし $a>0$ について T_a がレベル a の最初のヒッティング・タイムとすると，$\{M_t \geq a\} = \{T_a \leq t\}$ となる．反射原理において $T=T_a$ とすると，$a \geq 0$ と $a \geq x$ と $t \geq 0$ について

$$\begin{aligned}
\mathbf{P}[M_t \geq a, W_t \leq x] &= \mathbf{P}[T_a \leq t, W_t \leq x] \\
&= \mathbf{P}[T_a \leq t, 2a-x \leq \widetilde{W}_t] \\
&= \mathbf{P}[2a-x \leq \widetilde{W}_t] \\
&= 1 - \Phi\left(\frac{2a-x}{\sqrt{t}}\right)
\end{aligned}$$

を得る．第3番目の式において $\widetilde{W}_t \geq 2a-x$ ならば，必然的に $\{\widetilde{W}_s\}_{s \geq 0}$ が，よって結局 $\{W_s\}_{s \geq 0}$ が時点 t より前にレベル a をヒッティングする，という事実を用いた． ∎

スロープのヒッティング

以下の結果は，第6章でパーペチュアル（無期）・アメリカン・コール・オプションの価格決定のために使う．

命題3.1 $T_{a,b} = \inf\{t \geq 0 : W_t = a+bt\}$ とおく．ここで，もし右辺の集合が空ならば，$T_{a,b}$ は無限大とみなす．このとき，$\theta > 0$ と $a > 0$ および $b \geq 0$ に対して
$$\mathbf{E}[\exp(-\theta T_{a,b})] = \exp(-a(b+\sqrt{b^2+2\theta}))$$
が成り立つ．

証明 特別な $b=0$ の場合について，その証明は命題3.3まで延期するが，そこでは強力なマルチンゲールという機械が必要だ．以下では，この特別な場合を仮定して一般的な場合を導き出す．

固定した $\theta > 0$ と任意の $a > 0$ と $b \geq 0$ に対して，
$$\psi(a, b) = \mathbf{E}[e^{-\theta T_{a,b}}]$$
とおく．さて，a の任意の2つの値を，たとえば a_1 と a_2 として，次のことに注意しよう（図3.4）．

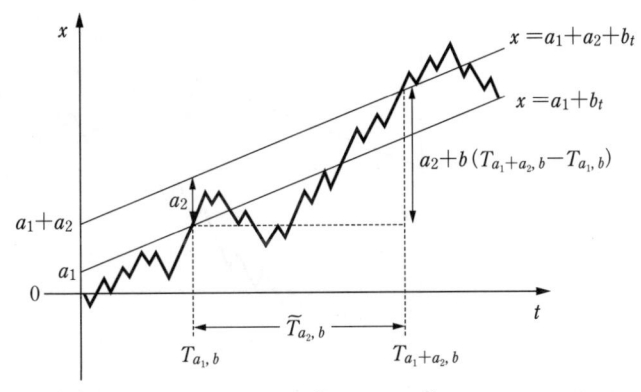

図3.4 命題3.1の表記法による．$T_{1+a_2,b} = T_{a_1,b} + \widetilde{T}_{a_2,b}$．ここに $\widetilde{T}_{a_2,b}$ は $T_{a_2,b}$ と同じ分布をもつ．

$$T_{a_1+a_2,b} = T_{a_1,b} + (T_{a_1+a_2,b} - T_{a_1,b}) \stackrel{\mathcal{D}}{=} T_{a_1,b} + \widetilde{T}_{a_2,b}$$

ここに $\widetilde{T}_{a_2,b}$ は $T_{a_1,b}$ と独立で，$T_{a_2,b}$ と同じ分布にしたがう．つまり，

$$\psi(a_1+a_2, b) = \psi(a_1, b)\psi(a_2, b)$$

となる．これはある関数 $k(b)$ に対して

$$\psi(a, b) = e^{-k(b)a}$$

ということを意味する．

ところで $b \geq 0$ なので，過程は直線 $a+bt$ をヒッティングする前にレベル a をヒッティングする．このことを使って，$T_{a,b}$ を二つの部分に分ける（図 3.5）．確率変数 T_a の確率密度関数を f_{T_a} と表して，最終的に命題 3.3 を適用すると

$$\psi(a, b) = \int_0^\infty f_{T_a}(t) \mathbf{E}[e^{-\theta T_{a,b}} | T_a = t] dt$$

$$= \int_0^\infty f_{T_a}(t) e^{-\theta t} \mathbf{E}[e^{-\theta T_{bt,b}}] dt$$

$$= \int_0^\infty f_{T_a}(t) e^{-\theta t} e^{-k(b)bt} dt$$

$$= \mathbf{E}[e^{-(\theta+k(b)b)T_a}]$$

$$= \exp(-a\sqrt{2(\theta+k(b)b)})$$

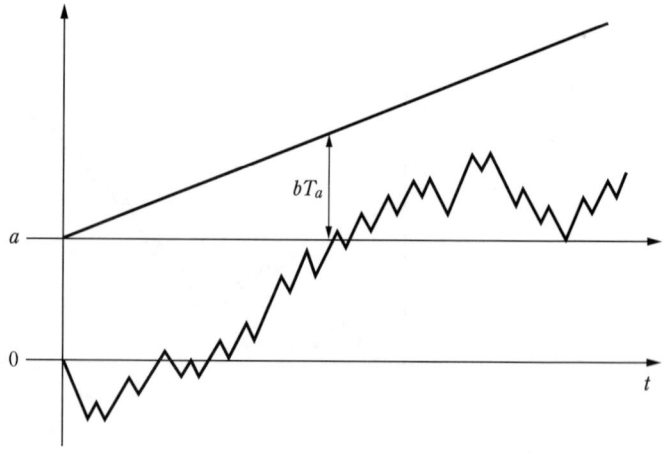

図 3.5 命題 3.1 の表記法による．$T_{a,b} = T_a + \widetilde{T}_{bT_a,b}$，ここに $\widetilde{T}_{bT_a,b}$ は $T_{bT_a,b}$ と同じ分布をもつ．

を得る．こうして関数 $\psi(a,b)$ に対して二つの表現が得られたので，これらを等しいとおくと，
$$k^2(b)=2\theta+2k(b)b$$
となる．これを解いて，任意の $\theta>0$ に対して $\psi(a,b)\leq 1$ でなけらばならないことを使うと，
$$k(b)=b+\sqrt{b^2+2\theta}$$
が選ばれて証明が完了する． ■

定義 3.4　実定数 μ に対して過程 $W_t^\mu=W_t+\mu t$ を，**ドリフト μ を持つ Brown 運動**という．

上の表記法では，$T_{a,b}$ はドリフト $-b$ をもつ Brown 運動によるレベル a の最初のヒッティング・タイムといえる．

Brown 運動の変換とスケーリング

最後に，次の有用な結果を述べて本節を締めくくる．

命題 3.2　標準 Brown 運動を $\{W_t\}_{t\geq 0}$ とする．このとき，以下のそれぞれも標準 Brown 運動である．

1　任意の実数 c について $\{cW_{t/c^2}\}_{t\geq 0}$
2　$\{tW_{1/t}\}_{t\geq 0}$．ここに，$tW_{1/t}$ は $T=0$ のときゼロとする．
3　任意に固定した $s\geq 0$ について，$\{W_s-W_{s-t}\}_{0\leq t\leq s}$

証明　1～3 の証明はどれも類似しているので，たとえば 2 の場合を示す．$tW_{1/t}$ は（少なくとも）$t>0$ に対して連続なパスをもち，そして任意の t_1, $\cdots$, t_n について確率変数 $\{t_1 W_{1/t_1}, \cdots, t_n W_{1/t_n}\}$ は多変量正規分布にしたがう．あとは共分散が正しい形をしているかどうかを検証すればよい．明らかに，
$$\mathbf{E}[sW_{1/s}tW_{1/t}]=st\mathbf{E}[W_{1/s}W_{1/t}]=st\left(\frac{1}{s}\wedge\frac{1}{t}\right)=s\wedge t$$
となって証明が完結する． ■

3.4 連続時間マルチンゲール

離散時間の場合と同様に，マルチンゲールの概念は連続時間モデルでも重要な役割を果たす．

次のことを思い出そう．離散時間において，すべての r について $\mathbf{E}[|X_r|]<\infty$ となる列 $X_0, X_1, \cdots, X_n$ がフィルター $\{\mathcal{F}_n\}_{n\geq 0}$ と確率測度 $\mathbf{P}$ に関してマルチンゲールであるとは，

$$\mathbf{E}[X_r|\mathcal{F}_{r-1}]=X_{r-1}, \ \forall r\geq 1$$

が成り立つことだ．連続時間の場合も，ほとんど類似の定義をする．

フィルター

定義 3.5 $\mathcal{F}$ を σ-集合体とする．列 $\{\mathcal{F}_t\}_{t\geq 0}$ が**フィルター**であるとは，以下の 2 条件が成り立つときだ．

1 すべての t について，$\mathcal{F}_t$ は $\mathcal{F}$ の部分 σ-集合体
2 $\mathcal{F}_s \subset \mathcal{F}_t, s<t$

離散時間の場合と同様に，主に確率過程 $\{X_t\}_{t\geq 0}$ に付随した**自然**なフィルター $\{\mathcal{F}_t^X\}_{t\geq 0}$ について考える．連続時間の場合も，$\mathcal{F}_t^X$ は確率過程 X の区間 $[0, t]$ 上で発生した情報をコード化したものである．つまり，$A\in \mathcal{F}_t^X$ は軌道 $\{X_s\}_{0\leq s\leq t}$ を観測して，事象 A が生起したか否かを決めることができるのだ．

表記法 確率過程 Z の値を軌道 $\{X_s\}_{0\leq s\leq t}$ の観測により完全に決定することができるならば，

$$Z\in \mathcal{F}_t^X$$

と表す．

1 つ以上の過程が同一フィルターに関して可測となり得ることに注意しよう．

定義 3.6　確率過程 $\{Y_t\}_{t\geq 0}$ がすべての $t\geq 0$ について $Y_t \in \mathcal{F}_t^X$ となるならば，$\{Y_t\}_{t\geq 0}$ はフィルター $\{\mathcal{F}_t^X\}_{t\geq 0}$ に**適合**しているという．

例 3.1
1. 確率過程
$$Z_t = \int_0^t X_s ds$$
は，$\{\mathcal{F}_t^X\}_{t\geq 0}$ に適合している．
2. 確率過程 $M_t = \max_{0\leq s\leq t} W_s$ は，$\{\mathcal{F}_t^W\}_{t\geq 0}$ に適合している．
3. 確率過程 $Z_t \triangleq W_{t+1}^2 - W_t^2$ は，$\{W_t\}_{t\geq 0}$ により生成されるフィルターに適合していない．

離散の場合と同じように，ここでも確率過程と確率測度の役割を分離して考えている．よって，ある過程が確率測度 **P** のもとでは Brown 運動であっても，別の確率測度 **Q** のもとでは Brown 運動でないこともあるのだ．

マルチンゲール

定義 3.7　確率空間 $(\Omega, \mathcal{F}, \mathbf{P})$ は，フィルター $\{\mathcal{F}_t^X\}_{t\geq 0}$ をもつとする．任意の $t\geq 0$ について $\mathbf{E}[|M_t|]<\infty$ をみたす（この確率空間上の）確率変数族 $\{M_t\}_{t\geq 0}$ は，任意の $s\leq t$ について
$$\mathbf{E}^{\mathrm{P}}[M_t|\mathcal{F}_s] = M_s$$
が成り立つとき，$(\mathbf{P}, \{\mathcal{F}_t^X\}_{t\geq 0})$-**マルチンゲール**という．上の条件を $t\in [0, T]$ に制限することによって，パラメータ空間を $[0, T]$ とするマルチンゲールが定義できる．

一般に，フィルター記号は省略することが多い．Brown 運動に関連する以下の例題では，フィルターといえば Brown 運動から生成されたフィルターのことであることを暗黙の了解とする．

次に述べる局所マルチンゲールは，マルチンゲールよりも一般的な概念である．

定義 3.8　確率過程 $\{X_t\}_{t\geq 0}$ が**局所** $(\mathbf{P}, \{\mathcal{F}_t\}_{t\geq 0})$-マルチンゲールであるとは，$\{\mathcal{F}_t\}_{t\geq 0}$-ストッピング・タイム $\{T_n\}_{n\geq 0}$ が存在して，すべての n について $\{X_{t\wedge T_n}\}_{t\geq 0}$ が $(\mathbf{P}, \{\mathcal{F}_t\}_{t\geq 0})$-マルチンゲールとなり，
$$\mathbf{P}[\lim_{n\to\infty} T_n = \infty] = 1$$
が成り立つことだ．

すべてのマルチンゲールは局所マルチンゲールであるが，逆は必ずしも正しくない．この違いによって，第4章では多くの結果に対して有界条件を付加することが必要となるのだ．

補題 3.10　フィルター $\{\mathcal{F}_t\}_{t\geq 0}$ は，$\{W_t\}_{t\geq 0}$ により生成されたものとする．過程 $\{W_t\}_{t\geq 0}$ が確率測度 $\mathbf{P}$ のもとで標準 Brown 運動とする．このとき，
1　W_t は $(\mathbf{P}, \{\mathcal{F}_t\}_{t\geq 0})$-マルチンゲール．
2　$W_t^2 - t$ は $(\mathbf{P}, \{\mathcal{F}_t\}_{t\geq 0})$-マルチンゲール．
3　$\exp\left(\sigma W_t - \dfrac{\sigma^2}{2}t\right)$ は $(\mathbf{P}, \{\mathcal{F}_t\}_{t\geq 0})$-マルチンゲールで，**指数マルチンゲール**と呼ぶ．

証明　これらの証明は，どれもそれほど難しいものではない．たとえば，$M_t = W_t^2 - t$ について考えてみよう．$\mathbf{E}[|M_t|] < \infty$ は明らかだ．そして，
$$\begin{aligned}\mathbf{E}[W_t^2 - W_s^2 | \mathcal{F}_s] &= \mathbf{E}[(W_t - W_s)^2 + 2W_s(W_t - W_s) | \mathcal{F}_s] \\ &= \mathbf{E}[(W_t - W_s)^2 | \mathcal{F}_s] + 2W_s \mathbf{E}[(W_t - W_s) | \mathcal{F}_s] \\ &= t - s\end{aligned}$$
から
$$\begin{aligned}\mathbf{E}[W_t^2 - t | \mathcal{F}_s] &= \mathbf{E}[W_t^2 - W_s^2 + W_s^2 - (t-s) - s | \mathcal{F}_s] \\ &= (t-s) + W_s^2 - (t-s) - s = W_s^2 - s\end{aligned}$$
が得られる． ∎

オプショナル・ストッピング

我々が本当に必要とするのは，オプショナル・ストッピング定理の連続時間バージョンだ．しかし一般の場合は，少し用心する必要がある（うまくいかないケースを演習問題 17 にあげておく）．マルチンゲールの標本パスが十分に「行儀よい」ものでないときに，いろいろな問題が起きるのだ．以下では，すべての例について確率過程はキャドラグな標本パスをもつものとする．

定義 3.9 関数 $f: \mathbf{R} \to \mathbf{R}$ は右連続でかつ左極限をもつとき，**キャドラグ**という．

連続関数は自動的にキャドラグ（càdlàg=continues à droite, limites à gauche）である．

定理 3.1 **オプショナル・ストッピング定理**：$\{M_t\}_{t \geq 0}$ を確率測度 $\mathbf{P}$ とフィルター $\{\mathcal{F}_t\}_{t \geq 0}$ に関するキャドラグ・マルチンゲールとし，τ_1 と τ_2 を $\tau_1 \leq \tau_2 \leq K$ をみたす二つのストッピング・タイムとする．ここに，K は有限の実数とする．このとき，
$$\mathbf{E}[|M_{\tau_2}|] < \infty$$
かつ
$$\mathbf{E}[M_{\tau_2} | \mathcal{F}_{\tau_1}] = M_{\tau_1}, \quad \mathbf{P}\text{-a.s.}$$
が成り立つ．

注意事項
1. ここで，「a.s. (almost surely)」は ($\mathbf{P}$-) 確率 1 を意味する．
2. もし τ が有界なストッピング・タイムならば，$\mathbf{E}[M_\tau] = M_0$ となる．

Brown 運動のヒッティング・タイム分布

離散の場合と同様に，オプショナル・ストッピング定理は強力な道具となる．その例を，Brown 運動によるレベル a に到達するヒッティング・タイム T_a の積率母関数を計算することによって，示そう（この結果は命

題3.1の証明にとって基本となるものだ).

> **命題 3.3** Brown運動を $\{W_t\}_{t\geq 0}$ とし,$T_a=\inf\{s\geq 0: W_s=a\}$(もし空集合の場合は無限大とする)とおく.このとき $\theta>0$ に対して,
> $$\mathbf{E}[e^{-\theta T_a}]=e^{-\sqrt{2\theta}|a|}$$
> となる.

証明 $a>0$ を仮定する($a<0$ の場合は対称性を使えばよい).オプショナル・ストッピング定理をマルチンゲール
$$M_t=\exp\left(\sigma W_t-\frac{1}{2}\sigma^2 t\right)$$
とランダム・タイム T_a に対して適用すればよいと思うのだが,残念ながらうまくいかない.というのは,T_a が有界でないかもしれないから,定理をそのまま適用することはできないのだ.そこで,$\tau_1=0$ と $\tau_2=T_a\wedge n$ とおく.すると,
$$\mathbf{E}[M_{T_a\wedge n}]=1$$
となる.よって,
$$\begin{aligned}1=\mathbf{E}[M_{T_a\wedge n}]=&\mathbf{E}[M_{T_a\wedge n}|T_a<n]\mathbf{P}[T_a<n]\\&+\mathbf{E}[M_{T_a\wedge n}|T_a>n]\mathbf{P}[T_a>n]\end{aligned} \quad (3.2)$$
となる.補題3.7と演習問題7の結果から,
$$\mathbf{P}[T_a<n]\to 1 \quad (n\to\infty)$$
を得る.そして,$T_a<\infty$ のとき $\lim_{n\to\infty}M_{T_a\wedge n}=M_{T_a}$ となり,一方,$T_a=\infty$ のときすべての t について $W_t\leq a$ であるから,$\lim_{n\to\infty}M_{T_a\wedge n}=0$ となる.よって,等式(3.2)において $n\to\infty$ とすると
$$\mathbf{E}[M_{T_a}]=1$$
を得る.最後に $\sigma^2=2\theta$ とおけば証明が完了する.∎

優収束定理

このような極限操作の議論は，次に紹介する優収束定理を適用すると簡単になることもある．

定理 3.2　**優収束定理**：$\{Z_n\}_{n \geq 0}$ を $\lim_{n \to \infty} Z_n = Z$ となる確率変数列とする．すべての n について，$|Z_n| < Y$ でかつ $\mathbf{E}[Y] < \infty$ となる確率変数 Y が存在するならば，

$$\mathbf{E}[Z] = \lim_{n \to \infty} \mathbf{E}[Z_n]$$

が成り立つ．

命題 3.3 の証明において

$$0 \leq M_{T_a \wedge n} = \exp\left(\sigma W_{T_a \wedge n} - \frac{1}{2}\sigma^2(T_a \wedge n)\right) \leq \exp(\sigma a)$$

であるから，Y として定数 $e^{\sigma a}$ をとればよいことがわかる．

第3章　演習問題

1. $\{S_n\}_{n\geq 0}$ を $\mathbf{P}$ のもとで対称な単純ランダムウォークとする．$n\to\infty$ のとき，
$$\mathbf{P}\left[\frac{S_{[nt]}}{\sqrt{n}}\leq x\right]\to\int_{-\infty}^{\infty}\frac{1}{\sqrt{2\pi t}}\exp\left(-\frac{y^2}{2t}\right)dy$$
となることを示しなさい．ここに，$[nt]$ は nt の整数部である．

2. 確率変数 Z は，$\mathbf{P}$ のもとで平均値ゼロと分散1の正規分布にしたがうものとする．$\sqrt{tZ}$ はどんな分布にしたがうか？ また，確率過程 $X_t=\sqrt{t}\,Z$ は Brown 運動か？

3. W_t と $\widetilde{W}_t$ はともに $\mathbf{P}$ のもとで独立な Brown 運動とし，$\rho\in[-1,1]$ は定数とする．過程 $X_t=\rho W_t+\sqrt{1-\rho^2}\,\widetilde{W}_t$ は Brown 運動か？

4. $\{W_t\}_{t\geq 0}$ は $\mathbf{P}$ のもとで標準 Brown 運動とする．次のどれが $\mathbf{P}$-Brown 運動か？ その理由も示しなさい．
    (a) $\{-W_t\}_{t\geq 0}$
    (b) $\{cW_t\}_{t\geq 0}$（ここに c は定数）
    (c) $\{\sqrt{t}\,W_t\}_{t\geq 0}$
    (d) $\{W_{2t}-W_t\}_{t\geq 0}$

5. X は平均値 μ と分散 σ^2 の正規分布にしたがうとする．まず
$$\mathbf{E}[e^{\theta X}]$$
を計算し，それから $\mathbf{E}[X^4]$ を求めなさい．

6. 補題 3.10 の 3 を証明しなさい．

7. もし $\{W_t\}_{t\geq 0}$ が $\mathbf{P}$ のもとで標準正規分布するとき，$x>0$ に対して
$$\mathbf{P}[W_t\geq x]=\int_x^{\infty}\frac{1}{\sqrt{2\pi t}}e^{y^2/2t}dy\leq\frac{\sqrt{t}}{x\sqrt{2\pi}}e^{-x^2/2t}$$
であることを示しなさい（ヒント：部分積分しなさい）．

演習問題 97

8　$\{W_t\}_{t\geq 0}$ は $\mathbf{P}$ のもとで標準 Brown 運動とし，$Z=\sup_t W_t$ とおく．明らかに任意の $c>0$ に対して，cZ は Z と同じ分布をもつ．ここで，確率1で $Z\in\{0,\infty\}$ となることを導きなさい．事象 $\{W_1\leq 0\}$ を条件にして

$$\mathbf{P}[Z=0]\leq \mathbf{P}[W_1\leq 0]\mathbf{P}[Z=0]$$

となること，よって $p=0$ となることを示しなさい．ただし，$p=\mathbf{P}[Z=0]$ とする．そして，

$$\mathbf{P}[\sup_t W_t=+\infty, \inf_t W_t=-\infty]=1$$

を導きなさい．

9　演習問題8と命題3.2の2から，

$$\mathbf{P}[任意の \varepsilon>0 に対して W_s<0<W_t をみたす s,t\leq \varepsilon が存在する]$$
$$=1$$

を導きなさい．もし $\{W_t\}_{t\geq 0}$ がゼロにおいて微分可能ならば，導関数はゼロであり，よって十分小さいすべての t に対して $|W_t|\leq t$ となることを示しなさい．そして，$\widetilde{W}_s\triangleq sW_{1/s}$ を考察して矛盾を導いて，Brown 運動がゼロにおいて微分可能では**ない**ことを示しなさい．

10　株式市場モデルとして Brown 運動は適切なものではない．第1に，このモデルではその平均値は一定である．ところがインフレによってさえも株価はある率で上昇するのが普通だ．さらに，あまりにも「変動」が多い（増分の分散が株で観測されるよりも大きすぎる）か，あるいは少なすぎるのだ．また，このモデルでは「変動」の大きさを変えることができるし，意図的にドリフトを導入することもできるが，それでもよいモデルとはならない．その理由の1つは次の通りだ．$\{W_t\}_{t\geq 0}$ は $\mathbf{P}$ のもとで標準 Brown 運動とする．そして，$S_t=\mu t+\sigma W_t$ によって新しい過程 $\{S_t\}_{t\geq 0}$ を定義する．ここに，$\sigma>0$ と $\mu\in\mathbf{R}$ は定数．すべての $\sigma>0$ と $\mu\in\mathbf{R}$ と $T>0$ に対して S_T は正の確率で負になる．これを示しなさい．

11　$\{W_t\}_{t\geq 0}$ は標準 Brown 運動とする．条件 $W_{t_1}=x_1$ のもとで，$W_{t_1/2}$ の確率密度関数が

$$\sqrt{\frac{2}{\pi t_1}}\exp\left(-\frac{1}{2}\left(\frac{\left(x-\frac{1}{2}x_1\right)^2}{t_1/4}\right)\right)$$

となることを示しなさい．

12 $\{W_t\}_{t\geq 0}$ は $\mathbf{P}$ のもとで標準 Brown 運動とする．T_a をレベル a のヒッティング・タイム，すなわち，
$$T_a=\inf\{t\geq 0:\ W_t=a\}$$
とする．このとき，命題 3.3 で
$$\mathbf{E}[\exp(-\theta T_a)]=\exp(-a\sqrt{2\theta})$$
を示した．この結果を使って

(a) $\mathbf{E}[T_a]$

(b) $\mathbf{P}[T_a<\infty]$

を計算しなさい．

13 $\{W_t\}_{t\geq 0}$ は $\mathbf{P}$ のもとで標準 Brown 運動として，
$$M_t=\max_{0\leq s\leq t} W_s$$
によって $\{M_t\}_{t\geq 0}$ を定義する．$x\geq a$ として，以下の計算をしなさい．

(a) $\mathbf{P}[M_t\geq a,\ W_t\geq x]$

(b) $\mathbf{P}[M_t\geq a,\ W_t\leq x]$

14 $\{W_t\}_{t\geq 0}$ は $\mathbf{P}$ のもとで標準 Brown 運動とする．$T_{a,b}$ を傾斜線 $a+bt$ のヒッティング・タイムとする．すなわち，
$$T_{a,b}=\inf\{t\geq 0:\ W_t=a+bt\}$$
とする．命題 3.1 で，$\theta>0$ と $a>0$ と $b\geq 0$ に対して
$$\mathbf{E}[\exp(-\theta T_{a,b})]=\exp(-a(b+\sqrt{b^2+2\theta}))$$
となることを示した．この問題の目的は，Laplace 変換の逆変換をしないで，$T_{a,b}$ の分布を計算することだ．以下では，$\phi(x)=\Phi'(x)$ と
$$\Phi(x)=\int_{-\infty}^{x}\frac{1}{\sqrt{2\pi}}\exp\left(-\frac{y^2}{2}\right)dy$$
とする．

(a) $\mathbf{P}[T_{a,b}<\infty]$ を求めなさい．

(b) $sW_{1/s}$ が W_s と同じ分布をもつことを使って，
$$\mathbf{P}[T_{a,b}\leq t]=\mathbf{P}[\text{ある } s(1/t\leq s<\infty) \text{ に対して } W_s\geq as+b]$$
を示しなさい．

(c) $W_{1/t}$ の値を条件として，上の結果を用いて
$$\mathbf{P}[T_{a,b}\leq t]=\int_{-\infty}^{b+a/t}\mathbf{P}[T_{b-x+a/t,a}<\infty]\phi(\sqrt{t}x)dx+1-\Phi\left(\frac{a+bt}{\sqrt{t}}\right)$$
を示しなさい．

(d) 積分の中に (a) で求めた確率を代入して，
$$\mathbf{P}[T_{a,b}\leq t]=e^{-2ab}\Phi\left(\frac{bt-a}{\sqrt{t}}\right)+1-\Phi\left(\frac{a+bt}{\sqrt{t}}\right)$$
を導きなさい．

15 $\{W_t\}_{t\geq 0}$ は $\mathbf{P}$ のもとで標準 Brown 運動とし，$\{\mathcal{F}_t\}_{t\geq 0}$ をその自然なフィルターとする．以下のどれが $(\mathbf{P},\{\mathcal{F}_t\}_{t\geq 0})$-マルチンゲールとなるか？

(a) $\exp(\sigma W_t)$

(b) cW_{1/c^2} （ここに c は定数とする）

(c) $tW_t - \int_0^t W_s ds$

16 $\{\mathcal{F}_t\}_{0\leq t\leq T}$ を標準 Brown 運動 $\{W_t\}_{0\leq t\leq T}$ に対する自然なフィルターとする．補題 3.10 の 3 は，
$$\mathbf{E}\left[\exp\left(\sigma W_t-\frac{1}{2}\sigma^2 t\right); A\right]=\exp\left(\sigma W_s-\frac{1}{2}\sigma^2 s\right)\mathbf{1}_A, \quad (A\in\mathcal{F}_s)$$
と書き表すことができる．積分記号の中を微分することによって，$\{W_t^2-t\}_{t\geq 0}$ が $(\mathbf{P},\{\mathcal{F}_t\}_{t\geq 0})$-マルチンゲールとなることの別証明をしなさい．そして，以下の過程が $(\mathbf{P},\{\mathcal{F}_t\}_{t\geq 0})$-マルチンゲールとなることを示しなさい．

(a) $W_t^3-3tW_t$

(b) $W_t^4-6tW_t^2+3t^2$

17 $(\Omega,\mathcal{F},\mathbf{P})$ を確率空間とする．実確率変数 $T:\Omega\to\mathbf{R}$ は，$\mathbf{P}$ のもとで $[0,$

1] 上に一様分布すると仮定する．
$$X_t(\omega) = \begin{cases} 1, & T(\omega) = t \\ 0, & T(\omega) \neq t \end{cases}$$
によって $\{X_t\}_{t \geq 0}$ を定義する．このとき，$\{X_t\}_{t \geq 0}$ は自身のフィルターに関して **P**-マルチンゲールとなることを示しなさい（ヒント：条件つき期待値とはほとんどゼロとなる確率変数を除いて一意的に存在する確率変数のことだ）．

T がオプショナル・ストッピング定理が成り立たないストッピング・タイムであることを示しなさい．

18　これまでと同じように，T_a と T_b をそれぞれ **P**-Brown 運動によるレベル a と b の最初のヒッティング・タイムとする．ただし，W_0 は必ずしもゼロとは限らないとする（定義 3.1 の後の注意事項を参照のこと）．もし $a < x < b$ ならば，
$$\mathbf{P}[T_a < T_b | W_0 = x] = \frac{(b-x)}{(b-a)}$$
となることを示しなさい（ランダム・ウォークに対応する結果（命題 2.2）の証明をまねる）．

19　演習問題 18 の記号を流用して，$T = T_a \wedge T_b$ とおく．もし $a < 0 < b$ ならば，
$$\mathbf{E}[T | W_0 = 0] = -ab$$
となることを示しなさい．

第4章

確率解析

　Brown 運動は市場モデルとして適当でないのは明らかだ．特に負の株価を予測するのがその理由である．しかしながら，Brown 運動を変数とする関数を考えることによって，いろいろな可能性のあるモデルを含む広いクラスを構成することができる．Black-Scholes の価格づけ理論で基礎となるモデル，すなわち幾何 Brown 運動は，まさにこのようにしてでき上がった1つだ．このモデルのパスは，Brown 運動から非常に不規則な性質を受け継いでいる．4.1節では，どうして我々に裁定機会に関する議論が変動の大きいパスをもつ株価モデルを強いるのか，その理由がわかる．しかしそれだけでは，幾何 Brown 運動が妥当であることの十分な理由とはならない．とはいえ，4.7節でそれが少なくとも賢明な出発点であることを示唆する議論を展開する．幾何 Brown 運動の欠点に関する詳細な議論は，第7章まで延期する．

　このモデル構成を研究するためには，Brown 運動に基づく微積分を展開しなければならない．このために伊藤の確率解析が本章の中心的テーマとなっているのだ．4.2節では，伊藤積分を定義する．4.3節では，伊藤確率積分に関連した連鎖法則を導いて部分積分法を学ぶ．

　離散の場合と同様に，Black-Scholes の枠組における価格決定とヘッジに対して，2つの主要素が存在する．第1に，割引資産価格がマルチンゲールとなるような確率測度への変換ができることが必要である．このための道具が，4.5節の Girsanov の定理だ．第2に，ヘッジ・ポートフォリオの構築法は2項表現定理の連続的なバージョンで，4.6節のマルチンゲール表現定理に基づ

いている．

　価格決定式は離散の場合と同じように，条件つき請求権の割引期待値の形をしている．Black と Scholes は，この結果をまったく別の考え方（第 5 章演習問題 5 を参照）から得ている．彼らの方法は，価格を偏微分方程式の解として求めている．この方法と確率的アプローチは，4.8 節の Feynman-Kac の表現を通じて結びついている．この表現は，確率微分方程式とある 2 次双曲線型（確定的）偏微分方程式との入り組んだ関係を明らかにしたものだ．

　繰り返しになるが，本章の内容は概観的にならざるを得ない．それでも，ファイナンスに特に強い関心を持つ読者は，本章の証明を省いてもかまわない．また，参考文献として確率微分積分に関する素晴らしいテキストが沢山あるので，困ることはない．これらのうちの何冊かを参考文献にあげておく．

4.1　株価系列は微分できない

　　　Microsoft 社の 6 年 4 か月分と 1 年分の株価系列を図 4.1 に示す．これらの挙動は，時間の関数として特に行儀のよいものとはいえない．価格がたどるパスの推移は，短時間のスケールにおいてさえもきわめて激しく変動する．これまでに，株価が作るパスの不規則性について詳しく調査した研究が数多く見られる．本節では，少なくとも取引費用を課すことなく連続的に取引できるという仮定と，これまでと同じように裁定機会が存在しないという仮定のもとで，Lyons (1995) による純粋に数学的な議論を通じて，株価モデルのパスがいかに激しく変動するかということを検証する．市場には無リスク債券が存在することを引き続き仮定する．

変動の数量化

　　　まず「変動」を数値化する必要があるので，関数 $f : [0, T] \to \mathbf{R}$ の変動を以下のように分割によって定義する．

定義 4.1　　区間 $[0, T]$ の分割を π とし，区間の分割数を $N(\pi)$，分割のメッシュ

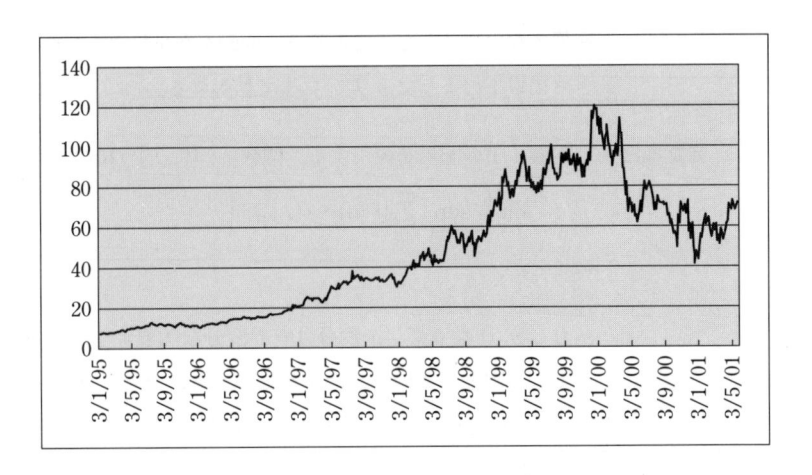

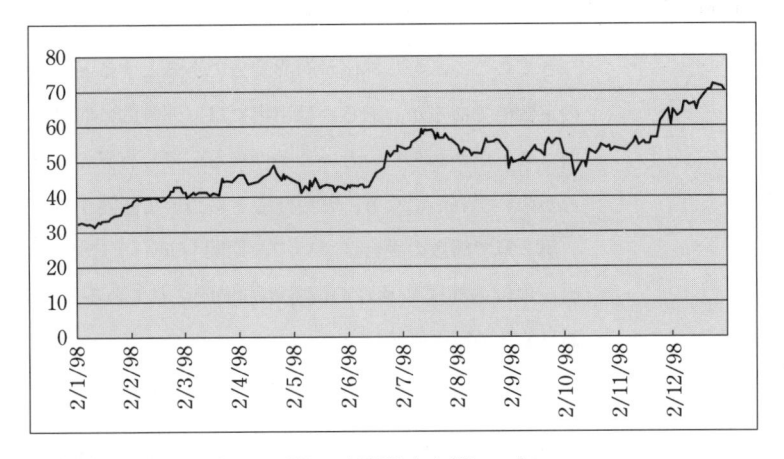

図 4.1 無配当株の長期間（6年4か月間）と短期間（1年間）のグラフ

（分割された区間の最大長さ）を $\delta(\pi)$ とする．そして，分割の端点を $0 = t_0 < t_1 < \cdots < t_{N(\pi)} = T$ とおく．このとき，f の**変分**を

$$\lim_{\delta \to 0} \left\{ \sup_{\pi : \delta(\pi) = \delta} \sum_{j=1}^{N(\pi)} |f(t_j) - f(t_{j-1})| \right\}$$

と定義する．

もし，関数の性質が「行儀のよい」ものであるならば，たとえば微分可能であれば有界な変分をもつ．反面，「激しく」変動するパスの場合は，

有界でない変分となるであろう．変動を数量化するために，この考え方をさらに以下のように p-変分にまで拡張する．

定義 4.2 定義 4.1 の記号を流用する．関数 $f: [0, T] \to \mathbf{R}$ の p-**変分**とは，
$$\lim_{\delta \to 0} \left\{ \sup_{\pi: \delta(\pi)=\delta} \sum_{j=1}^{n(\pi)} |f(t_j) - f(t_{j-1})|^p \right\}$$
のことだ．

もし $p>1$ ならば，p-変分は有界変分な関数より変動の大きい関数に対しても有限となるのだ．大まかにいうと，たとえばオーダーが δ の区間における関数の揺れが $\sqrt{\delta}$ のオーダーならば，有界 2-変分となる．

有界変分と裁定

さてここで，もし株価が有界変分であるとすると，株価は無リスク債券の定数倍であるか，あるいは市場には（連続的に取引ができて，しかも取引コストがかからないという条件のもとで）有界でない裁定機会が存在するかのいずれかになる，ということについて議論する．

第 2 章で離散の場合について，期間 $[i\delta t, (i+1)\delta t)$ のポートフォリオが ϕ_{i+1} 単位の株式と ψ_{i+1} の債券から構成されているとき，時点 $N\delta t = T$ におけるその割引価値は

$$\tilde{V}_N = V_0 + \sum_{j=0}^{N-1} \phi_{j+1}(\tilde{S}_{j+1} - \tilde{S}_j) \tag{4.1}$$

となることを式 (2.5) で示した．ここで，ϕ_{j+1} の値は時点 $j\delta t$ で既知であり，通常は $\tilde{S}_j$ の関数である．連続の場合には，もし株価過程が有界変分ならば取引区間 δt をゼロにもっていくことができて，$\delta t \to 0$ のとき式 (4.1) の Riemann 和は Riemann 積分

$$\int_0^T \phi_t(\tilde{S}_t) d\tilde{S}_t$$

に収束する．ここに，ϕ_t は時点 t で所有する株式の単位数である．これは，$\{\phi_t(\cdot)\}_{0 \leq t \leq T}$ の任意の選択に対して時点 T での割引価値が

$$V_0 + \int_0^T \phi_t(\tilde{S}_t) d\tilde{S}_t$$

となる自己資金調達ポートフォリオを構築できることを示しているのだ．

今，$x=S_0$ の近くでは小さい値をとり，その他では非常に大きい値をとる微分可能な関数 F を選んで，$\phi(x)=F'(x)$ とおく．そして，時点ゼロで $F(S_0)$ を投資して，時点 t で株を $\phi(\tilde{S}_t)$ 単位含む自己資金調達ポートフォリオを保有すると，時点 T で割引価値が，

$$F(S_0)+\int_0^T F'(\tilde{S}_t)d\tilde{S}_t$$

となるポートフォリオを生成できる．この値は，微積分学の基本定理から $F(\tilde{S}_T)$ となるのは明らかだ．

よって，資産を増やすためには割引株価が S_0 から離れるのをただ待っているだけでよい．たとえば，時点 t で株式を $(\tilde{S}_t-\tilde{S}_0)$ 単位所有するという戦略をとると，時点 T では

$$e^{rT}\int_0^T (\tilde{S}_t-\tilde{S}_0)d\tilde{S}_t = e^{rT}(\tilde{S}_T-\tilde{S}_0)^2$$

単位の資産を生み出すことになる（ここで e^{rT} を乗じて割引を「帳消」にした）．

したがって，無裁定の場合には株価のパスが有界変分であることを期待することはできないのだ．事実 Lyons が指摘したように，L. C. Young の主張はこのことを拡張したものである：**再び連続的に取引が可能で，しかも取引コストがかからないと仮定する．このとき，もし株価のパスがある $p<2$ について有界 p-変分ならば，いくらでも大きな利益を生み出すことになってしまう．**

4.2 確率積分

4.1 節の議論から株価のモデルとしては，$p<2$ について無限 p-変分であるようなモデルを探すことが適当と思われる．このようなモデルのクラスは基本構成要素として Brown 運動を使って構築されるのだが，そのためには新しい微積分学が必要となる．Brown 運動のパスはあまりにも激しく変動するので，よく知られたニュートン流の微積分では役に立たない．

というのは，仮にできるとすると，微積分学の基本定理によって，我々のモデルの基礎として Brown 運動を再び放棄せざるを得なくなるからだ．

株価に対する微分方程式

一般的に，株価モデルに使われる過程は複数の Brown 運動の関数であるが，ここでは簡単のために，1つの Brown 運動の関数に限定して考える．はじめに，株価の挙動を記述する微分方程式を導くことにする．

株価は，$S_t = f(t, W_t)$ の形をしているものとする．Taylor の定理を使うと（そして f は少なくとも「行儀がよい」として），

$$f(t+\delta t, W_{t+\delta t}) - f(t, W_t) = \delta t \dot{f}(t, W_t) + O(\delta t^2)$$
$$+ (W_{t+\delta t} - W_t) f'(t, W_t)$$
$$+ \frac{1}{2}(W_{t+\delta t} - W_t)^2 f''(t, W_t) + \cdots,$$

を得る．ここで，記号

$$\dot{f}(t, x) = \frac{\partial f}{\partial t}(t, x), \ f'(t, x) = \frac{\partial f}{\partial x}(t, x), \ f''(t, x) = \frac{\partial^2 f}{\partial x^2}(t, x)$$

を用いた．

さて，通常の連鎖法則の導出において $\{W_t\}_{t \geq 0}$ を有界変分の関数で置き換えたとき，右辺の最後の項は $O(\delta t^2)$ のオーダーとなる．ところが，Brown 運動の場合 $\mathbf{E}[(W_{t+\delta t} - W_t)^2]$ は δt だから，2階導関数を含む項を無視することはできない．もちろん，**1階の導関数を含む項**について吟味することも必要だ．もし，$(W_{t+\delta t} - W_t)^2$ が $O(\delta t)$ ならば $(W_{t+\delta t} - W_t)$ は $O(\sqrt{\delta t})$ となるはずで，このことから，$\{S_t\}_{t \geq 0}$ が有界な区間において有界でない変化をすることになってしまう．しかしながら，世の中捨てたものでもない．$(W_{t+\delta t} - W_t)$ の期待値はゼロで，しかもゼロ周りの変動は $\sqrt{\delta t}$ のオーダーなので，中心極限定理に照らして $S_t - S_0$ はきちんと定義された確率変数であるということが考えられる．このことが厳密に示されたとして，$S_t = f(t, W_t)$ を支配する微分方程式は

$$dS_t = \dot{f}(t, W_t)dt + f'(W_t)dW_t + \frac{1}{2}f''(W_t)dt$$

の形をとる．これを次のように積分形式で表現すると便利だ．

$$S_t = S_0 + \int_0^t \dot{f}(s, W_s)ds + \int_0^t f'(W_s)dW_s + \int_0^t \frac{1}{2}f''(W_s)ds \tag{4.2}$$

2次変分

Brown 運動に基礎をおく微積分に意味を与えるためには，式 (4.2) の右辺の**確率積分**（第2番目の積分）に対して，数学的に厳密な解釈が要求される．これを解くカギは，Brown 運動の**2次変分**にある．

典型的な Brown 運動のパスに対してその 2-変分は無限大であるが，少し弱い意味での 2-変分なら確かに**存在**する．

定理 4.1　過程 W_t は $\mathbf{P}$ のもとでの Brown 運動とし，$[0, T]$ の分割 π に対して，

$$S(\pi) = \sum_{j=1}^{N(\pi)} |W_{t_j} - W_{t_{j-1}}|^2$$

とおく．もし，π_n が $\delta(\pi_n) \to 0$ をみたす分割列とすると，$n \to \infty$ のときに

$$\mathbf{E}[|S(\pi_n) - T|^2] \to 0 \tag{4.3}$$

となる．

Brown 運動の**2次変分過程** $\{[W]_t\}_{t \geq 0}$ を $[W]_t = t$ によって定義する．一般的には，任意の有界な連続マルチンゲールに付随する 2 次変分過程を以下のように定義する．

定義 4.3　有界な連続 $\mathbf{P}$-マルチンゲールを $\{M_t\}_{t \geq t}$ とするとき，$\{M_t\}_{t \geq t}$ に付随する **2 次変分過程**とは，以下の条件をみたす確率過程 $\{[M]_t\}_{t \geq 0}$ のことだ．すなわち，$\delta(\pi_n) \to 0$ となる $[0, T]$ の任意の分割列 π_n に対して，

$$\mathbf{E}\left[\left|\sum_{j=1}^{N(\pi_n)} |M_{t_j} - M_{t_{j-1}}|^2 - [M]_T\right|^2\right] \to 0 \quad (n \to \infty) \tag{4.4}$$

が成り立つ．

注意事項　ここでは証明なしに，式 (4.4) の極限が分割の取り方には依存しないという事実だけを述べておく．　■

定理 4.1 の証明　式 (4.3) の期待値内部の表現を展開して，その上で正規分布の性質を使う．分割 π_n の端点の集合を $\{t_{n,j}\}_{j=0}^{N(\pi_n)}$ とすると，

$$|S(\pi_n) - T|^2 = \left| \sum_{j=1}^{N(\pi_n)} \{|W_{t_{n,j}} - W_{t_{n,j-1}}|^2 - (t_{n,j} - t_{n,j-1})\} \right|^2$$

と表される．$\delta_{n,j} = |W_{t_{n,j}} - W_{t_{n,j-1}}|^2 - (t_{n,j} - t_{n,j-1})$ と略記して，

$$|S(\pi_n) - T|^2 = \sum_{j=1}^{N(\pi_n)} \delta_{n,j}^2 + 2 \sum_{j<k} \delta_{n,j} \delta_{n,k}$$

と書き直す．Brown 運動は独立増分をもつことから，

$$\mathbf{E}[\delta_{n,j} \delta_{n,k}] = \mathbf{E}[\delta_{n,j}] \mathbf{E}[\delta_{n,k}] = 0, \quad (j \neq k)$$

となることに注意．また，

$$\mathbf{E}[\delta_{n,j}^2] = \mathbf{E}[|W_{t_{n,j}} - W_{t_{n,j-1}}|^4 \\ - 2|W_{t_{n,j}} - W_{t_{n,j-1}}|^2 (t_{n,j} - t_{n,j-1}) + (t_{n,j} - t_{n,j-1})^2]$$

と表される．さらに，平均値ゼロと分散 λ の正規分布をもつ確率変数 X に対して，第 3 章演習問題 5 から $\mathbf{E}[|X|^4] = 3\lambda^2$ となるので，

$$\mathbf{E}[\delta_{n,j}^2] = 3(t_{n,j} - t_{n,j-1})^2 - 2(t_{n,j} - t_{n,j-1})^2 + (t_{n,j} - t_{n,j-1})^2$$
$$= 2(t_{n,j} - t_{n,j-1})^2$$
$$\leq 2\delta(\pi_n)(t_{n,j} - t_{n,j-1})$$

を得る．両辺を j について和をとってから極限操作を行うと，

$$\mathbf{E}[|S(\pi_n) - T|^2] \leq 2 \sum_{j=1}^{N(\pi_n)} \delta(\pi_n)(t_{n,j} - t_{n,j-1})$$
$$= 2\delta(\pi_n) T$$
$$\to 0 \quad (n \to \infty)$$

となる．　■

Brown 運動の Brown 運動による積分

上の結果から，積分 $\int_0^T f(s, W_s) dW_s$ を定義するには古典的方法では不十分で，収束する単関数の積分列の極限によって定義する Lebesgue 積分

の構成法を原則的に模倣すればよいことがわかる．ただし $\int_0^T \mathbf{E}[f(s, W_s)^2]ds < \infty$ として，極限の存在は L^2 の意味とするのだ．つまり，関数 f に収束する単関数列を $\{f^{(n)}\}_{n \geq 1}$ とするとき，積分 $\int_0^T f(s, W_s)dW_s$ とは，

$$\mathbf{E}\left[\left|\int_0^T f(s, W_s)dW_s - \int_0^T f^{(n)}(s, W_s)dW_s\right|^2\right] \to 0 \ (n \to \infty)$$

をみたす確率変数のことだ．これは，2-変分という概念を定義 4.3 の 2 次変分に置き換えることに対応する．

積分の構成法としては似ているように見えるけれども，その振る舞いはこれまでのものとかなり違う．まずこのことを，積分 $\int_0^T W_s dW_s$ の定義によって示そう．

古典的な積分論に慣れている読者には，

$$\int_0^T f(s, x_s)dx_s = \lim_{\delta(\pi) \to 0} \sum_{j=0}^{N(\pi)-1} f(t_j, x_{t_j})(x_{t_{j+1}} - x_{t_j}) \tag{4.5}$$

という考え方は親しみやすいに違いない．そこで，確率積分を同様に定義する．つまり，

$$\int_0^T W_s dW_s = \lim_{\delta(\pi) \to 0} \sum_{j=0}^{N(\pi)-1} W_{t_j}(W_{t_{j+1}} - W_{t_j})$$

とするのである．ただし，極限は L^2 の意味でのみ存在することに注意すること．

ここで，定理 4.1 の $S(\pi)$ という量について再度考えてみる．

$$\begin{aligned} S(\pi) &= \sum_{j=1}^{N(\pi)} (W_{t_j} - W_{t_{j-1}})^2 \\ &= \sum_{j=1}^{N(\pi)} \{(W_{t_j}^2 - W_{t_{j-1}}^2) - 2W_{t_{j-1}}(W_{t_j} - W_{t_{j-1}})\} \\ &= W_T^2 - W_0^2 - 2\sum_{j=0}^{N(\pi)-1} W_{t_j}(W_{t_{j+1}} - W_{t_j}) \end{aligned}$$

左辺は（定理 4.1 から）$\delta(\pi) \to 0$ のとき T に収束するので，$\delta(\pi) \to 0$ として式変形すると，

$$\int_0^T W_s dW_s = \frac{1}{2}(W_T^2 - W_0^2 - T)$$

を得る．

注意事項 これは，古典的な積分論から予想される結果では**ない**ことに注意．というのは，上の積分には $\lim_{\delta(\pi)\to 0} S(\pi)$ から派生する余分な項が現れている． ∎

積分の定義

式 (4.5) において，区間 $(t_j, t_{j+1}]$ での f の近似値として $f(t_j, x_{t_j})$ を使った．古典的な理論では，t_j の代わりにその区間の任意の点を採用しても，極限を取った結果は同一だった．ところが，確率積分の場合はこれが当てはまらないのだ．演習問題 3 で，以下の 2 つの極限を求めることを要求している．

(a) $\displaystyle \lim_{\delta(\pi)\to 0} \sum_{j=0}^{N(\pi)-1} W_{t_j}(W_{t_{j+1}} - W_{t_j})$

(b) $\displaystyle \lim_{\delta(\pi)\to 0} \sum_{j=0}^{N(\pi)-1} \left(\frac{W_{t_j} + W_{t_{j+1}}}{2}\right)(W_{t_{j+1}} - W_{t_j})$

関数 f を近似する分割区間での代表点の選び方によって，いろいろな積分が得られる．たとえば，関数 $f(s, W_s)$ の W_s に関する**伊藤積分**は (**P**-確率ゼロの集合を除いて)，

$$\int_0^T f(s, W_s) dW_s = \lim_{\delta(\pi)\to 0} \sum_{j=0}^{N(\pi)-1} f(t_j, W_{t_j})(W_{t_{j+1}} - W_{t_j}), \tag{4.6}$$

によって定義し，**Stratonovich** (**ストラトノビッチ**) **積分**は，

$$\int_0^T f(s, W_s) \circ dW_s = \lim_{\delta(\pi)\to 0} \sum_{j=0}^{N(\pi)-1} \left(\frac{f(t_j, W_{t_j}) + f(t_j, W_{t_{j+1}})}{2}\right)(W_{t_{j+1}} - W_{t_j})$$

で定義する．極限はともに L^2 の意味でとる．ストラトノビッチ積分は，ニュートン流の積分法則が成り立つという観点から有利である (演習問題 8 参照)．しかし，モデル化という観点からすると，少なくとも私たちの目的からしてこれを選択するのは**誤り**だ．その理由を知るために，無限小期間の上で何が起こっているかを考えてみよう．たとえば，ポートフォリオの価値をモデル化する場合は，区間の「始点」においてポートフォリオを再構築して，その後の無限小時間における値の変化については何の制御

もできないのだ．ストラトノビッチ積分では，それぞれ期間の始点の株価と終点の価格に依存する2つの値の平均をもとにして，「現時点」でポートフォリオを組み替えることができるというのだ．ところが，実際は投資決定の時点でそのような情報を得ることはできない．

以下の議論は，離散の場合の単なる繰り返しである．連続の場合も，ポートフォリオの構築は**可予測**とする．

定義 4.4 フィルター $\{\mathcal{F}_t\}_{t\geq 0}$ が与えられているとき，確率過程 $\{X_t\}_{t\geq 0}$ が $\{\mathcal{F}_t\}_{t\geq 0}$-**可予測**，または $\{\mathcal{F}_t\}_{t\geq 0}$-**可予見**であるというのは，すべての t について X_t が $\mathcal{F}_{t-}$-可測であることだ．ここに，

$$\mathcal{F}_{t-} = \bigcup_{s<t} \mathcal{F}_s$$

とする．

注意事項 もし，$\{X_t\}_{t\geq 0}$ が $\{\mathcal{F}_t\}_{t\geq 0}$-可測で左連続（とくに連続）ならば，自動的に可予測となる．

伊藤積分の被積分関数は，常に可予測と仮定する．

単関数の積分

すでに Brown 運動を被積分関数とする特別な場合について，伊藤積分を求めた．一般的には古典的な設定方法と同じように，はじめに単関数の積分を定義してから，これを基礎にレパートリーを広げるというものだ．以下では，$\{W_t\}_{t\geq 0}$ はフィルター $\{\mathcal{F}_t\}_{t\geq 0}$ を生成する **P**-Brown 運動と仮定する．

定義 4.5 単関数とは，

$$f(s, \omega) = \sum_{i=1}^{n} a_i(\omega) \mathbf{1}_{I_i}(s)$$

と表される関数のことだ．ここに，

$$I_i = (s_i, s_{i+1}], \quad \bigcup_{i=1}^{n} I_i = (0, T], \quad I_i \cap I_j = \emptyset \ (i \neq j)$$

で，各 $i=1,\cdots,n$ に対して $a_i: \Omega \to \mathbf{R}$ は $\mathbf{E}[a_i(\omega)^2]<\infty$ をみたす $\mathcal{F}_{s_i}$-可測確率変数とする．

注意事項　記号 Ω について言及しないという約束を一時的に破ってしまったが，この記号法には，たとえば a_i は W_{s_i} の関数であるとか，あるいは a_i は $\{W_r\}_{0\le r \le s_i}$ の関数であるなどということを思い出させてくれる利点がある．　■

> **警告**：本書では単関数を $\{\mathcal{F}_t\}_{t\ge 0}$-可予測であると定義したが，他のテキストではこのような関数のことを**単純可予測関数**とよんでいる．

もし f が単関数ならば，$f(s,\omega)\mathbf{1}_{[0,t]}(s)$ も単関数である．そこで
$$\int_0^t f(s,\omega)dW_s = \int f(s,\omega)\mathbf{1}_{[0,t]}(s)dW_s$$
と定義する．式(4.6)から，
$$\int_0^t f(s,\omega)dW_s \triangleq \sum_{i=1}^n a_i(\omega)\mathbf{1}_{[0,t]}(s_i)(W_{s_{i+1}\wedge t}-W_{s_i})$$
となる．さて，古典的な積分論と同様に，一般的な（可予測）関数 f に対して $n\to\infty$ のとき $f^{(n)}\to f$ となる単関数列 $\{f^{(n)}\}_{n\ge 1}$ が存在するので，f の $\{W_s\}_{0\le s\ge t}$ に関する積分としてもし極限が存在するなら，$\lim_{n\to\infty}\int f^{(n)}(s,\omega)dW_s$ と定義すればよい．これは，任意の関数 f に対して成り立つわけではない．次の補題から，極限の存在が期待される関数の空間を特定することが可能になる．

補題 4.1　関数 f は単関数とする．このとき以下が成り立つ．

1　過程
$$\int_0^t f(s,\omega)dW_s$$
は，連続な $(\mathbf{P},\{F_t\}_{t\ge 0})$-マルチンゲール

2　$\mathbf{E}\left[\left(\int_0^t f(s,\omega)dW_s\right)^2\right] = \int_0^t \mathbf{E}[f(s,\omega)^2]ds$

$$3 \quad \mathbf{E}\left[\sup_{t\leq T}\left(\int_0^t f(s,\omega)dW_s\right)^2\right]\leq 4\int_0^T \mathbf{E}[f(s,\omega)^2]ds$$

注意事項　第2の主張は，有名な**伊藤の等長性**である．これは，区間 $[0,1]$ 上の積分の定義を $\int_0^t \mathbf{E}[f(s,\omega)^2]ds<\infty$ をみたす可予測関数に拡張できることを示唆するものだ．さらに，そのような関数に対して3つの主張すべてが成り立つ．実際にはもう少し定義を拡張できるのだが，その場合の積分は，我々にとって重要な意味をもっているマルチンゲール性が失われてしまう．

補題 4.1 を証明する前に，Doob の有名な結果を引用しておく．

定理 4.2　**Doob の不等式**：もし，$\{M_t\}_{0\leq t\leq T}$ が連続マルチンゲールならば，
$$\mathbf{E}\left[\sup_{0\leq t\leq T} M_t^2\right]\leq 4\mathbf{E}[M_T^2]$$
が成り立つ．

この驚くべき定理の証明は，たとえば Chung-Williams (1990) に見ることができる．

補題 4.1 の証明　第1の主張は，演習問題5にある．第3の主張は，第2の主張から Doob の不等式を適用すると証明できるので，ここでは第2の主張だけを証明する．

記述を簡単にするために，定義 4.5 で用いた記号を流用する．単関数を
$$f(s,\omega)=\sum_{i=1}^n a_i(\omega)\mathbf{1}_{I_i}(s)$$
とおく．ここに，区間 I_i は排反で $\bigcup_{i=1}^n I_i=(0,t]$ とする．定義から
$$\int_0^t f(s,\omega)dW_s=\sum_{i=1}^n a_i(\omega)(W_{s_{i+1}}-W_{s_i})$$
が得られ，よって
$$\mathbf{E}\left[\left(\int_0^t f(s,\omega)dW_s\right)^2\right]=\mathbf{E}\left[\left(\sum_{i=1}^n a_i(\omega)(W_{s_{i+1}}-W_{s_i})\right)^2\right]$$

$$= \mathbf{E}\Big[\sum_{i=1}^{n} a_i^2(\omega)(W_{s_{i+1}} - W_{s_i})^2\Big]$$
$$+ 2\mathbf{E}\Big[\sum_{i>j}^{n} a_i(\omega)a_j(\omega)(W_{s_{i+1}} - W_{s_i})(W_{s_{j+1}} - W_{s_j})\Big]$$

となる．$j > i$ を仮定して，条件つき期待値の積み重ね原理によって

$$\mathbf{E}[a_i(\omega)a_j(\omega)(W_{s_{i+1}} - W_{s_i})(W_{s_{j+1}} - W_{s_j})]$$
$$= \mathbf{E}[a_i(\omega)a_j(\omega)(W_{s_{i+1}} - W_{s_i})\mathbf{E}[(W_{s_{j+1}} - W_{s_j})|\mathcal{F}_{s_j}]] = 0$$

さらに，
$$\mathbf{E}\Big[\sum_{i=1}^{n} a_i^2(\omega)(W_{s_{i+1}} - W_{s_i})^2\Big] = \mathbf{E}[a_i^2(\omega)\mathbf{E}[(W_{s_{i+1}} - W_{s_i})^2|\mathcal{F}_{s_i}]]$$
$$= \mathbf{E}[a_i^2(\omega)](s_{i+1} - s_i)$$

となる．これらを代入すると

$$\mathbf{E}\Big[\Big(\int_0^t f(s, \omega) dW_s\Big)^2\Big] = \sum_{i=1}^{n} \mathbf{E}[a_i^2(\omega)](s_{i+1} - s_i)$$
$$= \int_0^t \mathbf{E}[f(s, \omega)^2] ds$$

となり，証明すべき式が得られる．■

表記法　関数 $f : \mathbf{R}_+ \times \Omega \to \mathbf{R}$ の内で，$0 \le t \le T$ において $f(t, \omega)$ が $\{\mathcal{F}_t\}_{t \ge 0}$-可測で，かつ

$$\int_0^T \mathbf{E}[f(s, \omega)^2] ds < \infty$$

をみたすものの全体を $\mathcal{K}_T$ と表すことにする．

伊藤積分の構成

　実は，この $\mathcal{K}_T$ が積分可能な関数のクラスとなるのだ．すでに述べたように，関数 $f \in \mathcal{K}_T$ を単関数列 $\{f^{(n)}\}_{n \ge 1}$ で近似して，

$$\int_0^t f(s, \omega) dW_s \triangleq \lim_{n \to \infty} \int_0^t f^{(n)}(s, \omega) dW_s$$

と定義する．

　このようにすることが実際に有効であることを，次の定理が保証してくれる．

定理 4.3 過程 $\{W_t\}_{t\geq 0}$ は $\mathbf{P}$-Brown 運動とし，$\{\mathcal{F}_t\}_{t\geq 0}$ をその自然なフィルターとする．このとき，$\mathcal{K}_T$ から $[0, T]$ 上で定義された連続な $(\mathbf{P}, \{\mathcal{F}_t\}_{t\geq 0})$-マルチンゲールの空間への線形写像 J が存在して，以下の条件をみたす．

1 もし，f が単純関数で $t \leq T$ ならば
$$J(f)_t = \int_0^t f(s, \omega) dW_s$$

2 もし，$t \leq T$ ならば
$$\mathbf{E}[J(f)_t^2] = \int_0^t \mathbf{E}[f(s, \omega)^2] ds$$

3 $\mathbf{E}\left[\sup_{0\leq t\leq T} J(f)_t^2\right] \leq 4\int_0^T \mathbf{E}[f(s, \omega)^2] ds$

証明 最後の不等式は，$\{J(f)_t\}_{0\leq t\leq T}$ が $\mathbf{P}$-マルチンゲールであることが示されれば，Doob の不等式によって第 2 の等式から導かれる．そこで，上で概略を述べた近似的手法によって J を定義して，最初の 2 つの主張を証明する[†]．

まず $\{f^{(n)}\}_{n\geq 1}$ は，
$$\mathbf{E}\left[\int_0^t |f(s, \omega) - f^{(n)}(s, \omega)|^2 ds\right] \to 0 \quad (n \to \infty)$$
をみたす単関数列とする．2 つの単関数の差は単関数であるから，補題 4.1 を適用して
$$\mathbf{E}\left[\sup_{0\leq t\leq T} (J(f^{(n)})_t - J(f^{(m)})_t)^2 ds\right] \leq 4\int_0^T \mathbf{E}[|f^{(n)}(s, \omega) - f^{(m)}(s, \omega)|^2] ds$$
$$\to 0 \quad (n, m \to \infty) \tag{4.7}$$
となる．そこで，極限 $\lim_{n\to\infty} J(f^{(n)})_t$ を $J(f)_t$ の定義とする．式 (4.7) から，極限は，$\mathbf{P}$-確率ゼロの集合上を除いて $0 \leq t \leq T$ に関して**一様**に存在する．極限が存在しないところでは，$J(f)_t$ を恒等的にゼロとおくことにする．また，

[†] (訳者註) J が $\mathcal{K}_T$ 上の線形写像であることは，まず単関数について線形性が成り立つことを示して，次に $\mathcal{K}_T$ 上の関数に対しては単関数で近似して拡張する

$$\mathbf{E}[J(f)_t^2] = \lim_{n\to\infty} \mathbf{E}[J(f_t^{(n)})^2] = \lim_{n\to\infty} \int_0^t \mathbf{E}[f^{(n)}(s,\omega)^2] ds = \int_0^t \mathbf{E}[f(s,\omega)^2] ds$$

となるのは明らかである.よって,あとはマルチンゲール性を示せばよい.

さて,(第2章演習問題16で述べた) Jensen の不等式(これは条件つき期待値に対しても成り立つ)から,

$$\mathbf{E}[|\mathbf{E}[J(f^{(n)})_t|\mathcal{F}_s] - \mathbf{E}[J(f)_t|\mathcal{F}_s]|^2] = \mathbf{E}[\mathbf{E}[J(f^{(n)})_t - J(f)_t|\mathcal{F}_s]^2]$$
$$\leq \mathbf{E}[\mathbf{E}[|J(f^{(n)})_t - J(f)_t|^2|\mathcal{F}_s]]$$
$$= \mathbf{E}[|J(f^{(n)})_t - J(f)_t|^2]$$
$$\to 0 \quad (n\to\infty)$$

そして,

$$J(f^{(n)})_s = \mathbf{E}[J(f^{(n)})_t|\mathcal{F}_s]$$

となることを使い,極限をとることによって

$$\mathbf{E}[(J(f)_s - \mathbf{E}[J(f)_t|\mathcal{F}_s])^2] = 0$$

となる.これは,

$$J(f)_s = \mathbf{E}[J(f)_t|\mathcal{F}_s] \quad \mathbf{P}\text{-}a.s.$$

を意味していて,ほとんど確実にマルチンゲール性が成り立つことを示している.さらに,「ほとんど確実に」という制限を取り除くために,すべての $s,t\in\mathbf{Q}$ に対してマルチンゲール性が成り立つ $J(f)$ のバージョンを選ぶ($\mathbf{P}$-測度ゼロの集合上で $J(f)$ を再定義するとこのようにできる).$J(f)$ は連続関数(あるいは恒等的にゼロ)の一様収束極限だから連続となるので,こうして選んだバージョンはすべての s,t についてマルチンゲール性をみたすことになる.∎

定義 4.6　$f\in\mathcal{K}_T$ に対して

$$J(f)_t = \int_0^t f(s,\omega) dW_s$$

と表して,f の $\{W_t\}_{t\geq 0}$ に関する**伊藤確率積分**という.

確率積分 $J(f)$ は,先に述べた式 (4.6) と $\mathbf{P}$-確率ゼロの集合上を除いて一致することを注意しておく.

その他の積分

これまでは Brown 運動に関する確率積分を定義してきたが, $X_t = W_t + A_t$ と表される任意の過程 $\{X_t\}_{t \geq 0}$ に関する積分にまで容易に拡張することができる. ここに, $\{W_t\}_{t \geq 0}$ は Brown 運動で, $\{A_t\}_{t \leq 0}$ は有界変分の連続過程とする. このような場合, $\{X_t\}_{t \geq t \geq 0}$ に関する積分は二つの部分, すなわち Brown 運動に関する積分と $\{A_t\}_{t \geq 0}$ に関する積分の和として定義する. 後者は古典的な意味で存在する. さらに, Brown 運動そのものもマルチンゲールで置き換えることが可能である. 次の目標は, これを示すことだ.

過程 $\{M_t\}_{t \geq 0}$ は, 各 $t>0$ に対して $\mathbf{E}\{M_t^2\}<\infty$ をみたす連続な $(\mathbf{P}, \{F_t\}_{t \geq 0})$-マルチンゲールとする. Brown 運動に関する伊藤積分の類推から, 単関数

$$f(s,\omega) = \sum_{i=1}^{n} a_i(\omega) \mathbf{1}_{I_i}(s)$$

に対して

$$\int f(s,\omega) dM_s \triangleq \sum_{i=1}^{n} a_i(\omega)(M_{s_{i+1}} - M_{s_i})$$

と定義して, 極限をとることにより, すべての $f \in \mathcal{K}_T^M$ に対して

$$J^M(f)_t = \int f(s,\omega) dM_s$$

が定義できる. ここに, $\mathcal{K}_T^M$ は可予測関数 $f: \mathbf{R}_+ \times \mathbf{R} \to \mathbf{R}$ で,

$$\int_0^T \mathbf{E}[f(s,\omega)^2] d[M]_s < \infty$$

をみたす集合のことだ. 必要ならば, $\mathbf{P}$-測度ゼロの集合上で $J^M(f)_t$ を再定義することによって, 定理 4.3 と同等な次の定理を得る.

定理 4.4　過程 $\{M_t\}_{t \geq 0}$ は各 $t>0$ に対して, $\mathbf{E}[M_t^2]<\infty$ をみたす有界連続な $(\mathbf{P}, \{\mathcal{F}_t\}_{t \geq 0})$-マルチンゲールとする. このとき, $\mathcal{K}_T^M$ から $[0, T]$ で定義された連続な $(\mathbf{P}, \{\mathcal{F}_t\}_{t \geq 0})$-マルチンゲールの空間への線形写像 J^M が存在して, 以下の性質をみたす.

> 1. もし f が単純関数ならば，
> $$J^M(f)_t = \int_0^t f(s,\omega)dM_s = \int f(s,\omega)\mathbf{1}_{[0,t]}(s)dM_s$$
> 2. もし $t \leq T$ ならば，
> $$\mathbf{E}[J^M(f)_t^2] = \left[\int_0^t f(s,\omega)^2 d[M]_s\right]$$
> ここに，$\{[M]_t\}_{t\geq 0}$ は $\{M_t\}_{t\geq 0}$ に付随する2次変分過程である．
> 3. $\mathbf{E}\left[\sup_{0\leq t\leq T} J^M(f)_t^2\right] \leq 4\mathbf{E}\left[\int_0^t f(s,\omega)^2 d[M]_s\right]$

$\mathbf{P}$-測度ゼロの集合上を除いて，
$$\int_0^t f(s,\omega)dM_s = \lim_{\delta(\pi)\to 0} \sum_{i=0}^{N(\pi)-1} f(s_i,\omega)\mathbf{1}_{[0,t]}(s)(M_{s_{i+1}} - M_{s_i})$$
が成り立つ．今やこの積分の定義は，さらに $\mathbf{E}[M_t^2]<\infty$ をみたす連続マルチンゲール $\{M_t\}_{t\geq 0}$ と有界変分な過程 $\{A_t\}_{t\geq 0}$ に対して，$X_t = M_t + A_t$ と表される任意の過程 $\{X_t\}_{t\geq 0}$ に拡張することも可能だ．

この一般化を有効に活用すると，以下に述べる有界変分なマルチンゲールは一定であるという有用な補題4.2を証明できる．

定義 4.7 $\{M_t\}_{t\geq 0}$ は連続マルチンゲールで，$\{A_t\}_{t\geq 0}$ は有界変分な過程とする．このとき，$X_t = M_t + A_t$ で定義される過程 $\{X_t\}_{t\geq 0}$ のことを**セミマルチンゲール**という．

連続なセミマルチンゲールとは，このように分解できる任意の過程のことで，$A_0 = 0$ とすれば分解は一意的となる．

注意事項 厳密には定義4.7において，「マルチンゲール」を「ローカル・マルチンゲール」と置き換えるべきである．さらに一般的な扱いについては，Ikeda & Watanabe (1989) や Chung & Williams (1990) を参照のこと．

補題 4.2 $\{A_t\}_{t\geq 0}$ は各 $0\leq t\leq T$ について，$\mathbf{E}[A_t^2]<\infty$ をみたす連続な $(\mathbf{P}_1 \{\mathcal{F}_t\}_{0\leq t\leq T})$-マルチンゲールとする．もし，$\{A_t\}_{0\leq t\leq T}$ が $[0,T]$ 上で有

界変分ならば，
$$\mathbf{P}[A_t = A_0, \ \forall t \in [0, T]] = 1$$
が成り立つ．

証明 $\hat{A}_t = A_t - A_0$ とおく．$\{\hat{A}_t\}_{0 \le t \le T}$ は有界変分な連続過程であるから，古典的な方法で積分 $\int_0^t \hat{A}_s d\hat{A}_s$ を定義できる．そして，微積分の基本定理から
$$\hat{A}_t^2 - \hat{A}_0^2 = \hat{A}_t^2 = 2\int_0^t \hat{A}_s d\hat{A}_s$$
となる．この積分は，古典的な積分とみなしても確率積分とみなしても同じものだ．よって，定理4.4からマルチンゲールであることがわかり，その結果
$$\mathbf{E}\left[2\int_0^t \hat{A}_s d\hat{A}_s\right] = 0$$
となる．したがって，すべての t について $\mathbf{E}[\hat{A}_t^2] = 0$ であり，$\{\hat{A}\}_{0 \le t \le T}$ の連続性から $\mathbf{P}[\hat{A}_t = 0, \ \forall t \in [0, T]] = 1$ を得られる． ∎

4.3 伊藤の公式

さて，確率積分の意味を理解したところで，伊藤確率微積分についていくつかの法則をあげておく．はじめに，連鎖法則とそれから派生するいくつかの法則について考える．

確率連鎖法則

定理4.5 伊藤の公式：変微分 $\dfrac{\partial f}{\partial t}, \dfrac{\partial f}{\partial x}$ および $\dfrac{\partial^2 f}{\partial x^2}$ が存在し，かつ $\dfrac{\partial f}{\partial x} \in \mathcal{H}$ をみたす f に対して，各 t についてほとんど確実に
$$f(t, W_t) - f(0, W_0) = \int_0^t \frac{\partial f}{\partial x}(s, W_s) dW_s + \int_0^t \frac{\partial f}{\partial s}(s, W_s) ds$$

$$+\frac{1}{2}\int_0^t \frac{\partial^2 f}{\partial x^2}(s, W_s)ds$$

が成り立つ.

表記法 伊藤の公式は，しばしば次のように微分形式で表される.

$$df(t, W_t)=f'(t, W_t)dW_t+\dot{f}(t, W_t)dt+\frac{1}{2}f''(t, W_t)dt.$$

証明の概略 公式が極端に複雑になるのを避けるために $\dot{f}\equiv 0$ を仮定する（しかし，この証明は一般的な場合に容易に拡張される）. このようにすれば，上の式は

$$f(W_t)-f(W_0)=\int_0^t \frac{\partial f}{\partial x}(W_s)dW_s+\frac{1}{2}\int_0^t \frac{\partial^2 f}{\partial x^2}(s, W_s)ds \quad (4.8)$$

と簡略化される. さて，π を $[0, t]$ の分割とし，これまでと同じように t_j を区間の端点とすると，

$$f(W_t)-f(W_0)=\sum_{j=0}^{N(\pi)-1}(f(W_{t_{j+1}})-f(W_{t_j}))$$

と表される. 分割の各区間の上で Taylor の定理を適用すると，ある $\xi_j\in[W_{t_j}\wedge W_{t_{j+1}}, W_{t_j}\vee W_{t_{j+1}}]$ に対して，

$$f(W_t)-f(W_0)=\sum_{j=0}^{N(\pi)-1}f'(W_{t_j})(W_{t_{j+1}}-W_{t_j})$$
$$+\frac{1}{2}\sum_{j=0}^{N(\pi)-1}f''(\xi_j)(W_{t_{j+1}}-W_{t_j})^2$$

を得る. Brown 運動パスの連続性から，この式は

$$f(W_t)-f(W_0)=\sum_{j=0}^{N(\pi)-1}f'(W_{t_j})(W_{t_{j+1}}-W_{t_j})$$
$$+\frac{1}{2}\sum_{j=0}^{N(\pi)-1}f''(W_{\eta_j})(W_{t_{j+1}}-W_{t_j})^2$$

と書くことができる. ここに，$\eta_j\in[t_j, t_{j+1}]$ である. 右辺の第 2 項を

$$\frac{1}{2}\sum_{j=0}^{N(\pi)-1}(f''(W_{t_j})+\varepsilon_j)(W_{t_{j+1}}-W_{t_j})^2$$

のように書き直す. ここに，$\varepsilon_j=f''(W_{\eta_j})-f''(W_{t_j})$ とした.

4.3 伊藤の公式

特別な場合　導関数 $\frac{\partial^2 f}{\partial x^2}$ は有界とする．すると，各固定した T に対して，写像 $r \mapsto \frac{\partial^2 f}{\partial x^2}(W_r)$ は $[0, T]$ 上で一様連続だから，分割のメッシュがゼロに近づくにつれて $\sup_j \varepsilon_j \to 0$ となる．そこで定理 4.1 の証明を真似て，

$$\mathbf{E}\left[\left|\sum_{j=0}^{N(\pi)-1} f''(W_{t_j})((W_{t_{j+1}}-W_{t_j})^2-(t_{j+1}-t_j))\right|^2\right]$$

$$= \mathbf{E}\left[\sum_{j=0}^{N(\pi)-1} (f''(W_{t_j}))^2 ((W_{t_{j+1}}-W_{t_j})^2-(t_{j+1}-t_j))^2\right]$$

$$+ 2\mathbf{E}\left[\sum_{0 \leq i \leq j \leq N(\pi)-1} f''(W_{t_i})f''(W_{t_j})((W_{t_{i+1}}-W_{t_i})^2-(t_{i+1}-t_i))\right.$$

$$\left. \times ((W_{t_{j+1}}-W_{t_j})^2-(t_{j+1}-t_j))\right] \tag{4.9}$$

のように式を変形する．前と同じように $\frac{\partial^2 f}{\partial x^2}$ の有界性を使うと，式(4.9)の右辺は分割のメッシュをゼロに近づけるとゼロに収束する．

最後に，

$$\sum_{j=0}^{N(\pi)-1} \frac{\partial f}{\partial x}(W_{t_j})(W_{t_{j+1}}-W_{t_j}) \to \int_0^t \frac{\partial f}{\partial x}(W_s) dW_s$$

となること，および連続性から，もし $\frac{\partial^2 f}{\partial x^2}$ が有界ならば，**P**-測度ゼロの集合上を除いて式(4.8)が成り立つ．

一般の場合　導関数 $\frac{\partial^2 f}{\partial x^2}$ は有界であるという仮定を外すために，「数列の局所化」と呼ばれる方法を使う．つまり，

$$\tau_n = \inf\{t \geq 0 : |W_t| > n\}$$

とおいて，$\{W_s\}_{s \geq 0}$ の代わりに $\{W_{s \wedge \tau_n}\}_{s \geq 0}$ を考えると，$\frac{\partial^2 f}{\partial x^2}$ は連続であるから $\left\{\frac{\partial^2 f}{\partial x^2}(W_{s \wedge \tau_n})\right\}_{s \geq 0}$ は一様有界となる．したがって $\{W_s\}_{s \geq 0}$ を $\{W_{s \wedge T_n}\}_{s \geq 0}$ で置き換えると，上で示した特別の場合に帰着する（τ_n がストッピング・タイムであることに注意しよう）．よって，$n \to \infty$ とすることによって証明が完了する．∎

伊藤の公式の詳しい証明については，たとえば Ikeda & Watanabe (1989) や Chung & Williams (1990) を参照のこと．

例 4.1 伊藤の公式を使って $\mathbf{E}[W_t^6]$ を求めよ．

解答 $Z_t = W_t^6$ とおいて $\{Z_t\}_{t \geq 0}$ を定義すると，伊藤の公式によって
$$dZ_t = 6W_t^5 dW_t + 15W_t^4 dt$$
が得られる．もちろん $Z_0 = 0$ だ．これを積分形式で表すと，
$$Z_t - Z_0 = \int_0^t 6W_s^5 dW_s + \int_0^t 15W_s^4 ds$$
となる．確率積分の期待値は（マルチンゲール性から）ゼロとなるから，
$$\mathbf{E}[Z_t] = \int_0^t 15\mathbf{E}[W_s^4] ds$$
さらに，第3章の演習問題5（あるいは本章の演習問題9）から，$\mathbf{E}[W_s^4] = 3s^2$ となる．これを代入して
$$\mathbf{E}[W_t^6] = \mathbf{E}[Z_t] = 15\int_0^t 3s^2 ds = 15t^3$$
を得る．■

幾何 Brown 運動

幾何 Brown 運動
$$S_t = S_0 \exp(\nu t + \sigma W_t) \tag{4.10}$$
は，連続時間の株価の基本的基準モデルの一つである．ここに，$\{W_t\}_{t \geq 0}$ は標準 **P**-Brown 運動とする．これに対して伊藤の公式を適用すると，
$$dS_t = \sigma S_t dW_t + \left(\nu + \frac{1}{2}\sigma^2\right) S_t dt$$
を得る．この式を S_t の**確率微分方程式**という．このような象徴的な表現を使うことが一般的に行われているが，実際に意味をもつのはもちろん**積分方程式**だ．

補題 4.3 簡単に $\mu = \nu + \sigma^2/2$ と書く．上で定義した幾何 Brown 運動が（**P**,

$\{\mathcal{F}_t\}_{t\geq 0}$-マルチンゲールとなるのは,$\mu=0$のとき,しかもそのときだけである.さらに

$$\mathbf{E}[S_t] = S_0 \exp(\mu t)$$

となる.

証明 幾何 Brown 運動に対する確率微分方程式を積分形式で書くと,

$$S_t = S_0 + \int_0^t \left(\nu + \frac{1}{2}\sigma^2\right) S_s ds + \int_0^t \sigma S_s dW_s \tag{4.11}$$

このとき,$\{S_t\}_{t\geq 0}$ は $(\mathbf{P}, \{F_t\}_{t\geq 0})$-セミマルチンゲールであることに注意すること.これがマルチンゲールとなるのは $\mu=0$ のとき,しかもそのときに限ることを示すためには,このセミマルチンゲールのマルチンゲールと有界変分過程への分解が一意的であることを示せばよい.

まず,$\mu=0$ とする.このとき式(4.11)の第2項の積分はゼロとなる.$\{S_t\}_{t\geq 0}$ は連続性を Brown 運動から引き継いでいて,式(4.10)から適合しているので,定義4.4のあとの注意事項から可予測となり,定理4.3から確率過程式(4.11)はマルチンゲールとなる.

次に,$\{S_t\}_{t\geq 0}$ は $(\mathbf{P}, \{F_t\}_{t\geq 0})$-マルチンゲールとする.2つの(同一のフィルターに関する)マルチンゲールの差はまたマルチンゲールであるから,

$$A_t = S_t - S_0 - \int_0^t \sigma S_s dW_s = \int_0^t \mu S_s ds$$

で定義される過程 $\{A_t\}_{t\geq 0}$ はマルチンゲールだ.この古典的な積分は有界変分だから,補題4.2から確率1で $A_0=0$ に等しい.よって,すべての s について $S_s>0$ であることから,$\mu=0$ となる.

第2の主張を示すために式(4.11)の両辺の期待値をとり,確率積分の項は平均値ゼロのマルチンゲールであることを使うと,

$$\mathbf{E}[S_t] - S_0 = \mathbf{E}\left[\int_0^t \mu S_s ds\right] = \int_0^t \mu \mathbf{E}[S_s] ds$$

(上式において時間に関する積分と期待値との順序交換は,古典的な積分論によって正当化される).この積分方程式を解くと,

$$\mathbf{E}[S_t] = S_0 \exp(\mu t)$$

となる． ∎

幾何 Brown 運動の伊藤公式

幾何 Brown 運動 $\{S_t\}_{t\geq 0}$ を直接扱えるような伊藤の公式があると便利である（そうすれば，$f(t, S_t)$ に対する確率微分方程式を得ることができるからだ）．すでに見たように，ヒューリスティックな計算法を厳密化する方法がわかっているので，以下のように進めても問題ない．

$$f(t+\delta t, S_{t+\delta t}) - f(t, S_t) \approx \dot{f}(t, S_t)\delta t + f'(t, S_t)(S_{t+\delta t} - S_t)$$
$$+ \frac{1}{2}f''(t, S_t)(S_{t+\delta t} - S_t)^2$$
$$\approx \dot{f}(t, S_t)dt + f'(t, S_t)dS_t$$
$$+ \frac{1}{2}f''(t, S_t)\{\sigma^2 S_t^2 dW_t^2 + \mu^2 S_t^2 dt^2$$
$$+ 2\sigma\mu S_t^2 dW_t dt\}$$

すなわち，

$$df(t, S_t) = \dot{f}(t, S_t)dt + f'(t, S_t)dS_t + \frac{1}{2}f''(t, S_t)\sigma^2 S_t^2 dt$$

となる．ここで，次の掛け算表を使った．

×	dW_t	dt
dW_t	dt	0
dt	0	0

この伊藤の公式を積分形式で表すと，次のようになる．

$$f(t, S_t) - f(0, S_0) = \int_0^t \frac{\partial f}{\partial u}(u, S_u)du + \int_0^t \frac{\partial f}{\partial x}(u, S_u)dS_u$$
$$+ \frac{1}{2}\int_0^t \frac{\partial^2 f}{\partial x^2}(u, S_u)\sigma^2 S_u^2 du$$
$$= \int_0^t \frac{\partial f}{\partial u}(u, S_u)du + \int_0^t \frac{\partial f}{\partial x}(u, S_u)\sigma S_u dW_u$$
$$+ \int_0^t \frac{\partial f}{\partial x}(u, S_u)\mu S_u du$$
$$+ \frac{1}{2}\int_0^t \frac{\partial^2 f}{\partial x^2}(u, S_u)\sigma^2 S_u^2 du$$

> 警告：過程 $\{S_t\}_{t\geq 0}$ そのものが $\mathbf{P}$-マルチンゲールである特別な $\mu=0$ の場合を除くと，$\{W_t\}_{t\geq 0}$ がマルチンゲールであるような確率 $\mathbf{P}$ のもとで，$\{S_t\}_{t\geq 0}$ に関する確率積分はマルチンゲールにはならないことに注意．だから，実際に**計算**する場合は右辺のように，「確率」積分を展開してマルチンゲール項を分離するのが利口なやり方だ．

例 4.2 $\{S_t\}_{t\geq 0}$ は，
$$dS_t = \mu S_t dt + \sigma S_t dW_t \tag{4.12}$$
をみたす幾何 Brown 運動とする．ここに，$\{W_t\}_{t\geq 0}$ は $\mathbf{P}$ のもとでマルチンゲールである．このとき，$n\in\mathbf{N}$ に対する $\mathbf{E}[S_t^n]$ を求めなさい．

解答 すでに述べた結果から，
$$S_t = S_0 \exp(\nu t + \sigma W_t)$$
は明らか．ここに，$\nu=\mu-\sigma^2/2$ とする．このことから，$\{S_t^n\}_{t\geq 0}$ もパラメータが $\nu^{(n)}=n\nu$ と $\sigma^{(n)}=n\sigma$ の幾何 Brown 運動となるので，補題 4.3 から，
$$\mathbf{E}[S_t^n] = S_0^n \exp\left(\left(n\nu + \frac{1}{2}n^2\sigma^2\right)t\right) = S_0^n \exp\left(\left(n\mu + \frac{1}{2}n(n-1)\sigma^2\right)t\right) \tag{4.13}$$
となる．

少しでも確率微積分に慣れるために，ここでは確率微分方程式(4.12)の（$\{W_t\}_{t\geq 0}$ の関数として表される）陽解が未知であるものとして，この例題をもう一度解いてみよう．この場合，次のように伊藤の公式を使って $\mathbf{E}[S_t^n]$ を求める．まず，
$$d(S_t^n) = nS_t^{n-1}dS_t + \frac{1}{2}n(n-1)S_t^{(n-2)}\sigma^2 S_t^2 dt$$
$$= S_t^n\left(n\mu + \frac{1}{2}n(n-1)\sigma^2\right)dt + n\sigma S_t^n dW_t$$
この方程式を積分形式で表して期待値をとると，
$$\mathbf{E}[S_t^n] - \mathbf{E}[S_0^n] = \int_0^t \left(n\mu + \frac{1}{2}n(n-1)\sigma^2\right)\mathbf{E}[S_s^n]ds$$

となるから，この方程式を解くと式(4.13)が得られる． ∎

Lèvy による Brown 運動の特徴づけ

Lèvy による Brown 運動の特徴づけに到達する早道は，伊藤の公式を使うことだ．Brown 運動がマルチンゲールであることはすでに見たが，逆にマルチンゲールが Brown 運動か否かを見きわめることができると都合がよい．

定理 4.6 $\{W_t\}_{0\leq t\leq T}$ は，$W_0=0$ と $0\leq t\leq T$ に対して $[W]_t=t$ をもつ連続な $(\mathbf{P},\{\mathcal{F}_t\}_{0\leq t\leq T})$-マルチンゲールとする．このとき，$\{W_t\}_{0\leq t\leq T}$ は $(\mathbf{P},\{\mathcal{F}_t\}_{0\leq t\leq T})$-Brown 運動だ．

証明 任意の $0\leq s\leq t\leq T$ に対して，W_t-W_s が平均値ゼロで分散 $t-s$ の正規分布をもち，$\mathcal{F}_s$ と独立であることを示せばよい．まず，

$$M_t \triangleq \exp\left(\theta W_t - \frac{\theta^2}{2}t\right)$$

とおく．これに伊藤の公式を適用すると，$\{M_t\}_{t\geq 0}$ は $(\mathbf{P},\{\mathcal{F}_t\}_{0\leq t\leq T})$-マルチンゲールとなる．よって，$0\leq s\leq t\leq T$ に対して

$$\mathbf{E}\left[\frac{M_t}{M_s}\bigg|\mathcal{F}_s\right]=1$$

が成り立つ．この式に上の定義を代入して式変形すると，

$$\mathbf{E}[\exp(\theta(W_t-W_s))|\mathcal{F}_s]=\exp\left(\frac{1}{2}(t-s)\theta^2\right)$$

となる．正規分布は積率母関数によって特徴づけられるので，この式から結果が得られる． ∎

確率微分方程式

さて，ここで $Z_t=f(t,W_t)$ の形をした過程に戻って考えることにする．伊藤の公式を使うと，

$$dZ_t = \left(\dot{f}(t, W_t) + \frac{1}{2}f''(t, W_t)\right)dt + f'(t, W_t)dW_t$$

となる．f が可逆であるならば，この式は

$$dZ_t = \mu(t, Z_t)dt + \sigma(t, Z_t)dW_t \tag{4.14}$$

と書くことができる．

定義 4.8 $\mathbf{R} \times \mathbf{R}$ 上のある確定的関数 $\mu(t, x)$ と $\sigma(t, x)$ に対する式 (4.14) の形の方程式を，$\{Z_t\}_{t \geq 0}$ に対する**確率微分方程式**という．

多くの場合，関数 $f(t, x)$ を陽に表現するよりも，$\{Z_t\}_{t \geq 0}$ に関して確率微分方程式を書き下すほうが簡単だ．

> **警告**：（ニュートンの）常微分方程式と同じように，一般に確率微分方程式には解が無いこともあるし，たとえ存在しても一意的とは限らない．

関数 $\mu(t, s)$ と $\sigma(t, x)$ がたとえば有界で，x について一様に Lipschitz 条件をみたすときは一意的な解が存在するが，これらの条件が必要条件ではないことは確かだ（さらに詳しくは，たとえば Chung & William (1990) と Ikeda & Watanabe (1989) を参照）．

いうまでもないが，方程式 (4.14) は実際には積分方程式

$$Z_t - Z_0 = \int_0^t \mu(s, Z_s)ds + \int_0^t \sigma(s, Z_s)dW_s$$

で定義されていることを理解すべきだ．

次の伊藤の公式は，読者の演習問題とする．

定理 4.7 もし $Z_t = f(t, W_t)$ が

$$dZ_t = \sigma(t, Z_t)dW_t + \mu(t, Z_t)dt$$

をみたし，かつ

$$Y_t = g(t, Z_t)$$

とするとき，
$$dY_t = \dot{g}(t, Z_t)dt + g'(t, Z_t)dZ_t + \frac{1}{2}g''(t, Z_t)\sigma^2(t, Z_t)dt \quad (4.15)$$
が成り立つ．ここに，f と g は 2 階微分可能な関数とする．

注意事項
$$M_t = Z_t - Z_0 - \int_0^t \mu(s, Z_s)ds$$

は平均値ゼロのマルチンゲールであることに注意．伊藤の等長性から，この分散は

$$\mathbf{E}[M_t^2] = \mathbf{E}[\int_0^t \sigma(s, Z_s)^2 ds]$$

となる．式 (4.15) に現れる $\sigma^2(t, Z_t)dt$ は，まさに $d[M]_t$ のことだ．ここに，$\{[M]_t\}_{t \geq 0}$ は $\{M_t\}_{t \geq 0}$ に付随する 2 次変分過程である．

過程 $\{M_t\}_{t \geq 0}$ は $\mathbf{E}[M_t^2] < \infty$ をみたす連続マルチンゲールで，$\{A_t\}_{t \geq 0}$ は有界変分な過程とする．そして，$Z_t = M_t + A_t$ により $\{Z_t\}_{t \geq 0}$ を定義する．このとき，$Y_t = g(t, Z_t)$ とおくと，

$$dY_t = \dot{g}(t, Z_t)dt + g'(t, Z_t)dZ_t + \frac{1}{2}g''(t, Z_t)d[M]_t$$

を得る．特に $Y_t = M_t^2$ とすると，$M_t^2 - [M]_t$ はマルチンゲールとなる（演習問題 15）．■

確率微分方程式の解法

確率微分方程式が一意的な解をもつ場合でさえ，その解を Brown 運動の関数として閉じた形で表現できるのは稀である．しかし，もしこれができるならば，伊藤の公式はその解を発見する道筋を与えてくれる．

例 4.3 方程式
$$dX_t = X_t^3 dt - X_t^2 dW_t, \quad X_0 = 1 \quad (4.16)$$
を解きなさい．

解答 もし $X_t = f(t, W_t)$ とすると，

となる．一方，$X_t = f(t, W_t)$ を式(4.16)に代入すると

$$dX_t = \dot{f}(t, W_t)dt + f'(t, W_t)dW_t + \frac{1}{2}f''(t, W_t)dt$$

$$dX_t = f(t, W_t)^3 dt - f(t, W_t)^2 dW_t$$

となるので，両式の係数を等しいとおくと，

$$-f(t, W_t)^2 = f'(t, W_t)$$

かつ

$$\dot{f}(t, W_t) + \frac{1}{2}f''(t, W_t) = f(t, W_t)^3$$

となり，これから

$$f(t, x) = \frac{1}{x + c}$$

が得られる．ここに，c は定数とする．初期条件を使うと，

$$X_t = \frac{1}{W_t + 1}$$

となる．この解は，有限時間内に爆発することに注意！ ∎

4.4　部分積分と確率的 Fubini の定理

　確率積分を操作するためには，さらに2つの法則，すなわち部分積分公式と「確率的 Fubibni の定理」とが必要になる．第1の法則は確率微分の乗法則で，第2の法則は確率積分と古典的な積分との順序の入れ替えを正当化するために使われる．

　2つの確率微分方程式

$$dY_t = \mu(t, Y_t)dt + \sigma(t, Y_t)dW_t$$
$$dZ_t = \tilde{\mu}(t, Z_t)dt + \tilde{\sigma}(t, Z_t)dW_t$$

が与えられたと仮定する．今後，これらの方程式は同一の Brown 運動 $\{W_t\}_{t \geq 0}$ によってドライブされているものとする．

　さらに，

$$M_t^Y = \int_0^t \sigma(s, Y_s)dW_s \quad \text{と} \quad M_t^Z = \int_0^t \tilde{\sigma}(s, Z_s)dW_s$$

で定義される2つの $(\mathbf{P}, \{\mathcal{F}_t\}_{t\geq 0})$-マルチンゲールを考える．それぞれには，2次変分過程

$$[M^Y]_t = \int_0^t \sigma^2(s, Y_s)ds \text{ と } [M^Z]_t = \int_0^t \tilde{\sigma}^2(s, Z_s)ds$$

が付随している．

共変動

明らかに，$\{M_t^Y\}_{t\geq 0}$ と $\{Z_t^Y\}_{t\geq 0}$ とは独立ではない．これらの間の依存関係を数量化する1つの方法として，両者の共分散が考えられる．$\{(M_t^Y+M_t^Z)\}_{t\geq 0}$ と $\{(M_t^Y-M_t^Z)\}_{t\geq 0}$ は，

$$[M^Y \pm M^Z]_t = \int_0^t (\sigma(s, Y_s) \pm \tilde{\sigma}(s, Z_s))^2 ds$$

を2次変分とする $(\mathbf{P}, \{\mathcal{F}_t\}_{t\geq 0})$-マルチンゲールであるのは明らかだ．我々にとって興味のある過程は，$\{M_t^Y M_t^Z\}_{t\geq 0}$ である．これに対して分極化

$$M_t^Y M_t^Z = \frac{1}{4}((M_t^Y + M_t^Z)^2 - (M_t^Y - M_t^Z)^2)$$

を使う．両辺の期待値をとると，

$$\mathbf{E}[M_t^Y M_t^Z] = \frac{1}{4}\mathbf{E}\left[\int_0^t (\sigma(s, Y_s) + \tilde{\sigma}(s, Z_s))^2 ds\right.$$
$$\left. - \int_0^t (\sigma(s, Y_s) - \tilde{\sigma}(s, Z_s))^2 ds\right]$$
$$= \mathbf{E}\left[\int_0^t \sigma(s, Y_s) \tilde{\sigma}(s, Z_s) ds\right]$$

ここで，記号

$$[M^Y, M^Z]_t = \int_0^t \sigma(s, Y_s) \sigma(s, Z_s) ds$$

を導入する．$(\mathbf{P}, \{\mathcal{F}_t\}_{t\geq 0})$-マルチンゲール $\{M_t\}_{t\geq 0}$ に対して $\{M_t^2 - [M]_t\}_{t\geq 0}$ は $(\mathbf{P}, \{\mathcal{F}_t\}_{t\geq 0})$-マルチンゲールである（演習問題15）から，再び分極化を使うと，$\{M_t^Y M_t^Z - [M^Y, M^Z]_t\}_{t\geq 0}$ は $(\mathbf{P}, \{\mathcal{F}_t\}_{t\geq 0})$-マルチンゲールとなることがわかる．

さらに，一般的に（必ずしも独立でない）別々の Brown 運動によってドライブされる確率微分方程式を考えることもできる．たとえば，

$$dY_t = \mu(t, Y_t)dt + \sigma(t, Y_t)dW_t$$
$$dZ_t = \tilde{\mu}(t, Z_t)dt + \tilde{\sigma}(t, Z_t)d\tilde{W}_t$$

とする．ここで，$0<\rho<1$ について $\mathbf{E}[(W_t-W_s)(\tilde{W}_t-\tilde{W}_s)] = \rho(t-s)$ としよう．この場合，2つの方程式をドライブする Brown 運動は正の相関をもち，一方が増加すると他方も増加傾向になるが，同一ではないのだ．すでに述べたように，M_t^Y と M_t^Z を定義して，同様に分極化によって $M_t^Y M_t^Z$ について考える．

$$[M_t^Y M_t^Z] = \frac{1}{4}([M^Y+M^Z]_t - [M^Y-M^Z]_t)$$

とおき，2次変分の定義を使って

$$[M^Y, M^Z]_t = \lim_{\delta(\pi) \to 0} \sum_{j=0}^{N(\delta)-1} (M_{t_{j+1}}^Y - M_{t_j}^Y)(M_{t_{j+1}}^Z - M_{t_j}^Z)$$

を得る．この例では，たとえば σ と $\tilde{\sigma}$ はともに連続とすると，

$$[M^Y, M^Z]_t = \lim_{\delta(\pi) \to 0} \sum_{j=0}^{N(\delta)-1} \sigma(t_j, Z_{t_j})\tilde{\sigma}(t_j, Z_{t_j})(W_{t_{j+1}}-W_{t_j})(\tilde{W}_{t_{j+1}}-\tilde{W}_{t_j})$$

となり，定理 4.1 の証明を真似することにより

$$[M^Y, M^Z]_t = \int_0^t \sigma(s, Y_s)\tilde{\sigma}(s, Z_s)ds$$

を得る．

定義 4.9 2つの連続 $(\mathbf{P}, \{\mathcal{F}_t\}_{t \geq 0})$-マルチンゲール $\{M_t\}_{t \geq 0}$ と $\{N_t\}_{t \geq 0}$ に対して，

$$[M, N]_t \triangleq \frac{1}{4}([M+N]_t - [M-N]_t)$$

を，過程 M と N の**相互変分**または**共変分過程**という．

もちろん，$\{[M, M]_t\}_{t \geq 0}$ は $\{M_t\}_{t \geq 0}$ に付随する2次変分過程そのものだ．定義 4.9 の表記法において，$[0, t]$ の分割を $\delta(\pi)$ で表すことにすると，

$$[M, N]_t = \min_{\delta(\pi) \to 0} \sum_{j=1}^{N(\pi)-1} (M_{t_{j+1}} - M_{s_j})(N_{t_{j+1}} - N_{t_j})$$

となる．

こうして，セミマルチンゲールの積を扱うのに必要な技術を手に入れることができた．

定理 4.8 **部分積分**：$\{M_t^Y\}_{t\geq 0}$ と $\{M_t^Z\}_{t\geq 0}$ を連続 $(\mathbf{P}, \{\mathcal{F}_t\}_{t\geq 0})$-マルチンゲールとし，$\{A_t^Y\}_{t\geq 0}$ と $\{A_t^Z\}_{t\geq 0}$ を連続な有界変分過程とする．このとき，$Y_t = M_t^Y + A_t^Y$ と $Z_t = M_t^Z + A_t^Z$ に対して，
$$d(Y_t Z_t) = Y_t dZ_t + Z_t dY_t + d[M^Y, M^Z]_t$$
が成り立つ．

証明 伊藤の公式をそれぞれ $(Y_t + Z_t)^2$ と Y_t^2 と Z_t^2 に適用して，あとの2つをはじめの式から引くと，結果が得られる． ∎

例 4.4 ある資産のポンド価格は確率微分方程式
$$dS_t = \mu_1 S_t dt + \sigma_1 S_t dW_t$$
に支配され，時点 t での £1 のドル建て E_t は
$$dE_t = \mu_2 E_t dt + \sigma_2 E_t d\widetilde{W}_t$$
に支配されるものとする．ここで，$\{W_t\}_{t\geq 0}$ と $\{\widetilde{W}_t\}_{t\geq 0}$ はある $\rho > 0$ について，
$$\boldsymbol{E}[(W_t - W_s)(\widetilde{W}_t - \widetilde{W}_s)] = \rho(t-s)$$
をみたす **P**-Brown 運動とする．

イギリスにおける無リスク金利が r で，アメリカでのそれが s とするとき，それぞれポンド市場とドル市場における割引資産価格の確率微分方程式を求めよ．また，それぞれの市場においてパラメータのどんな値に対して割引資産価格がマルチンゲールとなるか？

解答 ポンド市場における割引株価を $\{\widetilde{S}_t\}_{t\geq 0}$ と表す．つまり，$\widetilde{S}_t = d^{-rt} S_t$ とする．関数 e^{-rt} は有界変分であるので，部分積分公式から
$$d\widetilde{S} = -re^{-rt} S_t dt + e^{-rt} dS_t$$
$$= (\mu_1 - r)\widetilde{S}_t dt + \sigma_1 \widetilde{S}_t dW_t$$
となる．ポンド市場において，これは割引資産価格を支配する確率微分方程式だ．よって，この解は $\mu_1 = r$ のとき，かつそのときだけマルチンゲールとなる．

資産のドル価格を $\{X_t\}_{t\geq 0}$ とすると，$X_t = E_t S_t$ であるから，再び部分積分公式によって，

$$dX_t = EdS_t + S_t dE_t + \sigma_1 \sigma_2 E_t S_t \rho dt$$
$$= (\mu_1 + \mu_2 + \rho\sigma_1\sigma_2)X_t dt + \sigma_1 X_1 dW_t + \sigma_2 X_0 d\widetilde{W}_t$$

となる．よって，ドル市場における割引資産価格 $\{\tilde{X}_t\}_{t\geq 0}$ は

$$d\tilde{X}_t = (\mu_1 + \mu_2 + \rho\sigma_1\sigma_2 - s)\tilde{X}_t dt + \sigma_1 \tilde{X}_t dW_t + \sigma_2 \tilde{X}_t d\widetilde{W}_t$$

となる．ドル市場において割引価格がマルチンゲールとなるのは，

$$\mu_1 + \mu_2 + \rho\sigma_1\sigma_2 - s = 0$$

となるとき，かつそのときに限る．

1つの市場において，割引資産価格をマルチンゲールとすることはまったく可能なことであるが，別の市場ではできないことに注意すること．このことは，外国為替市場におけるオプションの価格決定（5.3節参照）やクォントスの価格決定（7.2節参照）では，忘れてならないことだ．■

確率的 Fubini の定理

本節の最後に，もう1つの有用な結果を述べておく．この「確率的 Fubini の定理」は，確率積分と古典的積分の順序交換を可能にするものだ．この結果は，第6章演習問題23でとりあげるパスに依存するエキゾチック・オプションの価格決定の際に必要となる．

この定理を，以下で必要となる特別な形式で述べておく．一般の結果については，たとえば Ikeda & Watanabe（1989）を参照のこと．

定理 4.9　$(\Omega, \mathcal{F}, \{\mathcal{F}_t\}_{t\geq 0}, \mathbf{P})$ をフィルター確率空間，$\{M_t\}_{t\geq 0}$ を $M_0 = 0$ なる連続 $(\mathbf{P}, \{\mathcal{F}_t\}_{t\geq 0})$-マルチンゲールとする．さらに，$\Phi(t, r, \omega): \mathbf{R}_+ \times \mathbf{R}_+ \times \Omega \to \mathbf{R}$ は有界な $\{\mathcal{F}_t\}_{t\geq 0}$-可予測確率変数とする．このとき，各固定した $T > 0$ に対して，

$$\int_0^t \int_\mathbf{R} \Phi(s, r, \omega)\mathbf{1}_{[0,T]}(r) dr dM_s = \int_\mathbf{R} \int_0^t \Phi(s, r, \omega)\mathbf{1}_{[0,T]}(r) dM_s dr$$

が成り立つ．

例 4.5　$\{W_t\}_{t\geq 0}$ は $(\mathbf{P}, \{\mathcal{F}_t\}_{t\geq 0})$-Brown 運動とする．積分
$$Y_t \triangleq \int_0^t W_r dr$$
の平均値と分散を求めなさい．

解答　古典的な Fubini の定理から，
$$\mathbf{E}[Y_t] = \mathbf{E}\left[\int_0^t W_r dr\right] = \int_0^t \mathbf{E}[W_r] dr = 0$$
を得る．難しいのは $\mathbf{E}[Y_t^2]$ の計算で，これに $\Phi(s, r, \omega) = \mathbf{1}_{[0,r]}(s)$ として確率的 Fubini の定理を適用すると，
$$Y_t = \int_0^t W_r dr = \int_0^t \int_0^r 1 dW_s dr$$
$$= \int_0^t \int_s^t 1 dr dW_s \quad \text{(Fubini の定理)}$$
$$= \int_0^t (t-s) dW_s$$
となる．そして伊藤の等長性を使って，$\mathbf{E}[Y_t^2]$ は
$$\mathbf{E}[Y_t^2] = \mathbf{E}\left[\left(\int_0^t (t-s) dW_s\right)^2\right] = \int_0^t (t-s)^2 ds = \frac{1}{3} t^3$$
となる．■

4.5　Girsanov の定理

　Black-Scholes の枠組において価格決定やヘッジをするためには，2つの基本的な結果が必要となる．第1の結果は，割引資産価格がマルチンゲールとなるように確率測度の変更を許すことである．離散時間の場合，**マルチンゲール測度**さえ求まれば，オプションの価格決定問題はその確率測度に関して期待値を計算することに帰着したことを思い出そう．連続の場合には，線形代数によってマルチンゲール測度を求めることはもはやできない相談だ．

2項ツリー上での確率の変更

ここでは第 2 章の記号を流用する．確率測度 $\mathbf{P}$ のもとで時点 $i\delta t$ での資産価値が S_i と知られているとき，時点 $(i+1)\delta t$ での価値は確率 p で $S_i u$ となり，確率 $1-p$ で $S_i d$ となる．

第 2 章で見たように，上にジャンプする確率を $q=(1-d)/(u-d)$，下にジャンプする確率を $1-q=(u-1)/(u-d)$ とする確率測度を $\mathbf{Q}$ とすると，過程 $\{S_i\}_{0\leq i\leq N}$ は $\mathbf{Q}$-マルチンゲールとなる．

測度 $\mathbf{Q}$ は測度 $\mathbf{P}$ の**再重みづけ**と見なすことができる．たとえば，ツリー上のパス $S_0, S_1, \cdots, S_i$ を考える．この確率は，$\mathbf{P}$ のもとでは $p^{N(i)}(1-p)^{i-N(i)}$ だ．ここに，$N(i)$ はそのパスで上にジャンプする回数とする．この確率は，$\mathbf{Q}$ では $L_i p^{N(i)}(1-p)^{i-N(i)}$ となる．ここに，

$$L_i = \left(\frac{q}{p}\right)^{N(i)} \left(\frac{1-q}{1-p}\right)^{1-N(i)}$$

とする．明らかに L_i はツリー上をたどる確率過程のパスに依存していて，これ自身もフィルター $\{\mathcal{F}_i\}_{0\leq i\leq N}$ に適合した確率過程とみなすことができる．さらに，L_i/L_{i-1} は $S_i/S_{i-1}=u$ のとき q/p で，$S_i/S_{i-1}=d$ のとき $(1-q)/(1-p)$ であるから，

$$\mathbf{E}^{\mathrm{Q}}[L_i|\mathcal{F}_{i-1}] = L_{i-1}\left(p\frac{q}{p} + (1-p)\frac{1-q}{1-p}\right) = L_{i-1}$$

となる．つまり，$\{L_i\}_{t\leq i\leq n}$ は $\mathbf{E}[L_i]=L_0=1$ なる $(\mathbf{P}, \{\mathcal{F}_i\}_{1\leq i\leq N})$-マルチンゲールだ．

$\mathbf{Q}$-測度に関して条件つき請求権の期待値を求めたければ，

$$\mathbf{E}^{\mathrm{Q}}[C] = \mathbf{E}^{\mathrm{P}}[L_N C]$$

で与えられる．

表記法 こうして，$\mathbf{P}$ に関する $\mathbf{Q}$ の Radon-Nikodym 導関数が得られた．通常，

$$L_i = \frac{d\mathbf{Q}}{d\mathbf{P}}\bigg|_{\mathcal{F}_i}$$

と表す．

連続時間の場合の測度変更

マルチンゲール測度への変更の手続きは，元の測度 $\mathbf{P}$ のもとで，パスの確率を平均値 1 の正の $\mathbf{P}$-マルチンゲールにしたがって重みづけをやり直すことと見ることができる．この正のマルチンゲールにしたがう重みづけのやり直し手続きは，連続な場合に拡張することができる．いまや $\mathbf{P}$-Brown 運動の分布にこのような再重みづけがもたらす影響を調べることが目的である．後でこのことによって，新しく得られた測度のもとでの割引株価がマルチンゲールとなるような，正しい再重みづけの選択が可能になるのだ．

定理 4.10 Girsanov の定理：$\{W_t\}_{t \geq 0}$ は自然なフィルター $\{\mathcal{F}_t\}_{t \geq 0}$ をもつ $\mathbf{P}$-Brown 運動で，$\{\theta_t\}_{t \geq 0}$ は $\{\mathcal{F}_t\}_{t \geq 0}$-適合な過程で，

$$\mathbf{E}\left[\exp\left(\frac{1}{2}\int_0^T \theta_t^2 dt\right)\right] < \infty$$

をみたすものとする．さらに

$$L_t = \exp\left(-\int_0^t \theta_s dW_s - \frac{1}{2}\int_0^t \theta_s^2 ds\right)$$

とおき，$\mathbf{P}^{(L)}$ を

$$\mathbf{P}^{(L)}[A] = \int_A L_t(\omega) \mathbf{P}(d\omega)$$

で定義される確率測度とする．このとき，

$$W_t^{(L)} = W_t + \int_0^t \theta_s ds$$

によって定義される過程 $\{W_t^{(L)}\}_{0 \leq t \leq T}$ は，確率測度 $\mathbf{P}^{(L)}$ のもとで標準 Brown 運動となる．

表記法 以下のような記号を使う．

$$\left.\frac{d\mathbf{P}^{(L)}}{d\mathbf{P}}\right|_{\mathcal{F}_t} = L_t$$

（この L_t は $\mathbf{P}$ に関する $\mathbf{P}^{(L)}$ の **Radon-Nikodym** 導関数だ．）

4.5 Girsanov の定理

注意事項　1　Novikov の条件として知られている

$$\mathbf{E}\Big[\exp\Big(\frac{1}{2}\int_0^T \theta_t^2 dt\Big)\Big]<\infty$$

は，$\{L_t\}_{t\geq 0}$ が $(\mathbf{P}, \{\mathcal{F}_t\}_{t\geq 0})$-マルチンゲールであることを保証するための十分条件である．明らかに L_t は正であり，しかも期待値 1 をもつから，$\mathbf{P}^{(L)}$ は実際に確率測度を定義する．

2　離散の場合と同様に，同一の集合を確率ゼロの集合としてもつとき，2 つの確率測度は同値であるという．明らかに $\mathbf{P}$ と $\mathbf{P}^{(L)}$ は同値だ．

3　$\mathbf{P}^{(L)}$ に関して期待値を求める場合，

$$\mathbf{E}^{\mathrm{P}^{(L)}}[\phi_t]=\mathbf{E}[\phi_t L_t]$$

が成り立つ．さらに，一般的に

$$\mathbf{E}^{\mathrm{P}^{(L)}}[\phi_t|\mathcal{F}_s]=\mathbf{E}^{\mathrm{P}}\Big[\phi_t \frac{L_t}{L_s}\Big|\mathcal{F}_s\Big]$$

となる．これは，オプションの価格決定において必須だ．

定理の証明の概要　すでに $\{L_t\}_{t\geq 0}$ が $(\mathbf{P}, \{\mathcal{F}_t\}_{t\geq 0})$-マルチンゲールであることを述べた．このことを完全に証明することはしないが，L_t がみたすべき確率微分方程式を見つけて，補強証拠を示すことにする．これを 2 ステージに分けて行う．まず，

$$Z_t=-\int_0^t \theta_s dW_s-\frac{1}{2}\int_0^t \theta_s^2 ds$$

とすると，

$$dZ_t=-\theta_t dW_t-\frac{1}{2}\theta_t^2 dt$$

と表され，さらに，伊藤の公式を $L_t=\exp(Z_t)$ に適用すると，

$$dL_t=\exp(Z_t)dZ_t+\frac{1}{2}\exp(Z_t)\theta_t^2 dt$$

$$=-\theta_t \exp(Z_t)dW_t=-\theta_t L_t dW_t$$

となる．次に，$W_t^{(L)}L_t$ がみたす確率微分方程式を見つけるために，定理 4.8 の部分積分の公式を使う．

$$dW_t^{(L)}=dW_t+\theta_t dt$$

であるから,
$$d(W_t^{(L)}L_t) = W_t^{(L)}dL_t + L_t dW_t^{(L)} + d[M^{W^{(L)}}, M^L]_t$$
$$= W_t^{(L)}dL_t + L_t dW_t + L_t\theta_t dt - \theta_t L_t dt$$
$$= (L_t - \theta_t L_t W_t^{(L)})dW_t$$
となる.

$\{W_t^{(L)}L_t\}_{t\geq 0}$ は有界性が認められる（仮定から保証される）ので, $\mathbf{P}$-マルチンゲールでかつ期待値ゼロをもつ. よって, 測度 $\mathbf{P}^{(L)}$ のもとで $\{W_t^{(L)}\}_{t\geq 0}$ はマルチンゲールとなる.

定理 4.1 において, $\{W_t\}_{t\geq 0}$ の 2 次変分は $\mathbf{P}$-確率 1 で $[W]_t = t$ と与えられることを示した. 確率測度 $\mathbf{P}$ と $\mathbf{P}^{(L)}$ とは同値であるから, 同一の集合を確率 1 の集合としてもつ. よって, $\{W_t^{(L)}\}_{t\geq 0}$ も $[W^{(L)}]_t = t$ で与えられる 2 次変分をもつ. 最後に, Lèvy による Brown 運動の特徴づけ（定理 4.6）によって, $\{W_t^{(L)}\}_{t\geq 0}$ は $\mathbf{P}^{(L)}$-Brown 運動となって, 定理が証明されるのだ. ∎

さて, このことを使って実際に練習をしてみよう.

例 4.6　$\{X_t\}_{t\geq 0}$ はドリフトをもつ Brown 運動
$$X_t = \sigma W_t + \mu t$$
とする. ここに, $\{W_t\}_{t\geq 0}$ は $\mathbf{P}$-Brown 運動, σ と μ は定数である. $\{X_t\}_{t\geq 0}$ がマルチンゲールとなる確率測度を求めなさい.

解答　$\theta = \mu/\sigma$ とおいて, 定理 4.10 の $\mathbf{P}^{(L)}$ のもとで $W_t^{(L)} = W_t + \mu t/\sigma$ は Brown 運動となり, よって $X_t = \sigma W_t^{(L)}$ はスケール変換された Brown 運動となる. たとえば,
$$\mathbf{E}^{\mathbf{P}}[X_t^2] = \mathbf{E}^{\mathbf{P}}[\sigma^2 W_t^2 + 2\sigma\mu t W_t + \mu^2 t^2] = \sigma^2 t + \mu^2 t^2$$
となるが, 一方
$$\mathbf{E}^{\mathbf{P}^{(L)}}[X_t^2] = \mathbf{E}^{\mathbf{P}^{(L)}}[\sigma^2 (W_t^{(L)})^2] = \sigma^2 t$$
となることに注意しよう. ∎

4.6　マルチンゲールの Brown 運動表現

フィルター確率空間を $(\Omega, \mathcal{F}, \{\mathcal{F}_t\}_{t \geq 0}, \mathbf{P})$ として、$\{W_t\}_{t \geq 0}$ を $(\mathbf{P}, \{\mathcal{F}_t\}_{t \geq 0})$-Brown 運動とする。すでに見たように、$f(t, \omega)$ が $\{\mathcal{F}_t\}_{t \geq 0}$-可予測な確率変数で、$\mathbf{E}[f^2(t, \omega)] < \infty$ であるならば、各 $t \geq 0$ について、

$$M_t \triangleq \int_0^t f(s, \omega) dW_s$$

は $(\mathbf{P}, \{\mathcal{F}_t\}_{t \geq 0})$-マルチンゲールとなる。この他に、$(\mathbf{P}, \{\mathcal{F}_t\}_{t \geq 0})$-マルチンゲールが存在するか否かを問うことは自然であろう。

離散の場合には、2項表現定理によるとマルチンゲールは「離散型確率積分」で表されることを見たが、同じようにマルチンゲールの Brown 運動表現定理は、すべての（行儀のよい）$(\mathbf{P}, \{\mathcal{F}_t\}_{t \geq 0})$-マルチンゲールを伊藤積分で表すことができることを主張している。これは**可予測表現性**とも呼ばれていて、連続時間の場合において**ヘッジのカギ**となるものだ。

定義 4.10　　$(\mathbf{P}, \{\mathcal{F}_t\}_{t \geq 0})$-マルチンゲール $\{M_t\}_{t \geq 0}$ が **2 乗可積分**であるとは、

$$\mathbf{E}[|M_t|^2] < \infty \quad (t > 0)$$

が成り立つことだ。

定理 4.11　　マルチンゲールの Brown 運動表現定理：$\{\mathcal{F}_t\}_{t \geq 0}$ は、$\mathbf{P}$-Brown 運動 $\{W_t\}_{t \geq 0}$ の自然なフィルターとする。$\{M_t\}_{t \geq 0}$ は、2 乗可積分な $(\mathbf{P}, \{\mathcal{F}_t\}_{t \geq 0})$-マルチンゲールとする。このとき、$\{\mathcal{F}_t\}_{t \geq 0}$-可予測過程 $\{\theta_t\}_{t \geq 0}$ が存在して、$\mathbf{P}$-確率 1 で

$$M_t = M_0 + \int_0^t \theta_s dW_s$$

と表される。

証明の概略　　ある固定した T について、$t \in [0, T]$ に制限して考える。まずはじめに、$\mathbf{E}[F^2] < \infty$ をみたす任意の $F \in \mathcal{F}_T$ がある可予測過程 $\{\theta_s\}_{0 \leq s \leq T}$ に対して

$$F = \mathbf{E}[F] + \int_0^T \theta_s dW_s \tag{4.17}$$

と表されることを示そう．このように表される F の線形空間を $\mathcal{G}$ と書く．任意の $F \in \mathcal{G}$ に対して

$$\mathbf{E}[F^2] = \mathbf{E}[F]^2 + \mathbf{E}\left[\int_0^T \theta_s^2 ds\right] \tag{4.18}$$

となるから，これは，

$$\mathbf{E}[(F_n - F_m)^2] \to 0 \quad (n, m \to \infty)$$

となる $\mathcal{G}$ に属する確率変数列 $\{F_n\}_{n \geq 1}$ をとると，$\mathcal{G}$ に属する極限に収束することを保証してくれる．任意の単関数

$$f(s) = \sum_{i=1}^n a_i(\omega) \mathbf{1}_{(t_{i-1}, t_i]}(s)$$

に対して

$$\varepsilon_t^f \triangleq \exp\left(\int_0^t f(s) dW_s - \frac{1}{2} \int_0^t f(s)^2 ds\right)$$

とおくと，伊藤の公式から

$$\varepsilon_t^f = 1 + \int_0^t f(s) \varepsilon_s^f dW_s$$

となる．つまり $\varepsilon_t^f \in \mathcal{G}$ だ．そこで，$\mathbf{E}[F^2] < \infty$ なる任意の $F \in \mathcal{F}_T$ を ε_T^f の線形結合で近似することにより，このような F は $\mathcal{G}$ に属し，よって式 (4.17) のように表されるのだ．恒等式 (4.18) は，もし表現が 2 つの可予測過程 $\{\theta_s\}_{0 \leq s \leq T}$ と $\{\psi_s\}_{0 \leq s \leq T}$ により表されるときは，

$$\mathbf{E}\left[\int_0^T (\theta_t - \psi_t)^2 ds\right] = 0$$

となることを約束するものだ．

さて，$F \in \mathcal{F}_T$ をマルチンゲール $\{M_t\}_{0 \leq t \leq T}$ に置き換えて証明を完結することにしよう．この段階は基本的だ．$M_t = \mathbf{E}[M_T | \mathcal{F}_t]$ であるから，M_T に対して上で示した表現方法を適用し，さらに両辺の（条件つき）期待値をとることによって，

$$M_t = \mathbf{E}[M_T | \mathcal{F}_t] = \mathbf{E}[M_T] + \mathbf{E}\left[\int_0^T \theta_s dW_s \big| \mathcal{F}_t\right]$$

$$= \mathbf{E}[M_T] + \int_0^t \theta_s dW_s$$

を得る. ∎

この定理の詳しい証明は，Revuz & Yor（1998）を参照のこと．

注意事項　1　マルチンゲール表現定理は，$\{\mathcal{F}_t\}_{t\geq 0}$-可予測な過程 $\{\theta_t\}_{t\geq 0}$ が存在すると主張している．しかし，残念なことに2項表現定理とは異なり，構成的な証明方法ではない．このため，第5章でオプションのヘッジにおいて，可予測過程の**陽**な表現をするのに苦心することになる．

2　マルチンゲール $\{M_t\}_{t\geq 0}$ の2次変分は，$d[M]_t = \theta_t^2 dt$ をみたすことに注意する．もし，2つのBrown運動によって表されるマルチンゲール $\{M_t^{(1)}\}_{t\geq 0}$ と $\{M_t^{(2)}\}_{t\geq 0}$ が与られた場合，$i=1,2$ について $d[M^{(i)}]_t/dt$ がゼロにならないとすると，マルチンゲール表現定理は，これらはお互いに相手の局所伸縮バージョンであることを主張している．

4.7　幾何 Brown 運動が有効な理由

さて以上で，Brown運動に基づく株式市場における価格決定やヘッジのために必要となる，主要な結果の準備が整った．無裁定の場合，株価が推移するパスはひどく変動することを示唆する以外に，これまでのところそのようなモデルに対して正当性を与える根拠は何もない．本節では，数理ファイナンスにおける基礎的な基準モデルである幾何Brown運動に対して，その動機を与えるためにLèvyによるBrown運動の特徴づけを援用する．

はじめに，Brown運動モデルに対するBachelierの議論を概観しておく．Bachelierは，株式市場には買い手にも売り手にも，いずれにとっても有利な一貫した偏りはないと主張している：

'L'espérance mathématique du spéculateur est nulle'.

（投機家の数学的期待値はゼロである）

これは，ほとんどマルチンゲール性のことを言っている．彼は，株価過程がマルコフ性をもつ仮定として，推移（確立）密度

$$\mathbf{P}[S_t \in [y, y+dy] | S_s = x] \triangleq p(s, t\,;\,x, y)dy$$

を導入した．もし，ダイナミックスが空間的にも時間的にも一様ならば，ある関数 q を用いて $p(s, t\,;\,x, y) = q(t-s, y-x)$ と表される．つまり，Bachelier は q に関して，現代では Chapman-Kolmogorov の方程式として知られている式を「導いて」，これが Brown 運動の確率密度関数を使って解けることを示したのだ．

Bachelier の議論は厳密さに欠けるが，Lèvy による Brown 運動の特徴づけから，我々は次のことを知っている．すなわち，もし株価過程が $\mathbf{P}$ のもとでその増分が定常な条件つき分散をもつマルチンゲールであるなら，株価は $\mathbf{P}$ のもとで Brown 運動でなければならないということだ．Bachelier の議論はアインシュタインの有名な Brown 運動に関する研究以前のことであり，もちろん Wiener による Brown 運動の厳密な構成よりも前であったことは驚くべきことだ．

すでに Brown 運動は我々のモデルから排除してあるので，Bachelier による解析の数学的結論を述べることはしない．しかし，Bachelier の議論を完全に無視する必要はない．彼の仮説の鍵は株価過程の増分は定常であるということだが，我々はその代わりに**収益**を意味する**収益率** $(S_t - S_s)/S_s$ が定常であると仮定する．この場合，株価の対数をとると，過程 $\{\log S_t\}_{t \geq 0}$ は定常となるはずである．この過程 $\{\log S_t\}_{t \geq 0}$ がマルチンゲールか否かはわからないので，このとき推論できるのは，この過程は Brown 運動と一定ドリフトの和ということだけだ．これから，

$$dS_t = \mu S_t dt + \sigma S_t dW_t$$

が導かれる．ここに，$\{W_t\}_{t \geq 0}$ は $\mathbf{P}$-Brown 運動で，μ と σ は定数である．このモデルが Samuelson (1965) によって初めて支持された幾何 Brown 運動モデルというわけだ．

4.8 Feynman-Kac の表現

確率による価格決定方法では，オプションの価格は割引株価がマルチンゲールとなるような確率測度に関する条件つき請求権の割引期待値として表される．ヨーロピアン・コールやヨーロピアン・プットのような単純な場合は価格を明示的に（陽な）表現で求めることができるが，もっと複雑な請求権に対しては数値的方法によらざるを得ない．1つの方法としては2項ツリーのモデルに立ち返ることであり，別の方法としては価格を偏微分方程式の解として表して，たとえば有限差分法を採用することだ．実際，ヨーロピアン・オプションに対する2項ツリーの方法は，Black-Scholes の偏微分方程式を解くための有限差分法に相当する．数値的方法については Wilmott, Howison & Dewynne (1995) を参照する．ここではデリバティブの価格決定における偏微分方程式による方法と確率的方法の関係づけをするだけにとどめる．

確率的に偏微分方程式を解く

価格を偏微分方程式の解として表せるという事実は，確率微分方程式とある種の双曲線型偏微分方程式との，深いところでのつながりの帰結である．

定理 4.12　Feynman-Kac の確率的表現

関数 F は，境界値問題

$$\frac{\partial F}{\partial t}(t, x) + \mu(t, x)\frac{\partial F}{\partial x}(t, x) + \frac{1}{2}\sigma^2(t, x)\frac{\partial^2 F}{\partial x^2} = 0, \quad 0 \leq t \leq T, \quad (4.19)$$

$$F(T, x) = \Phi(x),$$

の解とする．$\{X_t\}_{0 \leq t \leq T}$ は確率微分方程式

$$dX_t = \mu(t, X_t)dt + \sigma(t, X_t)dW_t, \quad 0 \leq t \leq T$$

の解とする．ここで，$\{W_t\}_{t \geq 0}$ は測度 $\mathbf{P}$ のもとで標準 Brown 運動とする．このとき，

$$\int_0^T \mathbf{E}\left[\left(\sigma(t, X_t)\frac{\partial F}{\partial x}(t, X_t)\right)^2\right]dt < \infty \tag{4.20}$$

ならば，

$$F(t, x) = \mathbf{E}^{\mathrm{P}}[\Phi(X_T)|X_t = x]$$

が成り立つ．

証明 $\{F(s, X_s)\}_{t \leq s \leq T}$ に対して伊藤の公式を適用すると，

$$F(T, X_T) = F(t, X_t) + \int_t^T \left\{\frac{\partial F}{\partial s}(s, X_s) + \mu(s, X_s)\frac{\partial F}{\partial x}(s, X_s)\right.$$

$$\left. + \frac{1}{2}\sigma^2(s, X_s)\frac{\partial^2 F}{\partial x^2}(s, X_s)\right\}ds$$

$$+ \int_t^T \sigma(s, X_s)\frac{\partial F}{\partial x}(s, X_s)dW_s \tag{4.21}$$

仮定の式(4.20)と定理4.3を使うと，

$$\mathbf{E}\left[\int_t^T \sigma(s, X_s)\frac{\partial F}{\partial x}(s, X_s)dW_s \middle| X_t = x\right] = 0$$

さらに，F は式(4.19)をみたすので，式(4.21)の右辺第2項の積分はゼロとなる．よって期待値をとると

$$\mathbf{E}[F(T, X_T)|X_t = x] = F(t, x)$$

となり，$F(T, X_T) = \Phi(X_T)$ を代入すれば，求める結果が得られる．■

例 4.7 方程式

$$\frac{\partial F}{\partial t}(t, x) + \frac{1}{2}\frac{\partial^2 F}{\partial x^2}(t, x) = 0, \tag{4.22}$$

$$F(T, x) = \Phi(x)$$

を解きなさい．

解答 対応する確率微分方程式は

$$dX_t = dW_t$$

で，Feynman-Kac の表現から，

$$F(t, x) = \mathbf{E}[\Phi(W_T)|W_t = x]$$

となる．

これはすでに我々の知っている事実だ．というのは，3.1 節において，Brown 運動の推移密度は

$$p(t, x, y) = \frac{1}{\sqrt{2\pi t}} \exp\left(\frac{(x-y)^2}{2t}\right) \tag{4.23}$$

であり，これを使うと

$$\mathbf{E}[\Phi(W_T)|W_t = x] = \int p(T-t, x, y)\Phi(y)dy$$

これが確かに解であることを示すために上式を微分して，式(4.23)で与えられる $p(t, x, y)$ が方程式

$$\frac{\partial u}{\partial t} = \frac{1}{2}\frac{\partial^2 u}{\partial x^2}$$

の基本解であることを使うと，式(4.22)が成り立つからだ． ∎

Kolmogorov の方程式

Feynman-Kac の表現を使うと，確率微分方程式の解の推移密度を解にもつ偏微分方程式を見つけることができる．

$$dX_t = \mu(t, X_t)dt + \sigma(t, X_t)dW_t \tag{4.24}$$

とする．任意の集合 B に対して，

$$p_B(t, x\,;\, T, y) \triangleq \mathbf{P}[X_T \in B | X_t = x] = \mathbf{E}[\mathbf{1}_B(X_T)|X_t = x]$$

とおく．Feynman-Kac の表現（可積分条件の式(4.20)をみたしているものとして）から，これは

$$\frac{\partial p_B}{\partial t}(t, x\,;\, T, y) + Ap_B(t, x\,;\, T, y) = 0, \tag{4.25}$$

$$p_B(T, x) = \mathbf{1}_B(x),$$

をみたす．ここに，

$$Af(t, x) = \mu(t, x)\frac{\partial f}{\partial x}(t, x) + \frac{1}{2}\sigma^2(t, x)\frac{\partial^2 f}{\partial x^2}(t, x)$$

とする．集合 B のルベーグ測度を $|B|$ と書くと，過程 $\{X_s\}_{s \geq 0}$ の推移密度は

$$p(t, x\,;\, T, y) \triangleq \lim_{|B| \to 0} \frac{1}{|B|} \mathbf{P}[X_T \in B | X_t = x]$$

で与えられる†．方程式(4.25)は線形であるから，次の補題を示したことになる．

補題 4.4　可積分条件式(4.20)をみたすと仮定して，確率微分方程式(4.24)の解 $\{X_s\}_{s\geq 0}$ の推移密度は，

$$\frac{\partial p}{\partial t}(t, x ; T, y) + Ap(t, x ; T, y) = 0 \tag{4.26}$$

$$p(t, x ; T, y) \to \delta_y(x), \quad (t \to T)$$

を満足する．

方程式(4.26)は，**Kolmogorovの後退方程式**（変数 (t, x) の時間変数について「逆向き」に作用する）として知られている．作用素 A は過程 $\{X_s\}_{s\geq 0}$ の**無限小生成作用素**とよばれる．

以下のように，変数 (T, y) に「前向きに」作用する方程式も得られる．

補題 4.5　上に述べた記号を使って，推移密度は

$$\frac{\partial p}{\partial T}(t, x ; T, y) = A^* p(t, x ; T, y) \tag{4.27}$$

をみたす．ここに，

$$A^* f(T, y) = -\frac{\partial}{\partial T}(\mu(T, y) f(T, y)) + \frac{1}{2}\frac{\partial^2}{\partial y^2}(\sigma^2(t, Y) f(T, y))$$

ヒューリスティックな説明：この補題の証明はしないで，妥当性についてだけ述べる．過程 $\{X_s\}_{s\geq 0}$ のマルコフ性によって，任意の $T > r > t$ について

$$p(t, x ; T, y) = \int p(t, x ; r, z) p(r, z ; T, y) dz$$

となるから，r について微分して式(4.26)を使うと，

$$\int_{-\infty}^{\infty} \left\{ \frac{\partial}{\partial r} p(t, x ; r, z) p(r, z ; T, y) \right.$$

---

† (訳者註) 集合 B は $|B| \to 0$ のとき常に $y \in B$ とする．

4.8 Feynman-Kac の表現

$$-p(t,x;r,z)Ap(r,z;T,y)\Big\}dz=0$$

となる．ここで第2項を部分積分すると，

$$\int_{-\infty}^{\infty}\Big\{\frac{\partial}{\partial r}p(t,x;r,z)-A^*p(t,x;r,z)\Big\}p(r,z;T,y)dz=0$$

この式はすべての $T>r$ について成り立ち，もし T を変化させたときに $p(r,z;T,y)$ が十分に豊かな関数のクラスを構成するならば，補題が成り立つ． ∎

方程式(4.27)は，過程 $\{X_s\}_{s\geq 0}$ の **Kolmogorov の前進方程式** とよばれるものだ．

例 4.8 幾何 Brown 運動に対する Kolmogorov の前進方程式と後退方程式を求めなさい．

解答 確率微分方程式は

$$dS_t=\mu S_t dt+\sigma S_t dW_t$$

であるから，前進方程式に代入すると，

$$\frac{\partial p}{\partial T}(t,x;T,y)=\frac{1}{2}\sigma^2\frac{\partial^2}{\partial y^2}(y^2 p(t,x;T,y))$$

$$-\mu\frac{\partial}{\partial y}(yp(t,x;T,y))$$

また，後退方程式は

$$\frac{\partial p}{\partial T}(t,x;T,y)=-\frac{1}{2}\sigma^2 x^2\frac{\partial^2 p}{\partial x^2}(t,x;T,y)-\mu x\frac{\partial p}{\partial x}(t,x;T,y)$$

となる．この過程の推移密度は，

$$p(t,x;T,y)=\frac{1}{\sigma y\sqrt{2\pi(T-t)}}$$

$$\times\exp\Big(\frac{(\log(y/x)-(\mu-\frac{1}{2}\sigma^2)(T-t))^2}{2\sigma^2(T-t)}\Big)$$

で与えられる対数正規密度だ． ∎

例 4.9 $\{X_t\}_{t\geq 0}$ は
$$dX_t = \mu(t, X_t)dt + \sigma(t, X_t)dW_t$$
の解とする．ここに，$\{W_t\}_{t\geq 0}$ は $\mathbf{P}$-Brown 運動．確定的関数 $k: \mathbf{R}_+ \times \mathbf{R} \to \mathbf{R}$ と $\Phi: \mathbf{R} \to \mathbf{R}$ に対して，$0 \leq t \leq T$ について関数
$$F(t, x) \triangleq \mathbf{E}\Big[\exp\Big(-\int_t^T k(s, X_s)ds\Big)\Phi(X_T)\Big|X_t = x\Big]$$
がみたす偏微分方程式を見つけなさい．

解答 まず，$F(T, x) = \Phi(x)$ は明らかだ．Feynman-Kac 表現の証明との類推から，
$$Z_s = \exp\Big(-\int_t^s k(u, X_u)du\Big)F(s, X_s)$$
のダイナミクスを調べればよい．この $\{Z_s\}_{t \leq t \leq T}$ の選び方から $X_t = x$ とすると，
$$Z_t = F(t, x) = \mathbf{E}[Z_T|X_t = x]$$
となることに注意する．よって，$F(t, x)$ は $\{Z_t\}_{0 \leq t \leq T}$ がマルチンゲールとなるような偏微分方程式をみたす．

したがって，$\{Z_s\}_{t \leq s \leq T}$ がみたす偏微分方程式を見つければよい．これを 2 ステップに分けて示す．ここでは，t を固定して s を動かすことに注意すること．まず
$$d\Big(\exp\Big(-\int_t^s k(u, X_u)du\Big)\Big) = -k(s, K_s)\exp\Big(-\int_t^s k(u, X_u)du\Big)ds$$
となり，伊藤の公式から，
$$dF(s, X_s) = \frac{\partial F}{\partial s}(s, X_s)ds + \frac{\partial F}{\partial x}(s, X_s)dX_s$$
$$+ \frac{1}{2}\frac{\partial^2 F}{\partial x^2}(s, X_s)\sigma^2(s, X_s)ds$$
$$= \Big\{\frac{\partial F}{\partial s}(s, X_s) + \mu(s, X_s)\frac{\partial F}{\partial x}(s, X_s)$$
$$+ \frac{1}{2}\sigma^2(s, X_s)\frac{\partial^2 F}{\partial x^2}(s, X_s)\Big\}ds$$
$$+ \sigma(s, X_s)\frac{\partial F}{\partial x}(s, X_s)dW_s$$

となる．ここで部分積分の公式を使うと，

$$dZ_s = \exp\left(-\int_t^s k(u, X_u)du\right)$$
$$\times \left\{\left\{-k(s, X_s)F(s, X_s) + \left(\frac{\partial F}{\partial s}(s, X_s) + \mu(s, X_s)\frac{\partial F}{\partial x}(s, X_s)\right.\right.\right.$$
$$\left.\left.\left.+\frac{1}{2}\sigma^2(s, X_s)\frac{\partial^2 F}{\partial x^2}(s, X_s)\right\}ds + \sigma(s, X_s)\frac{\partial F}{\partial x}(s, X_s)dW_s\right\}$$

を得る．そこで，この解を次のように読むことができる．つまり，$\{Z_s\}_{t \leq s \leq T}$ がマルチンゲールであるためには，F は

$$\frac{\partial F}{\partial s}(s, x) + \mu(s, x)\frac{\partial F}{\partial x}(s, x) + \frac{1}{2}\sigma^2(s, x)\frac{\partial^2 F}{\partial x^2}(s, x)$$
$$-k(s, x)F(s, x) = 0$$

をみたさなければらないのだ． ∎

第4章　演習問題

1. $\{\mathcal{F}_t\}_{t\geq 0}$ を標準 **P**-Brown 運動 $\{W_t\}_{t\geq 0}$ に付随する自然なフィルターとする。$S_t=f(t, W_t)$ によって $\{S_t\}_{t\geq 0}$ を定義する。S_t が $(\mathbf{P}, \{\mathcal{F}_t\}_{t\geq 0})$-マルチンゲールであるためには，$f$ はどんな方程式をみたさなければならないか？　また，この答を使って，

$$S_t = S_0 \exp(\nu t + \sigma W_t)$$

は，もし $\nu + \dfrac{1}{2}\sigma^2 = 0$ ならばマルチンゲールとなることを示しなさい（補題4.3参照）。

2. 関数 f が $[0, T]$ 上で **Lipschitz 連続** というのは，定数 $C>0$ が存在して，任意の $t, t' \in [0, T]$ に対して

$$|f(t) - f(t')| < C|t - t'|$$

が成り立つことだ。Lipschitz 連続な関数は有界変分で，$[0, T]$ 上でゼロの2-変分をもつことを示しなさい。

3. $\{W_t\}_{t\geq 0}$ は **P** のもとで標準 Brown 運動とする。区間 $[0, T]$ の分割 π に対してそのメッシュを $\delta(\pi)$ と書き，分割の端点を $0 = t_0 < t_1 < t_2 < \cdots < t_{N(\pi)} = T$ とする。以下の計算をしなさい。

(a) $\displaystyle \lim_{\delta(\pi) \to 0} \sum_{0}^{N(\pi)-1} W_{t_{j+1}}(W_{t_{j+1}} - W_{t_j})$

(b) $\displaystyle \int_0^T W_s \circ dW_s \triangleq \lim_{\delta(\pi) \to 0} \sum_{0}^{N(\pi)-1} \frac{1}{2}(W_{t_{j+1}} + W_{t_j})(W_{t_{j+1}} - W_{t_j})$

これは，$\{W_s\}_{s\geq 0}$ の自分自身に関する $[0, T]$ 上の **Stratonovich 確率積分** である。

4. マルチンゲール $\{M_t\}_{0\leq t\leq T}$ は有界な2次変分をもち，$\{A_t\}_{0\leq t\leq T}$ は Lipschitz 連続とする。そして $S_t = M_t + A_t$ とおく。定義4.3の類推から，$n \to \infty$ のとき $\delta(\pi_n) \to 0$ となる $[0, T]$ の任意の分割列 $\{\pi_n\}_{n\geq 0}$ に対して，

$$\mathbf{E}\left[\left|\sum_{j=1}^{N(\pi_n)}|S_{t_j} - S_{t_{j-1}}|^2 - [S]_T\right|^2\right] \to 0 \quad (n \to 0 \text{ のとき})$$

をみたす確率変数 $[S]_T$ を $\{S_t\}_{0 \leq t \leq T}$ の $[0, T]$ 上での2次変分と定義する．このとき，$[S]_T = [M]_T$ を示しなさい．

5 　もし f が単関数で，$\{W_t\}_{t \geq 0}$ は $\mathbf{P}$-Brown 運動とすると，伊藤確率積分
$$M_t = \int_0^t f(s, W_s) dW_s$$
によって与えられる過程 $\{M_t\}_{t \geq 0}$ が $(\mathbf{P}, \{\mathcal{F}_t^W\}_{t \geq 0})$-マルチンゲールとなることを示しなさい．

6 　$\{W_t\}_{t \geq 0}$ が $\mathbf{P}$-Brown 運動のとき，
$$\mathbf{E}\left[\left(\int_0^t W_s dW_s\right)^2\right] = \int_0^t \mathbf{E}[W_s^2] ds$$
が成り立つことを示しなさい（W_t の積率母関数が必要ならば，演習問題10の結果を仮定してもよい）．

7 　いつものように，$\{W_t\}_{t \geq 0}$ は $\mathbf{P}$ のもとで標準 Brown 運動とする．伊藤の公式を使って以下のそれぞれに対する確率微分方程式を求めなさい．

(a) 　$Y_t = W_t^3$

(b) 　$Y_t = \exp(\sigma W_t - \frac{1}{2}\sigma^2 t)$

(c) 　$Y_t = tW_t$

8 　Taylor 展開を基礎にしたヒューリスティックな方法によって，Storatonovich の確率解析についての連鎖法則が古典的な（Newton の）連鎖法則の形をとることを確かめなさい．

9 　例題 4.1 の計算を真似して，もし $\{W_t\}_{t \geq 0}$ が $\mathbf{P}$ のもとで標準 Brown 運動ならば，$\mathbf{E}[W_t^4] = 3t^2$ となることを示しなさい．

10 　$\{W_t\}_{t \geq 0}$ は $\mathbf{P}$ のもとで標準 Brown 運動とし，$Z_t = \exp(aW_t)$ と定義する．伊藤の公式を使って Z_t に対する確率微分方程式を求めなさい．そして，$m(t) \triangleq \mathbf{E}[Z_t]$ に対する常微分方程式を求め，それを解いて解が

$$\mathbf{E}[\exp(\alpha W_t)] = \exp\left(\frac{\alpha^2}{2}t\right)$$

となることを示しなさい．

11 **Orstein-Uhlenbeck 過程**：$\{W_t\}_{t \geq 0}$ は，$\mathbf{P}$ のもとで標準 Brown 運動とする．Orstein-Uhlenbeck 過程とは，**Langevin 方程式**

$$dX_t = -\alpha X_t dt + dW_t, \quad X_0 = x,$$

の一意的な解 $\{X_t\}_{t \geq 0}$ のことだ．この方程式は，もとは流体中に懸架されている粒子の速度を表す単純な理想モデルとして導入された．ファイナンスでは，利子率の **Vasicek** モデルの特別な場合である（演習問題 19 を参照）．この解が

$$X_t = e^{-\alpha t} x + e^{-\alpha t} \int_0^t e^{\alpha s} dW_s$$

となることを確めなさい．そして，この表現を使って X_t の平均値と分散を求めなさい．

12 利子率の **Cox-Ingersoll-Ross** モデルでは，利子率 r は確定的なものではなく，確率微分方程式

$$dr_t = (\alpha - \beta r_t)dt + \sigma\sqrt{r_t}dW_t$$

をみたすものと仮定している．この過程は，**2 次 Bessel 過程**として知られている．$\alpha = 0$ の場合，$\{\sqrt{r_t}\}_{t \geq 0}$ がみたす確率微分方程式を求めなさい．$\{u_t\}_{t \geq 0}$ は常微分方程式

$$\frac{du}{dt}(t) = -\beta\mu(t) - \frac{\sigma^2}{2}u(t)^2, \quad u(0) = \theta$$

をみたしているものとする．ここに，$\theta > 0$ はある定数である．$T > 0$ を固定する．あいかわらず $\alpha = 0$ として，$0 \leq t \leq T$ に対して

$$\mathbf{E}[\exp(-u(T-t)r_t)]$$

がみたす確率微分方程式を求めなさい．そして，r_t の平均値と分散，および $\mathbf{P}[r_t = 0]$ を計算しなさい．

13 **Black-Karasinski** の利子率モデルは

$$dr_t = \sigma_t r_t dW_t + \left(\theta_t + \frac{1}{2}\sigma_t^2 - \alpha_t \log r_t\right) r_t dt$$

で表される．ここに，$\{W_t\}_{t\geq 0}$ は $\mathbf{P}$ のもとで標準 Brown 運動で，σ_t と θ_t と α_t は確定的な時間の関数である．σ と θ と α が定数であるような特別な場合について，$\int_0^t e^{\alpha s} dW_s$ の関数として r_t を求めなさい．

14 測度 $\mathbf{P}$ のもとで，
$$dS_t = \sigma S_t dW_t$$
とする．ここに，$\{W_t\}_{t\geq 0}$ は標準 $\mathbf{P}$-Brown 運動とする．このとき，
$$Y_t \triangleq \int_0^t S_u du$$
の平均値と分散を求めなさい．

15 $\{M_t\}_{t\geq 0}$ はすべての $t\geq 0$ に対して，$\mathbf{E}[M_t^2]$ が有限である連続 $(\mathbf{P}, \{\mathcal{F}_t\}_{t\geq 0})$-マルチンゲールとする．対応する 2 次変分過程を $\{[M]_t\}_{t\geq 0}$ とするとき，$M_t^2 - [M]_t$ は $(\mathbf{P}, \{\mathcal{F}_t\}_{t\geq 0})$-マルチンゲールとなることを示しなさい．

16 $\{X_t\}_{t\geq 0}$ は確率測度 $\mathbf{P}$ のもとで，一定ドリフト μ をもつ Brown 運動とする．そのもとで，$\{X_t\}_{t\geq 0}$ がドリフト ν の Brown 運動となる $\mathbf{P}$ と同値な $\mathbf{P}^*$ を求めなさい．

17 $\{\mathcal{F}_t\}_{t\geq 0}$ は $\mathbf{P}$-Brown 運動 $\{W_t\}_{t\geq 0}$ に付随する自然なフィルターとする．もし，X が $\mathbf{E}[|X|] < \infty$ をみたす $\mathcal{F}_T$-可測な確率変数で，$\mathbf{P}^*$ が $\mathbf{P}$ と同値な確率測度とすると，過程
$$M_t \triangleq \mathbf{E}^{\mathbf{P}^*}[X|\mathcal{F}_t]$$
は $(\mathbf{P}^*, \{\mathcal{F}_t\}_{0\leq t\leq T})$-マルチンゲールであることを示しなさい．

18 Feynman-Kac 確率表現公式を使って，終端条件
$$F(T, x) = x^4$$
のもとで

$$\frac{\partial F}{\partial t}(t,x)+\frac{1}{2}\sigma^2\frac{\partial^2 F}{\partial x^2}(t,x)=0$$

を解きなさい．

19　利子率 r は確定的ではなくて，それ自身確率過程 $\{r_t\}_{t\geq 0}$ とする．**Vasicek モデル**では，$\{r_t\}_{t\geq 0}$ は確率微分方程式

$$dr_t=(b-ar_t)dt+\sigma dW_t$$

の解であると仮定している．ここに，$\{W_t\}_{t\geq 0}$ は標準 **P**-Brown 運動である．

この過程の確率密度関数がみたす Kolmogorov の後退方程式と前進方程式を求めなさい．

20　$v(t,x)$ は，

$$\frac{\partial v}{\partial t}(t,x)+\frac{1}{2}\sigma^2 x^2\frac{\partial^2 v}{\partial x^2}(t,x)-rv(t,x)=0,\quad 0\leq t\leq T$$

の解とする．このとき，任意の定数 θ に対して

$$v_\theta(t,x)\triangleq\frac{x}{\theta}v\!\left(t,\frac{\theta^2}{x}\right)$$

がもう一つの解であることを示しなさい．Feynman-Kac 確率表現を使って，この結果の確率的解釈をしなさい．

21　$0\leq s\leq T$ に対して，

$$dX_s=\mu(s,X_s)ds+\sigma(s,X_s)dW_s,\quad X_t=x$$

とおく．ここに，$\{W_t\}_{t\leq s\leq T}$ は標準 **P**-Brown 運動である．$k,\Phi:\mathbf{R}\to\mathbf{R}$ はともに確定的関数とする．このとき，

$$F(t,x)=\mathbf{E}[\Phi(X_T)|X_t=x]+\int_t^T E[k(X_s)|X_t=x]ds$$

がみたす偏微分方程式を求めなさい．

第 5 章

Black-Scholes モデル

　今や我々は，連続時間の場合の Black-Scholes モデルの価格決定とヘッジに必要な道具をすべて手にしたことになる．ここで，最も基礎的な設定からはじめる．それは債券とその価格が幾何 Brown 運動でモデル化されたリスク資産の，わずか 2 つの証券から構成されている市場だ．

　5.1 節ではこの枠組で，資産価格の基本定理を証明する．離散の解析と同列で，この定理はデリバティブの価格をマルチンゲール測度のもとでの割引期待ペイオフとして，陽関数の公式を与えるものだ．離散の設定とまったく同じように，複製には 3 ステップを踏む必要がある．5.2 節では，ヨーロピアン・オプションについてこれを実行する．単純なコールとプットについては，請求権の価格を与える期待値の評価が可能だ．さらに Feynman-Kac 表現を適用して，複製ポートフォリオの株式と債券の保有高の陽関数による表現を得る．

　本章の残りの部分では，デリバティブ契約と市場モデルをさらに複雑化する．これをはじめる前に，基本的 Black-Scholes の枠組で行ったファイナンスに関する仮説を緩和する．我々が定めたリスク資産は，きわめて単純なファイナンスの側面を表しているに過ぎない．それは，付加的なコストや利益なしに保有することができることや，時価で自由に取引できることを仮定していることだ．取引コストや非流動性の問題を脇においたとしても，このような市場は決して多くはない．外国為替には利子を支払う 2 つの資産が含まれ，株式にも配当の支払いがあり，さらに債券にはクーポンの支払いがあるのだ．5.3 節〜5.5 節では，このようなより洗練されたファイナンスの設定において，

Black-Scholes の技術がどのように応用されるかを見る．最後に 5.6 節では，与えられた市場内で取引可能な資産の特徴づけと，リスクの市場価格を定義する．

5.1　基本的 Black-Scholes モデル

本節では，2.6 節で得られた Black-Scholes 価格決定公式を厳密に導き出す．第 2 章と同じように，市場はたった 2 つの証券から構成されている．第 1 の証券はなじみ深い債券 $\{B_t\}_{t \geq 0}$ で，その無リスク金利は一定と仮定する．つまり，$B_0=1$ ならば $B_t=e^{rt}$ である．第 2 の証券はリスクのある資産で，時点 t におけるその価格を S_t と表す．我々のこの基準モデルでは，$\{S_t\}_{t \geq 0}$ は幾何 Brown 運動と仮定する．すなわち，ある定数 μ と σ について，方程式

$$dS_t = \mu S_t dt + \sigma S_t dW_t$$

をみたすものとする．ここに，$\{W_t\}_{t \geq 0}$ は **P**-Brown 運動とする．これは，2.6 節で $\nu = \mu - \frac{1}{2}\sigma^2$ としたことに対応していることに注意すること．また，**P** を**市場測度**という．離散の場合と同様に，市場測度は市場のどの事象が正の確率かを示すものであるが，価格決定やヘッジをするためにはこれらの確率の再構築が必要だ．

自己資金調達

　離散の場合と同じように，市場には裁定機会が存在しないというのが出発点だ．我々の戦略は，第 2 章の議論と平行するものだ．すなわち，T での条件つき請求権 C_T の時点ゼロにおける価格を得るために，時点 T において C_T となるような自己資金調達ポートフォリオを見つけることである．裁定が存在しない場合，請求権の値は複製ポートフォリオを構築するためのコストと等しくなければならない．もちろんこの議論では，このポートフォリオに対する取引戦略は**可予測**でなければならない．さらに，

5.1 基本的 Black-Scholes モデル

ポートフォリオは期間の「端点」だけでなく何回でも再構築できるとしたので，明白な裁定機会を避けるためには，さらにポートフォリオに対する可能な取引戦略についてある制限を設けなければならない．これを例で示そう．

例5.1 **倍々戦略**：コイン（表の出る確率を $p>0$ とする）を（独立に）投げ続ける賭けについて，以下のような戦略を考える．第1回目に表が出る方に $\$K$ を賭ける．もし表が出たら，$\$K$ 勝ってゲームを止める．もし表が出なかったならば，第2回目に表が出る方に $\$2K$ 賭ける．もし表が出たら正味 $\$K$ の勝ちで，ゲームを止める．もしそうでなければ，$\$3K$ の損をし，第3回目に表が出るほうに $\$4K$ 賭ける．以下同様とする．もし，第 $n-1$ 回目まですべて裏が出たとすると，$\$\sum_{j=0}^{n-1} 2^j K = \$(2^n-1)K$ の損となり，第 n 回目に表が出る方に $\$2^n K$ 賭ける．確率1でいつかは表が出るので，$\$K$ の勝ちを保証される．もちろん，これができるためには，無限の資金がなければならない．もし限られた資金しかもっていなければ，この明白な裁定機会はみすみす失われてしまうのだ．

この例を念頭において，以下の定義を導入する．

定義5.1 **自己資金調達戦略**とは，以下の条件をみたす1対の可予測過程 $\{\psi_t\}_{t\geq 0}$ と $\{\phi_t\}_{t\geq 0}$ のことだ．ψ_t と ϕ_t は，それぞれ時点 t でのポートフォリオの無リスク資産の量とリスク資産の量を表し，

1　確率1で
$$\int_0^T |\psi_t| dt + \int_0^T |\phi_t|^2 dt < \infty$$
となる．

2　すべての $t\in [0, T]$ に対して確率1で
$$\psi_t B_t + \phi_t S_t = \psi_0 B_0 + \phi_0 S_0 + \int_0^t \psi_u dB_u + \int_0^t \phi_u dS_u$$
が成り立つ．

注意 定義 5.1 の条件 1 は，条件 2 の積分が意味をもつことを保証している．さらに，$\int_0^t \phi_u dW_u$ は **P**-マルチンゲールとなる．

微分形式でいうと条件 2 は，時点 t でのポートフォリオの価値 $V_t(\psi, \phi) = \psi_t B_t + \phi_t S_t$ が

$$dV_t(\psi, \phi) = \psi_t dB_t + \phi_t dS_t$$

をみたすことを主張している．つまり，無限小時間でのポートフォリオの価値の変化はまったく資産価値の変化によるものであって，外部からの資金の投入（あるいは引上げ）によらない．■

離散の設定と同じように「市場測度」**P** と同値な測度 **Q** で，そのもとで割引株価 $\{\tilde{S}_t\}_{t\geq 0}$ が **Q**-マルチンゲールとなるものが鍵となるのだ．つまりこれは，資産の**割引**価格過程を中心的な関心事と考えると便利だということだ．このことを考慮に入れて，方程式 (2.5) に相当する次の連続な場合の証明をする．

補題 5.1 $\{\psi_t\}_{0\leq t\leq T}$ と $\{\phi_t\}_{0\leq t\leq T}$ は（確率 1 で）

$$\int_0^T |\psi_t| dt + \int_0^T |\phi_t|^2 dt < \infty$$

をみたす可予測過程とし，

$$V_t(\psi, \phi) = \psi_t B_t + \phi_t S_t, \quad \tilde{V}_t(\psi, \phi) = e^{-rt} V_t(\psi, \phi)$$

とおく．このとき，$\{\psi_t, \phi_t\}_{0\leq t\leq T}$ が自己資金調達であるのは，すべての $t \in [0, T]$ に対して確率 1 で

$$\tilde{V}_t(\psi, \phi) = \tilde{V}_0(\psi, \phi) + \int_0^t \phi_u d\tilde{S}_u$$

をみたすとき，かつそのときに限る．

証明 はじめに，ポートフォリオ $\{\psi_t, \phi_t\}_{0\leq t\leq T}$ が自己資金調達と仮定すると，

$$\begin{aligned}
d\tilde{V}_t(\psi, \phi) &= -re^{-rt} V_t(\psi, \phi) dt + e^{-rt} dV_t(\psi, \phi) \\
&= -re^{-rt}(\psi_t e^{rt} + \phi_t S_t) dt + e^{-rt} \psi_t d(e^{rt}) + e^{-rt} \phi_t dS_t \\
&= \phi_t(-re^{-rt} S_t dt + e^{-rt} dS_t)
\end{aligned}$$

5.1 基本的 Black-Scholes モデル

$$= \phi_t d\tilde{S}_t$$

となって条件が成り立つ．

十分性についても同様であるから，読者の演習問題とする． ∎

価格決定の戦略

先に進む前に，これから述べる戦略の概略を示しておく．時刻 T における請求権を C_T と表し，この請求権の複製を試みる．複製ポートフォリオは S_T に依存するばかりでなく，$\{S_t\}_{0\leq t\leq T}$ にも複雑に依存するであろう．何らかの方法で可予測過程 $\{\phi_t\}_{0\leq t\leq T}$ を見つけることができて，(割引) 請求権 C_T について

$$\tilde{C}_T \triangleq e^{-rT}C_T = \phi_0 + \int_0^T \phi_u d\tilde{S}_u$$

をみたすものと仮定する．すると時点 t において，ϕ_t 単位の株式と ψ_t 単位の債券を保有するというポートフォリオにより請求権を複製することができる．ここに ψ_t は，

$$\tilde{V}_t(\psi,\phi) = \phi_t \tilde{S}_t + \psi_t e^{-rt} = \phi_0 + \int_0^t \phi_u d\tilde{S}_u$$

をみたすように選ぶ．補題 5.1 から，このポートフォリオは自己資金調達であり，しかも $V_T = C_T$ となる．よって，時点ゼロにおける請求権の公正な価格は $V_0 = \phi_0$ だ．

もし，ϕ_0 がわかっているならばこの方法でもよいが，戦略 $\{\psi_t, \phi_t\}_{t\geq 0}$ を陽に表現しなくても正しい価格を速く簡単に見つける方法があるのだ．上の仮定の代わりに，割引株価がマルチンゲールとなるような確率測度 **Q** を見つけることができたと仮定する．すると，少なくとも $\int_0^t \phi_u^2 du < \infty$ がみたされるという条件のもとで，

$$\int_0^t \phi_u d\tilde{S}_u$$

は平均ゼロの **Q**-マルチンゲールとなり，

$$\mathbf{E}^{\mathbf{Q}}[\tilde{V}_T(\psi,\phi)] = \phi_0 + \mathbf{E}^{\mathbf{Q}}\left[\int_0^T \phi_u d\tilde{S}_u\right] = \phi_0$$

となる．よって，$\phi_0 = \mathbf{E}^{\mathbf{q}}[\tilde{C}_T]$ は公正価格だ．

したがって，これは定理 2.1 の価格公式に対する完全なアナロジーである．もし $\mathbf{P}$ と同値で，しかも，そのもとで割引株価がマルチンゲールとなる確率測度 $\mathbf{Q}$ があるならば，複製ポートフォリオが存在するものとして，請求権の時点ゼロでの公正な価格は $\mathbf{E}^{\mathbf{q}}[\tilde{C}_T]$，つまりこの測度に関する請求権の割引期待値である．

これまでは確率過程 $\{\phi_t\}_{t \geq 0}$ の存在を仮定してきたが，(基本的な Black-Scholes 市場モデルに対して) この事実をマルチンゲール表現定理を応用して定理 5.1 で証明する．まず，もし価格公式がどんな場合にも有効ならば，我々は**同値なマルチンゲール測度 $\mathbf{Q}$** を見つけることが先決だ．

同値なマルチンゲール測度

補題 5.2 $\{\tilde{S}_t\}_{t \geq 0}$ **がマルチンゲールとなる確率測度**：確率測度 $\mathbf{P}$ と同値で，しかもそのもとで割引株価 $\{\tilde{S}_t\}_{t \geq 0}$ がマルチンゲールとなる確率測度 $\mathbf{Q}$ が存在する．そして，$\mathbf{Q}$ の $\mathbf{P}$ に関する Radon-Nikodym 導関数は

$$L_t^{(\theta)} \triangleq \left. \frac{d\mathbf{Q}}{d\mathbf{P}} \right|_{\mathcal{F}_t} = \exp\left(-\theta W_t - \frac{1}{2}\theta^2 t\right)$$

だ．ここに，$\theta = (\mu - r)/\sigma$ である．

証明 株価過程は

$$dS_t = \mu S_t dt + \sigma S_t dW_t$$

にしたがうので，

$$d\tilde{S}_t = \tilde{S}_t(-rdt + \mu dt + \sigma dW_t)$$

と書き直すことができる．よって，$X_t = W_t + (\mu - r)t/\sigma$ とおくと，

$$d\tilde{S}_t = \sigma \tilde{S}_t dX_t$$

となる．定理 4.10 から，$\{X_t\}_{t \geq 0}$ は $\mathbf{Q}$-Brown 運動となり，したがって $\{\tilde{S}_t\}_{t \geq 0}$ は $\mathbf{Q}$-マルチンゲールとなる．さらにこの解は，

$$\tilde{S}_t = \tilde{S}_0 \exp(\sigma X_t - \sigma^2 t/2)$$

資産価格決定の基礎定理

いまや Black-Scholes の枠組において，資産価格決定の基礎定理を証明する準備が整った．

> **定理 5.1** $\mathbf{Q}$ を補題 5.2 で与えられた測度とする．時点 T での請求権は，非負確率変数 $C_T \in \mathcal{F}_T$ とする．もし
> $$\mathbf{E}^{\mathbf{Q}}[C_T^2] < \infty$$
> ならばこの請求権は複製可能であり，時点 t における任意の複製ポートフォリオの価値は
> $$V_t = \mathbf{E}^{\mathbf{Q}}[e^{-r(T-t)}C_T | \mathcal{F}_t]$$
> で与えられる．特に，時点ゼロでのオプションの公正価格は
> $$V_0 = \mathbf{E}^{\mathbf{Q}}[e^{-rT}C_T] = \mathbf{E}^{\mathbf{Q}}[\tilde{C}_T]$$
> となる．

証明 補題 5.1 に続く議論において，次のことを示した．つまり，もし

$$\tilde{C}_T = \phi_0 + \int_0^T \phi_u d\tilde{S}_u$$

をみたす過程 $\{\phi_t\}_{0 \leq t \leq T}$ を見つけることができるならば，複製ポートフォリオを構築することができ，時点 t におけるその価値は，

$$\tilde{V}_t(\psi, \phi) = \phi_0 + \int_0^t \phi_u d\tilde{S}_u \tag{5.1}$$

をみたす．そして，確率積分のマルチンゲール性によって

$$\tilde{V}_t(\psi, \phi) = \mathbf{E}^{\mathbf{Q}}\left[\phi_0 + \int_0^T \phi_u d\tilde{S}_u \middle| \mathcal{F}_t\right] = \mathbf{E}^{\mathbf{Q}}[\tilde{C}_T | \mathcal{F}_t] = \mathbf{E}^{\mathbf{Q}}[e^{-rT}C_T | \mathcal{F}_t]$$

となる．区間 $[0, t]$ 上の割引を解消することによって，

$$V_t(\psi, \phi) = \mathbf{E}^{\mathbf{Q}}[e^{-r(T-t)}C_T | \mathcal{F}_t]$$

を得る．そこで，このような価格が一意的であることを再確認しておく．明らかに，任意の他の複製ポートフォリオ $\{\hat{\psi}_t, \hat{\phi}_t\}_{0 \leq t \leq T}$ に対して $V_T(\hat{\psi},$

$\hat{\phi}) = C_T$ であり，そして，もしこのポートフォリオが自己資金調達であるならば，（補題 5.1 によって）式 (5.1) の形の方程式をみたす．上の議論を繰り返すことによって，任意の自己資金調達ポートフォリオに対して同一の価値を得る．

こうして定理の証明を完結するためには，

$$\tilde{C}_T = \phi_0 + \int_0^T \phi_u d\tilde{S}_u$$

をみたす可予測過程 $\{\phi_t\}_{0 \le t \le T}$ が**存在**することを示せばよいのだ．演習問題 2 によって，

$$M_t \triangleq \mathbf{E}^{\mathbf{Q}}[e^{-rT} C_T | \mathcal{F}_t]$$

は 2 乗可積分 $\mathbf{Q}$-マルチンゲールである．補題 5.2 で定義した過程 $\{X_t\}_{t \ge 0}$ に対するフィルターは，Brown 運動の自然なフィルターと同じものだ．つまり，$\{M_t\}_{t \ge 0}$ は 2 乗可積分な「Brown マルチンゲール」であり，よって Brown 運動によるマルチンゲール表現定理 4.11 から，

$$M_t = M_0 + \int_0^t \theta_s dX_s$$

と表される $\{\mathcal{F}_t\}_{0 \le t \le T}$-可予測な過程 $\{\theta_t\}_{0 \le t \le T}$ が存在する．

ところで，$d\tilde{S}_s = \sigma \tilde{S}_s dX_s$ であるから，

$$\phi_t = \frac{\theta_t}{\sigma \tilde{S}_t} \quad \text{と} \quad \psi_t = M_t - \phi_t \tilde{S}_t$$

とおく．定義 5.1 の条件 1 が成り立つことは容易にわかるので，$\{\psi_t, \phi_t\}_{0 \le t \le T}$ に対する戦略は自己資金調達ポートフォリオを定義する．■

注意 上で示した定理は非常に一般的である．緩い有界条件のもとで，時点 T までの株価のパスにのみ依存する限りにおいて，請求権 C_T はほどんど任意に複雑であってもよいのだ．時点ゼロにおける請求権の価格は $\mathbf{E}^{\mathbf{Q}}[e^{-rT} C_T]$ で，これはどんなに複雑な請求権 C_T に対しても，少なくとも数値的には評価できる．

我々は公正な価格が存在することだけでなく，さらにその請求権を**ヘッジできる**ことを示した．欠点を言えば，ヘッジ戦略の存在は主張できる

が，その明白な表現は得られていないということだ．次の節で，満期における株価のみに依存するオプションであるヨーロピアン・オプションに対する陽な表現を見つける． ∎

こうして離散の場合と同じように，条件つき請求権の価格決定と複製の方法を得ることができた．

---

3 ステップ複製法

1 割引資産価格 $\{\tilde{S}_t\}_{t\geq 0}$ がマルチンゲールとなる測度 $\mathbf{Q}$ を見つける．

2 確率過程 $M_t = \mathbf{E}^{\mathbf{Q}}[e^{-rT}C_T|\mathcal{F}_t]$ を構成する．

3 $dM_t = \phi_t d\tilde{S}_t$ をみたす可予測過程 $\{\phi_t\}_{t\geq 0}$ を見つける．

5.2 ヨーロピアン・オプションに対する Black-Scholes の価格決定とヘッジ

ヨーロピアン・オプションの場合，つまりそのペイオフが満期における原資産の価格にのみ依存する場合は，オプションの価格決定もポートフォリオのヘッジも，ともに陽解が得られる．

はじめに，請求権の価格を評価する．5.1 節と同じ仮定を設定する．

命題 5.1 満期におけるペイオフが $C_T = f(S_T)$ であるヨーロピアン・オプションの時点 t での価値は $V_t = F(t, S_t)$ だ．ここに，

$$F(t, x) = e^{-r(T-t)} \int_{-\infty}^{\infty} f(x \exp((r-\sigma^2/2)(T-t) + \sigma y\sqrt{T-t}))$$
$$\times \frac{\exp(-y^2/2)}{\sqrt{2\pi}} dy$$

証明 定理 5.1 から時点 t での価値は，

$$\mathbf{E}^{\mathbf{Q}}[e^{-r(T-t)}f(S_T)|\mathcal{F}_t] \tag{5.2}$$

となる．ここに，$\mathbf{Q}$ は補題 5.2 で得られたマルチンゲール測度だ．この測度のもとで，$X_t = W_t + (\mu-r)t/\sigma$ は Brown 運動で，
$$d\tilde{S}_t = \sigma \tilde{S}_t dX_t$$
となる．この方程式を解くと
$$\tilde{S}_T = \tilde{S}_t \exp\left(\sigma(X_T - X_t) - \frac{1}{2}\sigma^2(T-t)\right)$$
となり，これを式(5.2)に代入すると，
$$V_t = \mathbf{E}^{\mathbf{q}}\left[e^{-r(T-t)} f\left(S_t e^{r(T-t)} \exp\left(\sigma(X_T - X_t) - \frac{1}{2}\sigma^2(T-t)\right)\right) \middle| \mathcal{F}_t \right]$$
が得られる．$\mathbf{Q}$ のもとでは，$X_T - X_t$ の条件つき分布は平均ゼロと分散 $(T-t)$ の正規分布であるから，
$$V_t = F(t, S_t)$$
$$= \int_{-\infty}^{\infty} e^{-r(T-t)} f\left(S_t e^{r(T-t)} \exp\left(\sigma z - \frac{1}{2}\sigma^2(T-t)\right)\right)$$
$$\times \frac{1}{\sqrt{2\pi(T-t)}} \exp\left(-\frac{z^2}{2(T-t)}\right) dz$$
$$= e^{-r(T-t)} \int_{-\infty}^{\infty} f\left(S_t \exp\left(\left(r - \frac{1}{2}\sigma^2\right)(T-t) + \sigma y\sqrt{T-t}\right)\right)$$
$$\times \frac{1}{\sqrt{2\pi}} \exp\left(-\frac{y^2}{2}\right) dy$$
となって，求める結果が得られた． ∎

コールとプットの価格決定

ヨーロピアン・コールとヨーロピアン・プットついて，命題 5.1 の関数 F は陽関数で表すことができる．

例 5.2 **ヨーロピアン・コール**：命題 5.1 の記号のもとで，$f(S_T) = (S_T - K)_+$ とする．このとき $\theta = (T-t)$ とおくと，
$$F(t, x) = x\Phi(d_1) - Ke^{-r\theta}\Phi(d_2) \tag{5.3}$$
となる．ここに，$\Phi(\cdot)$ は
$$\Phi(y) = \int_{-\infty}^{y} \frac{1}{\sqrt{2\pi}} e^{-y^2/2} dy$$

5.2 ヨーロピアン・オプションに対する Black-Scholes の価格決定とヘッジ

で与えられる標準正規分布関数で，

$$d_1 = \frac{\log\left(\frac{x}{K}\right) + \left(r + \frac{\sigma^2}{2}\right)\theta}{\sigma\sqrt{\theta}}$$

かつ $d_2 = d_1 - \sigma\sqrt{\theta}$ である．

証明 命題5.1の証明で，最後の行に f と x を代入すると，

$$F(t, x) = \mathbf{E}[(xe^{\sigma\sqrt{\theta}Z - \sigma^2\theta/2} - Ke^{-r\theta})_+] \tag{5.4}$$

を得る．ここに，$Z \sim N(0, 1)$ とする．はじめに，被積分関数が非ゼロとなる Z の値の範囲を定めよう．

$$xe^{\sigma\sqrt{\theta}Z - \sigma^2\theta/2} > Ke^{-r\theta}$$

を書き直すと，

$$Z > \frac{\log\left(\frac{K}{x}\right) + \frac{\sigma^2}{2}\theta - r\theta}{\sigma\sqrt{\theta}}$$

と等価である．よって，$Z + d_2 \geq 0$ ならば，式(5.4)の被積分関数はゼロでない．この記号を使って式を変形する．

$$F(t, x) = \mathbf{E}[(xe^{\sigma\sqrt{\theta}Z - \sigma^2\theta/2} - Ke^{-r\theta})\,\mathbf{1}_{Z+d_2 \geq 0}]$$

$$= \int_{-d_2}^{\infty} (xe^{\sigma\sqrt{\theta}Z - \sigma^2\theta/2} - Ke^{-r\theta})\frac{e^{-y^2/2}}{\sqrt{2\pi}}dy$$

$$= \int_{-\infty}^{d_2} (xe^{\sigma\sqrt{\theta}Z - \sigma^2\theta/2} - Ke^{-r\theta})\frac{e^{-y^2/2}}{\sqrt{2\pi}}dy$$

$$= x\int_{-\infty}^{d_2} e^{-\sigma\sqrt{\theta}Z - \sigma^2\theta/2}\frac{e^{-y^2/2}}{\sqrt{2\pi}}dy - Ke^{-r\theta}\Phi(d_2)$$

最後の行のはじめの積分において，$z = y + \sigma\sqrt{\theta}$ と変数変換をすると，最終的に

$$F(t, x) = x\Phi(d_1) - Ke^{-r\theta}\Phi(d_2)$$

を得る． ∎

方程式(5.3)は，ヨーロピアン・コール・オプションの **Black-Scholes 価格決定公式**として知られている．これに対応するヨーロピアン・プット・オプションの公式は，演習問題3にある．

注意事項 1 Bachelier はヨーロピアン・コール・オプションの価格決定に関して，幾何 Brown 運動ではなくて Brown 運動を用いていることを除けば，これとよく似た公式を実質的に得ている．しかしこれは，幸運に恵まれていたのだ．というのは，彼は価格決定に期待値を使っているが，動的ヘッジの考え方は持ち合わせていなかったからだ．

2 価格決定公式はただ一つの未知パラメータ σ (実務家は**ボラティリティ**と呼んでいるが)に依存していることに注意しよう．同じことは，我々のヘッジ・ポートフォリオにも当てはまる．したがって，問題はいかにして σ を推定するかということだ．よくやるのは，**インプライド・ボラティリティ**を使う方法だ．オプションの中には，組織化された市場で相場が付けられるものがある．ヨーロピアン・コールとプットの価格はボラティリティの増加関数であるから，Black-Scholes 公式の逆関数を求めることができて，各オプションにインプライド・ボラティリティを対応させることができるのだ．しかし残念なことに，このようにして求めた σ の推定値は，行使価格と満期までの時間に依存するのが普通である．これについては 7.4 節で簡単に触れる．

コールとプットのヘッジ

次に，ヨーロピアン・オプションの**ヘッジ**の問題を考えよう．つまり，条件つき請求権を複製するポートフォリオをいかにして構築するか？ という問題だ．

マルチンゲール表現定理によると，割引オプション価格と割引株価は同一の測度のもとでマルチンゲールであるから，一方は他方の局所的な伸縮バージョンだ．我々が求めているのは，正にこの局所的伸縮だ．離散の場合，2.5 節で，第 $(i+1)$ 時点までの 1 期間における株価の変化に対するオプション価格の変化率として ϕ_{i+1} を求めた．このことから，連続の場合には ϕ_t をオプション価格の株価に関する導関数と考えるのは妥当である．これを示そう．

5.2 ヨーロピアン・オプションに対する Black-Scholes の価格決定とヘッジ

命題 5.2 命題 5.1 の記号を流用する．定理 5.1 の複製ポートフォリオの株式保有量を決める過程 $\{\phi_t\}_{0\le t\le T}$ は，
$$\phi_t = \frac{\partial F}{\partial x}(t, x)\Big|_{x=S_t}$$
で与えられる．

証明 この記法で定理 5.1 の結果を書き直すと，
$$F(t, x) = \mathbf{E}^{\mathbf{Q}}[e^{-r(T-t)}f(S_T)|S_t = x]$$
ここに，$\mathbf{Q}$ のもとで
$$d\tilde{S}_t = \sigma\tilde{S}_t dX_t$$
であり，$\{X_t\}_{0\le t\le T}$ は Brown 運動となる．明らかに，伊藤の公式から
$$dS_t = rS_t dt + \sigma S_t dX_t$$
となる．Feynman-Kac 表現と通常の積の微分公式を組み合わせると，$F(t, x)$ は
$$\frac{\partial F}{\partial t}(t, x) + \frac{1}{2}\sigma^2 x^2 \frac{\partial^2 F}{\partial x^2}(t, x) - rxF(t, x) + rx\frac{\partial F}{\partial x}(t, x) = 0,$$
$$0 \le t \le T$$
をみたす．これを **Black-Scholes 方程式** という．読者は，$F(t, x)$ がこの方程式をみたすことを別の方法で示すように，演習問題 4 で要求されている．

関数 $\tilde{F}(t, x) = e^{-rt}F(t, x)$ と定義すると，$\tilde{V}_t = \tilde{F}(t, \tilde{S}_t)$ と表される．このとき，
$$\frac{\partial \tilde{F}}{\partial t}(t, x) = -\frac{1}{2}\sigma^2 x^2 \frac{\partial^2 \tilde{F}}{\partial x^2}(t, x)$$
となることと，$0 \le u \le T$ について $\tilde{F}(u, \tilde{S}_u)$ に伊藤の公式を適用すると
$$\tilde{F}(T, \tilde{S}_T) = F(0, S_0) + \int_0^T \sigma\tilde{S}_s \frac{\partial \tilde{F}}{\partial x}(s, \tilde{S}_s)dX_s$$
$$= F(0, S_0) + \int_0^T \frac{\partial \tilde{F}}{\partial x}(s, \tilde{S}_s)d\tilde{S}_s$$
と得る．これから，

$$\phi_t = \frac{\partial \tilde{F}}{\partial x}(t, \tilde{S}_t) = \frac{\partial F}{\partial x}(t, S_t)$$

となって，求める結果が得られる． ∎

例 5.3 ヨーロピアン・コールのヘッジ：例題 5.2 の記号を流用する．ヨーロピアン・コール・オプションに対して

$$\frac{\partial F}{\partial x}(t, x) = \Phi(d_1)$$

を得る．

証明 例題 5.2 と同じ記号を使うと

$$F(t, x) = \mathbf{E}[(x\exp(\sigma\sqrt{\theta}\,Z - \sigma^2\theta/2) - Ke^{-r\theta})_+]$$

と表せる．ここに，$Z \sim N(0, 1)$ と $\theta = (T-t)$ とする．被積分関数を x に関して微分すると，もし被積分関数が正なら $\exp(\sigma\sqrt{\theta}\,Z - \sigma^2\theta/2)$ で，そうでなければゼロとなる．よって，再び例題 5.2 の記号を使うと

$$\frac{\partial F}{\partial x}(t, x) = \mathbf{E}[\exp(\sigma\sqrt{\theta}\,Z - \sigma^2\theta/2)\,\mathbf{1}_{Z+d_2 \geq 0}]$$

$$= \int_{-d_2}^{\infty} \exp(\sigma\sqrt{\theta}\,y - \sigma^2\theta/2 - y^2/2)\frac{1}{\sqrt{2\pi}}dy$$

となる．この右辺は，はじめに変数変換 $u = -y$ を行い，次に $z = u + \sigma\sqrt{\theta}$ とすると，前と同じように $\Phi(d_1)$ に帰着する．よって

$$\frac{\partial F}{\partial x}(t, x) = \Phi(d_1)$$

となる．また，ヨーロピアン・プットに対して計算すると次式となる．

$$\frac{\partial F}{\partial x}(t, x) = -\Phi(-d_1)$$

∎

注意事項 **ギリシャ文字**：実務家達はしばしば，量 $\partial F/\partial x$ のことを**デルタ**とよんでいる．資産とデリバティブから成るポートフォリオに対して，市場のパラメータに関する価格の感度は**ギリシャ文字**で表される．時点 t での資産価格が x のときのポートフォリオの価値を $\pi(t, x)$ で表すと，$\frac{\partial \pi}{\partial x}$ で表されるデルタの他に，ガンマ，セータ，ヴェガをそれぞれ

$$\Gamma = \frac{\partial^2 \pi}{\partial x^2}, \quad \Theta = \frac{\partial \pi}{\partial t}, \quad \nu = \frac{\partial \pi}{\partial \sigma}$$

と定義する． ∎

5.3　外国為替

　本節では外国為替市場を考察することによって，これまでのモデルをファイナンス的にさらに洗練されたものにする．通貨を保有することはリスクをともなうビジネスであり，このリスクゆえにデリバティブの需要があるのだ．この市場で経営を行うには，1単位の通貨の将来価値に基づく請求権を別の通貨によって評価しなければならない．

　外国為替フォワードに対する価格決定問題は，第1章演習問題13ですでに解かれている．この場合，1.2節で解いた無配当原資株式に基づくフォワード契約の価格決定問題とは対照的に，**両方**の通貨の利子率を考慮する必要がある．同様に，例題1.3のスターリング・ポンドとUSドルとの為替レートに基づくヨーロピアン・コール・オプションの価格決定問題では，スターリング・ポンド債券モデルもUSドル債券のモデルもともに必要であった．外国為替市場に対するBlack-Sholesモデルもまた，両方の通貨を組み込まなければならない．議論を明確にするために，2つの通貨はUSドルとスターリング・ポンドとする．

Black-Scholes 通貨モデル：ドル債券を $\{B_t\}_{t \geq 0}$ とし，ポンド債券を $\{D_t\}_{t \geq 0}$ とする．時点 t での£1のドル価格を E_t とすると，我々のモデルは

　　　　ドル債券　　　$B_t = e^{rt}$

　　　　ポンド債券　　$D_t = e^{ut}$

　　　　為替レート　　$E_t = E_0 \exp(\nu t + \sigma W_t)$

と表される．ここに，$\{W_t\}_{t \geq 0}$ は **P**-Brown 運動で，r, u, ν, σ はそれぞれ定数とする．

我々は再び，離散の場合に克服しなければならなかった「為替レートは**取引可能ではない**」という問題に遭遇する．我々の経営は，一つの市場の中に限定しなければならないのだ．はじめにドル投資家の立場で考えてみる．ドル市場では，ポンド債券も為替レートも取引できない．しかし，これらの積 $S_t = E_t D_t$ はドル取引可能と考えることができる．ドル投資家はポンド債券を保有することができて，時点 t でのそのドル価値は S_t だ．そして，E_T に基づく請求権は，いずれも S_T に基づくものと考えることができるのだ．

こうして，5.1 節の基本的 Black-Scholes モデルを正確に写し出す設定が得られる．ドル投資家の観点からすると，ドル債券過程 $\{B_t\}_{t \geq 0}$ とポンド債券過程 $\{S_t\}_{t \geq 0}$ の 2 つの過程が並存するわけだ．この設定に対して，Black-Scholes の方法論を適用する．時点 T での請求権（ドル）の価値を C_T とする．

---

3 ステップ複製法（外国為替）

1 そのもとで（ドル債券）の割引過程 $\{\tilde{S}_t = B_t^{-1} S_t\}_{t \geq 0}$ がマルチンゲールとなる測度 $\mathbf{Q}$ を求める．

2 過程 $M_t = \mathbf{E}^{\mathbf{Q}}[e^{-rT} C_T | \mathcal{F}_t]$ を構成する．

3 $dM_t = \phi_t d\tilde{S}_t$ をみたす適応過程 $\{\phi_t\}_{0 \leq t \leq T}$ を求める．

簡単にわかるように，$S_t = E_t D_t = E_0 \exp((\nu + u)t + \sigma W_t)$ であるから，過程 $\{S_t\}_{t \geq 0}$ は幾何 Brown 運動そのものであり，よって 5.1 節の議論から，以下の手順にしたがってよいことが保証される．

まず伊藤の公式を適用して，過程 $\{S_t\}_{t \geq 0}$ がしたがう方程式

$$dS_t = \left(\nu + u + \frac{1}{2}\sigma^2\right) S_t dt + \sigma S_t dW_t$$

を得る．補題 5.2 を適用して，そのもとでドル割引過程 $\{\tilde{S}_t\}_{t \geq 0}$ がマルチンゲールとなる測度 $\mathbf{Q}$ の $\mathbf{P}$ に関する Radon-Nikodym 導関数は

5.3 外国為替

$$\left.\frac{d\mathbf{Q}}{d\mathbf{P}}\right|_{\mathcal{F}_t} = L_t^{(\theta)} \triangleq \exp\left(-\theta W_t - \frac{1}{2}\theta^2 t\right)$$

ここに,$\theta = \left(\nu + u + \frac{1}{2}\sigma^2 - r\right)$. さらに,

$$X_t \triangleq W_t + \frac{\left(\nu + u + \frac{1}{2}\sigma^2 - r\right)}{\sigma} t$$

は $\mathbf{Q}$-マルチンゲールだ.

残りの手順は,特別な場合(演習問題11)の手続きにしたがえばよい.

例5.4 **フォワード契約**:将来の期日 T において,スターリング・ポンドをいくらで取引することに同意すべきか?

解答 もちろん,すでに第1章演習問題13においてこの問題は解けているが,ここではヘッジ・ポートフォリオを推測するだけではなくて,3ステップにしたがって複製する.

すでに測度 $\mathbf{Q}$ は既知である.もし時点 T において1単位のスターリング・ポンドを K ドルで買うことに同意した場合,この契約のペイオフは

$$C_T = E_T - K$$

だ.時点 t でのこの契約の価値は,したがって

$$V_t = \mathbf{E}^\mathbf{Q}[e^{-r(T-t)}C_T | \mathcal{F}_t]$$
$$= \mathbf{E}^\mathbf{Q}[e^{-r(T-t)}(E_T - K) | \mathcal{F}_t]$$

となる.時点ゼロにおけるフォワード契約のコストはゼロであるから,$V_0 = 0$ となるように K を選ばなければならない.つまり,$K = \mathbf{E}^\mathbf{Q}[E_T]$ とするのだ.E_T を X_T の関数として表すと

$$E_T = E_0 \exp\left(\sigma X_T - \frac{1}{2}\sigma^2 T + ((r-u)T\right)$$

となるので,$\{X_t\}_{t \geq 0}$ が $\mathbf{Q}$-Brown 運動であることを使って,K の公正価格は

$$K = \mathbf{E}^\mathbf{Q}[E_T] = e^{(r-u)T}E_0$$

で与えられる.

最後に,ヘッジ・ポートフォリオを求める.この行使価格を選択した場

合，時点 t でのこの契約の価値は

$$V_t = \mathbf{E}^{\mathbf{Q}}[e^{-r(T-t)}(E_T - E_0 e^{(r-u)T})|\mathcal{F}_t]$$

となる．$E_T = D_T^{-1} B_T \tilde{S}_T$ であるから，$\mathbf{Q}$ のもとで

$$\mathbf{E}^{\mathbf{Q}}[E_T|\mathcal{F}_t] = e^{(r-u)(T-t)} D_t^{-1} B_t \mathbf{E}^{\mathbf{Q}}[\tilde{S}_T|\mathcal{F}_t]$$
$$= e^{(r-u)(T-t)} D_t^{-1} B_t \tilde{S}_t = e^{(r-u)(T-t)} E_t$$

が得られ，これを代入すると，

$$V_t = e^{-u(T-t)} E_t - e^{rt-uT} E_0 = e^{-uT}(e^{ut} E_t - e^{rt} E_0)$$

となる．よってドルの割引ポートフォリオの価値は，

$$M_t = e^{-rt} V_t = e^{-uT} e^{-(r-u)t} E_t - e^{-uT} E_0 = e^{-uT} \tilde{S}_t - e^{-uT} E_0$$

よって，求めるヘッジ・ポートフォリオは一定で，スターリング・ポンド債券 $\phi_t = e^{-uT}$ と（ドル）債券 $\psi_t = -e^{-uT} E_0$ から構築される． ∎

ポンド投資家

次にポンド投資家のことを考えてみよう．彼女の立場からすると，取引可能な商品はポンド建てだ．つまり，事実上 2 つのポンド取引可能な商品が存在する．1 つはポンド債券で，もう 1 つは $Z_t = E_t^{-1} B_t$ で与えられるポンド建てのドル債権だ．

再び 3 ステップ複製方法にしたがうことにする．ポンド建てドル債券の割引価値は，

$$\tilde{Z}_t = D_t^{-1} E_t^{-1} B_t = E_0^{-1} \exp(-\sigma W_t - (\nu + u - r)t)$$

と表される．補題 5.2 を使うと，$\lambda = (\nu + u - r - \sigma^2/2)/\sigma$ として，

$$\left.\frac{d\mathbf{Q}^{\pounds}}{d\mathbf{P}}\right|_{\mathcal{F}_t} = L_t^{(\lambda)} \triangleq \exp\left(-\lambda W_t - \frac{1}{2}\lambda^2 t\right)$$

で与えられる測度 $\mathbf{Q}^{\pounds}$ のもとで $\{\tilde{Z}_t\}_{t \geq 0}$ はマルチンゲールとなり，

$$X_t' = W_t + \frac{(\nu + u - r - \sigma^2/2)}{\sigma} t$$

は $\mathbf{Q}^{\pounds}$-Brown 運動となるのだ．したがって，ポンド投資家にとってオプション価格は

$$U_t = D_t \mathbf{E}^{\mathbf{Q}^{\pounds}}[D_T^{-1} E_T^{-1} C_T | \mathcal{F}_t]$$

となる.

通貨交換比率基準

再び，第 1 章の演習問題 15 と同じ疑念が湧いてくる．リスク中立確率 $\mathbf{Q}$ と $\mathbf{Q}^{£}$ は，このモデルの唯一のランダム成分である $\{E_t\}_{t\geq 0}$ が推移するパス上に定義される確率測度と考えることができる．しかも，この 2 つの測度は**別**ものだ．それでは，これらは同一の価格を与えるだろうか？

心を落ち着けて，ポンド投資家のもつドル建て価値
$$E_t U_t = E_t D_t \mathbf{E}^{\mathbf{Q}^{£}}[D_T^{-1} E_T^{-1} C_T | \mathcal{F}_t]$$
を考えてみる．これと V_t を比較するために，この期待値を $\mathbf{Q}$-期待値（これは Girsanov の定理を使って求められるのだが）で表現してみよう．さて，

$$X'_t = W_t + \frac{\left(\nu + u - r - \frac{1}{2}\sigma^2\right)}{\sigma} t = X_t - \sigma t$$

と表されるから

$$\zeta_t \triangleq \left.\frac{d\mathbf{Q}^{£}}{d\mathbf{Q}}\right|_{\mathcal{F}_t} = \exp\left(\sigma X_t - \frac{1}{2}\sigma^2 t\right)$$

だ．さらに，

$$E_t = E_0 \exp\left(\sigma X_t - \frac{1}{2}\sigma^2 t + (r-u)t\right)$$

だから，$\zeta_t = B_t^{-1} D_t E_t$ と書くことができる．これを代入すると，

$$E_t U_t = E_t D_t \mathbf{E}^{\mathbf{Q}^{£}}[D_T^{-1} E_T^{-1} C_T | \mathcal{F}_t]$$
$$= E_t D_t \zeta_t^{-1} \mathbf{E}^{\mathbf{Q}}[D_T^{-1} E_T^{-1} \zeta_T C_T | \mathcal{F}_t]$$
$$= B_t \mathbf{E}^{\mathbf{Q}}[B_T^{-1} C_T | \mathcal{F}_t]$$

となる．いいかえると，ポンド投資家が得るドル建て価値は V_t となるのだ．だから，測度の違いは単に「参照する資産」，すなわち**通貨交換比率基準**の選択の違いにあるというわけだ．

5.4 配当

これまで我々は,株式をただ保有しているだけでは何の価値もないと仮定してきた.しかし,この仮定を緩めて,定期的に配当金が支払われるような,いわゆる普通株に基づくオプションの価格決定とヘッジについて議論しよう.

連続的支払い

配当金が連続的に支払われる場合から始めるのが最も簡単だ.これまでと同じように,株価は

$$S_t = S_0 \exp(\nu t + \sigma W_t)$$

で与えられる幾何 Brown 運動にしたがうが,無限小期間 $[t, t+dt)$ において,株主は $\delta S_t dt$ の配当を受取るものとする.ここに δ は定数とする.いつものように,市場には無リスク債券 $\{B_t\}_{t\geq 0}$ が存在し,連続複利率を r とする.

当面する難しさは,$\{S_t\}_{t\geq 0}$ が資産の真の価値を表していないということだ.たとえば,時点ゼロで価格 S_0 の株式を買って,時点 t でそれを売るとしよう.そのときに手にする価値は $S_t - S_0$ だけではなくて,累積配当額の総和も加わるのだ.つまりこのモデルでは,期間 $[0, t]$ において資産価格が推移したすべての価値に依存している.この意味からすると,$\{S_t\}_{t\geq 0}$ は**取引可能**ではないのだ.

ちょうど外国為替と同じように,答えはこの過程を取引可能な別のものに変換することにある.最も簡単な解答はこうだ.$\delta S_t dt$ の無限小配当金で δdt 単位の株式を買うことができるから,我々は時点 t において 1 単位の株式を保有すると考えるのではなくて,総価値が

$$Z_t = S_0 \exp((\nu + \delta)t + \sigma W_t)$$

となる $e^{\delta t}$ 単位の株式を保有すると考えるのだ.そして,株式の保有とこのような配当金の連続的再投資から構築される単純なポートフォリオを,時点 t における価値が Z_t の単一資産とみなすのだ.この資産の保有には

5.4 配当

コストはかからないが，配当金も生まれない．このようにして我々は，慣れ親しんだ Black-Scholes の枠組みに戻ってきたというわけだ．

注意事項　配当額は株価の一定倍であるから，それを株式に再投資するのは自然である．もし一定額の現金で支払われるのであれば，配当金をただちに債券に再投資するようなポートフォリオとして「取引可能」な資産とすることは，さらに自然なことだ．これについては 5.5 節で議論する．■

時点 t において，$\phi_t e^{\delta t}$ 単位の元の配当つき株式と ψ_t の債券とから成るポートフォリオは，ϕ_t 単位の新しい取引可能な資産と ψ_t 単位の債券から成るポートフォリオと考えることができる．

そこで，いつもの手順で行うことにする．

---

3 ステップ複製法（連続配当）：$\tilde{Z}_t = B_t^{-1} Z_t = e^{-rt} Z_t$ とおく．

1 そのもとで，$\{\tilde{Z}_t\}_{t \geq 0}$ が（自然なフィルターをもつ）マルチンゲールとなるような確率測度 **Q** を求める．

2 割引価値過程
$$\tilde{V}_t = \mathbf{E}^Q[e^{-rT} C_T | \mathcal{F}_t]$$
を構成する．

3 方程式
$$d\tilde{V}_t = \phi_t d\tilde{Z}_t$$
をみたす可予測過程 $\{\phi_t\}_{0 \leq t \leq T}$ を構成する．

時点 $t \in [0, T]$ において，ϕ_t 単位の新しい取引可能な資産と ψ_t 単位の債券から構成されるポートフォリオは，もし価値過程 $\{V_t\}_{t \geq 0}$ が
$$dV_t = \phi_t dZ_t + \psi_t dB_t = \phi_t dS_t + \phi_t \delta S_t dt + \psi_t dB_t$$
をみたすとき，**自己資金調達**であるということに注意する．

例 5.5　**コール・オプション**：行使価格 K と満期 T のコール・オプションが，上で述べた配当金つきの株式を基にしているとする．時点ゼロでのこのオプ

ションの価格はいくらか？　また，この複製ポートフォリオはどのようなものか？

解答　3ステップ複製法を適用する．まずマルチンゲール測度 $\mathbf{Q}$ を求める．$\{\tilde{Z}_t\}_{t \geq 0}$ がみたす確率微分方程式は

$$d\tilde{Z}_t = \left(\nu + \delta + \frac{1}{2}\sigma^2 - r\right)\tilde{Z}_t dt + \sigma \tilde{Z}_t dW_t$$

いつものように，Girsanov の定理を適用する．$\lambda = \left(\nu + \delta + \frac{1}{2}\sigma^2 - r\right)\big/\sigma$ とおいて，

$$\left.\frac{d\mathbf{Q}}{d\mathbf{P}}\right|_{\mathcal{F}_t} = \exp\left(-\lambda W_t - \frac{1}{2}\lambda^2 t\right)$$

により定義される測度 $\mathbf{Q}$ のもとで

$$X_t = W_t + \frac{\left(\nu + \delta + \frac{1}{2}\sigma^2 - r\right)}{\sigma}t$$

は Brown 運動であり，よって $\{\tilde{Z}_t\}_{t \geq 0}$ はマルチンゲールとなる．こうして，いまや我々は，価格とヘッジを例題 5.2 と例題 5.3 の公式から求めることができる．時点 t でのポートフォリオの価値は，

$$\begin{aligned}V_t &= e^{-r(T-t)}\mathbf{E}^{\mathbf{Q}}[(S_T - K)_+|\mathcal{F}_t] \\ &= e^{-r(T-t)}\mathbf{E}^{\mathbf{Q}}[(e^{-\delta T}Z_T - K)_+|\mathcal{F}_t] \\ &= e^{-r(T-t)}e^{-\delta T}\mathbf{E}^{\mathbf{Q}}[(Z_T - Ke^{\delta T})_+|\mathcal{F}_t]\end{aligned}$$

これは，満期 T と行使価格 $Ke^{\delta T}$ の $\{Z_t\}_{t \geq 0}$ に基づくコール・オプションの $e^{-\delta T}$ 倍の価値である．時点 t における原資株式のフォワード価格を $F_t = e^{(r-\delta)(T-t)}S_t$ と表す（演習問題 14 参照）．したがって，例題 5.2 から

$$V_t = e^{-\delta T}\left\{Z_t \Phi\left(\frac{\log\left(\frac{Z_t}{Ke^{\delta T}}\right) + \left(r + \frac{\sigma^2}{2}\right)(T-t)}{\sigma\sqrt{T-t}}\right)\right.$$

$$\left. - Ke^{\delta T}e^{-r(T-t)}\Phi\left(\frac{\log\left(\frac{Z_t}{Ke^{\delta T}}\right) + \left(r - \frac{\sigma^2}{2}\right)(T-t)}{\sigma\sqrt{T-t}}\right)\right\}$$

$$= e^{-r(T-t)} \left\{ F_t \Phi\left(\frac{\log\left(\frac{F_t}{K}\right) + \frac{1}{2}\sigma^2(T-t)}{\sigma\sqrt{T-t}} \right) \right.$$

$$\left. - K\Phi\left(\frac{\log\left(\frac{F_t}{K}\right) - \frac{1}{2}\sigma^2(T-t)}{\sigma\sqrt{T-t}} \right) \right\}$$

さて，例題5.3を使うと，複製ポートフォリオは時点 t において $e^{-\delta T}\phi_t$ 単位の取引可能な資産 Z_t から構築されることがわかる．ここに，

$$\phi_t = \Phi\left(\frac{\log\left(\frac{F_t}{K}\right) + \frac{1}{2}\sigma^2(T-t)}{\sigma\sqrt{T-t}} \right)$$

は

$$e^{-\delta(T-t)}\Phi\left(\frac{\log\left(\frac{F_t}{K}\right) + \frac{1}{2}\sigma^2(T-t)}{\sigma\sqrt{T-t}} \right)$$

単位の配当金付き資産に対応している．また，このポートフォリオの債券保有単位は，

$$\psi_t = -Ke^{-r}\Phi\left(\frac{\log\left(\frac{F_t}{K}\right) + \frac{1}{2}\sigma^2(T-t)}{\sigma\sqrt{T-t}} \right)$$

である． ∎

例 5.6 **保証株式利益**：ロンドン株価指数（UK FTSE stock index）を $\{S_t\}_{t \geq 0}$ とする．我々は次のような5年物の契約を買うことにしよう．すなわち，FTSEの期末と期首の価値の比率の90%を Z とし，もしこの値が区間 $[1.3, 1.8]$ の間にある場合はこの値 Z が支払われ，$Z<1.3$ の場合は1.3が，また $Z>1.8$ の場合は1.8が支払われるという契約だ．ゼロ時点におけるこの契約の価値はいくらか？

解答 請求権 C_T は，

$$C_T = \min\left\{ \max\left\{ 0.3, 0.9\frac{S_T}{S_0} \right\}, 1.8 \right\}$$

ここに，T は5年とする．請求権は比率を基にしているので，$S_0 = 1$ と

しても一般性は失われない．FTSE は 100 銘柄の株式から構成されているので，これらの配当金の支払いは連続な支払い列を近似している．以下のデータを仮定する．

$$\text{FTSE ドリフト} \quad \mu = 7\%$$
$$\text{FTSE ボラティリティ} \quad \sigma = 15\%$$
$$\text{FTSE 配当率} \quad \delta = 4\%$$
$$\text{UK 金利} \quad r = 6.5\%$$

この請求権は

$$C_T = 1.3 + 0.9\{(S_T - 1.444)_+ - (S_T - 2)_+\}$$

のように，定額の現金と 2 つの FTSE コールの支払いの差との和で表される．S_t に対するフォワード価格は

$$F_t = e^{(r-\delta)(T-t)} S_0 = 1.133$$

であり，よって例題 5.5 の連続配当金支払い株式に対するコール価格公式を使って，時点ゼロでのこれらのコールはそれぞれ（単位当たり）0.0422 と 0.0067 と計算できる．ゼロ時点における我々の契約の価値は，したがって

$$1.3 e^{-rT} + 0.9(0.0422 - 0.0067) = 0.9712$$

となる．∎

周期的配当

実際には，株主に連続的に配当金が支払われるのではなくて，一定期間ごとに支払われるものだ．支払いの時点が前もって $T_1, T_2, \cdots$ とわかっていて，各時点 T_i における普通株の株主は δS_{T_i} の配当を受け取るものとする．第 2 章の演習問題 7 で示したように，無裁定の場合，株価は瞬間的に同額だけ下落する．よって時点 T_i において，配当の支払い額は株価の瞬間的下落にちょうど等しい．そして，支払いと支払いの間では，通常の幾何 Brown 運動モデルを仮定する．

周期的配当のある普通株モデル：決まった時点 $T_1, T_2, \cdots$ において普

5.4 配当

> 通株は，配当が支払われる直前の株価の定数 δ 倍の配当を支払うものとする．株価そのものは，
> $$S_t = S_0(1-\delta)^{n[t]} \exp(\nu t + \sigma W_t)$$
> によってモデル化されている．ここに，$n[t] = \max\{i : T_i \leq t\}$ は時点 t までに支払われた配当の回数である．また，無リスク債券 $B_t = e^{rt}$ も存在する．

一見して我々は，2つの問題を抱えているように思える．第1に，時点 T_{i-1} と T_i の間では株価は通常の幾何 Brown 運動モデルにしたがうが，時点 T_i では離散的にジャンプをする．このモデルは，これまでの我々の枠組には入らないモデルだ．第2に，連続的配当について言えば，株価過程 $\{S_t\}_{t \geq 0}$ はその株式の真の価値を反映していない．しかしながら，連続的配当の場合の戦略を採用して，すべての配当を株に再投資することによって，我々は両方の問題を克服しようというわけだ．

時点ゼロにおいて1単位の株式からはじめて，配当が支払われる各時点で配当を株式に再投資するポートフォリオの価値を $\{Z_t\}_{t \geq 0}$ と表す．最初の配当額は，配当が支払われる直前の株価の δ 倍，すなわち δS_{T_1-} だ．最初の配当の直後に，株価は $S_{T_1+} = (1-\delta)S_{t_1-}$ にジャンプする．だから，この配当金でさらに $\delta/(1-\delta)$ 単位の株式が買えるわけだ．それゆえ，株式の総量は $1/(1-\delta)$ に増加する．時点 t でのポートフォリオはしたがって，$1/(1-\delta)^{n[t]}$ 単位の株式から構成されることになる．よって，
$$Z_t = (1-\delta)^{-n[t]} S_t = S_0 \exp(\nu t + \sigma W_t)$$
前と同じように，我々のポートフォリオ $\{Z_t\}_{t \geq 0}$ は無配当資産と見なすことができるから，市場はポートフォリオ $\{Z_t\}_{t \geq 0}$ と無リスク債券 $\{B_t\}_{t \geq 0}$ の2つの取引可能な資産から構築される．こうして，お馴染みの領域に戻ってきたのだ．

よって，あとは単に連続的に配当金が支払われる場合の真似をすればよい．時点 t における ϕ_t 単位の Z_t と ψ_t の債券から成るポートフォリオは，$(1-\delta)^{-n[t]}\phi_t$ 単位の配当が支払われる原資株式 S_t と ψ_t 単位の債券

から構成されるポートフォリオと同等である．

割引過程 $\{\tilde{Z}_t\}_{t\geq 0}$ をマルチンゲールとする測度 $\mathbf{Q}$ は，

$$\left.\frac{d\mathbf{Q}}{d\mathbf{P}}\right|_{\mathcal{F}_t} = \exp\left(-\lambda W_t - \frac{1}{2}\lambda^2 t\right)$$

をみたす．ここに，$\lambda = \left(\nu + \frac{1}{2}\sigma^2 - r\right)\big/\sigma$ とする．請求権を Z_T の関数として書き直すと，オプションの価格決定とヘッジのために，古典的 Black-Scholes 解析を適用することができる．

例5.7 **フォワード価格**：周期的に配当が支払われる株式を基にしたフォワード契約の公正価格を求めなさい．

解答 時点 T での契約の価値は，$C_T = S_T - K$ だ．そこで，時点ゼロでの契約の価値がゼロとなるような K を求める．いつものように時点 t での価値は，マルチンゲール測度 $\mathbf{Q}$ のもとで請求権の割引期待値だ．つまり，

$$\begin{aligned}
V_t &= \mathbf{E}^{\mathbf{Q}}[e^{-r(T-t)}(S_T - K)|\mathcal{F}_t] \\
&= \mathbf{E}^{\mathbf{Q}}[e^{-r(T-t)}((1-\delta)^{n[T]}Z_T - K)|\mathcal{F}_t] \\
&= (1-\delta)^{n[T]}Z_t - Ke^{-r(T-t)} \\
&= (1-\delta)^{n[T]-n[t]}S_t - Ke^{-r(T-t)}
\end{aligned}$$

したがって，この値が時刻ゼロでゼロとなる K は

$$K = e^{rT}(1-\delta)^{n[T]}S_0 \tag{5.5}$$

となる．■

5.5　債券

真の割引債券とは，将来時点 T において1単位支払われる証券のことだ．しかし，**市場債券**には，さらに前もって決められた時点 $T_1, T_2, \cdots, T_n$ において小額 c をその都度支払うというものが多くある．このような**クーポン**の支払いは配当の支払いに似ているが，前もってクーポンの額がわかっているところが違うのだ．

5.5 債券

これまでは金利が既知の無リスク債券についてだけ考えてきたが，実際の市場では，金利の不確かさから債券の価格もランダムに変動する．紙幅の関係で，本書では詳細な債券市場モデルには立ち入らない．Baxter & Rennie (1996) はよい入門書だ．このため，本節の目的にとって我々の金利についての立場は統一性に欠ける．我々は $B_t = e^{rt}$ にしたがう無リスク債券とともに，その価格がクーポンの支払いと支払いの間では幾何 Brown 運動にしたがうような，確率的に変化するクーポンをあわせもつと仮定する．短期金利と債券価格の間に関連性があるのは明らかだが，短時間では多くの実務家はこれらを無視する．よってクーポン債券を，時点 $T_1, T_2, \cdots, T_n$ において前もって決められた配当額が支払われる資産とみなす．ここで，$T_n < T$ を仮定する．$I(t) = \min\{i : t < T_i\}$ とおくと，債券価格はある定数 A, ν, σ について

$$S_t = \sum_{i=I(t)}^{n} ce^{-r(T_i - t)} + A\exp(\nu t + \sigma W_t)$$

をみたすものとする．

配当金つき株式と同じように，価格過程 $\{S_t\}_{t \geq 0}$ はクーポンの支払い時点では不連続となる．しかし，同じように $\{S_t\}_{t \geq 0}$ から連続な無配当資産を創り出すことができる．配当支払額が株価の一定割合の場合は，それを株式に再投資することは自然であったが，この場合クーポンは固定した支払い額であるから，それを無リスク債券に再投資すればよい．この投資戦略にしたがうと，時点 T_i で支払われるクーポンはすべての時点 $t \in [0, T]$ で価値 $ce^{-r(T_i - t)}$ をもつことになる．そして，こうして構築されたポートフォリオの価値は

$$Z_t = \sum_{i=1}^{n} ce^{-r(T_i - t)} + A\exp(\nu t + \sigma W_t)$$

となる．このようにして，市場は無リスク債券 $\{B_t\}_{t \geq 0}$ と取引可能な資産 $\{Z_t\}_{t \geq 0}$ から構成されていると考えるのだ．

いつものように，割引資産価格 $\{\tilde{Z}_t\}_{t \geq 0}$ がマルチンゲールとなるような測度 $\mathbf{Q}$ を求める．ところが，$\tilde{Z}_t$ は一定額の和 $\sum_{i=1}^{n} ce^{-rT_i}$ と幾何 Brown 運

動 $A\exp((\nu-r)t+\sigma W_t)$ との合計だ．これは $\lambda=\left(\nu+\dfrac{1}{2}\sigma^2-r\right)\big/\sigma$ とおくとき，

$$\left.\frac{d\mathbf{Q}}{d\mathbf{P}}\right|_{\mathcal{F}_t}=\exp\left(-\lambda W_t-\frac{1}{2}\lambda^2 t\right)$$

をみたすならば，$\mathbf{Q}$ のもとでマルチンゲールとなる．そして $\mathbf{Q}$ のもとで，

$$X_t=W_t+\frac{\left(\nu+\dfrac{1}{2}\sigma^2-r\right)}{\sigma}t$$

は Brown 運動である．こうしてペイオフが C_T であるオプションの時点 t での価値は，

$$\mathbf{E}^{\mathbf{Q}}[e^{-r(T-t)}C_T|\mathcal{F}_t]$$

となる．そして，$\mathbf{Q}$ のもとで T における債券の価格は，ちょうど

$$S_T=A\exp\left(\left(r-\frac{1}{2}\sigma^2\right)T+\sigma X_T\right)$$

となる．時点ゼロでの S_T に対するフォワード価格は $F=Ae^{rT}$ で，行使価格 K と満期 T の S_T に基づいたコールの価値は

$$e^{-rT}\left\{F\Phi\left(\frac{\log\left(\dfrac{F}{K}\right)+\dfrac{1}{2}\sigma^2 T}{\sigma\sqrt{T}}\right)-K\Phi\left(\frac{\log\left(\dfrac{F}{K}\right)-\dfrac{1}{2}\sigma^2 T}{\sigma\sqrt{T}}\right)\right\}$$

となる（演習問題 20 参照）．

5.6　リスクの市場価格

　いまや決め手となるパターンが見えてきた．取引できない株式が与えられた場合，我々はそれを取引可能なものと考えてポートフォリオに組み込んだ．そして，この取引可能な過程に対するマルチンゲール測度を求め，この測度をオプションの価格決定に用いたのだった．何が取引可能であり，また何が可能でないかの判断は，常識だけににゆだねられる．実際，これは純粋に数学に帰着できることではないのだが，もし価格が $\{S_t\}_{t\geq 0}$ のある資産を真に取引可能なものだと決めたとして，さらに 1 つの無リス

ク債券 $\{B_t\}_{t\geq 0}$ がある場合には，それらを含む市場の中で取引可能な資産のクラスを決めなければならない．

マルチンゲールと取引可能性

時点 t における取引可能な資産の割引価格を $\tilde{S}_t = B_t^{-1} S_t$ とする．そして，過程 $\{\tilde{S}_t\}_{t\geq 0}$ がマルチンゲールとなる測度を $\mathbf{Q}$ とする．もし，$\tilde{V}_t = B_t^{-1} V_t$ によって定義される割引過程 $\{\tilde{V}_t\}_{t\geq 0}$ が $(\mathbf{Q}, \{\mathcal{F}_t^{\tilde{S}}\}_{t\geq 0})$-マルチンゲールとなる過程 $\{V_t\}_{t\geq 0}$ を考えたとき，$\{V_t\}_{t\geq 0}$ ははたして取引可能だろうか？

我々の戦略としては，取引可能な資産と時点 t での価値が V_t となるような取引可能な割引過程とからなる自己資金調達ポートフォリオを構築することだ．いつものように，はじめにマルチンゲール表現定理を適用する．$B_t^{-1} S_t$ がゼロでないボラティリティをもつとして，

$$d\tilde{V}_t = \phi_t d\tilde{S}_t \tag{5.6}$$

をみたす $\{\mathcal{F}_t^{\tilde{S}}\}_{t\geq 0}$-可予測な過程 $\{\phi_t\}_{t\geq 0}$ を見つけることができる．5.1 節のオプションを複製するポートフォリオの構築で得た手掛かりから，我々は時点 t において ϕ_t 単位の取引可能な S_t と，$\psi_t = \tilde{V}_t - \phi_t \tilde{S}_t$ 単位の（取引可能な）B_t から成るポートフォリオを構築できる．時点 t でのこのポートフォリオの価値は V_t だ．このポートフォリオが自己資金調達であることを確認しなければならない．さて，

$$\begin{aligned} dV_t &= B_t d\tilde{V}_t + \tilde{V}_t dB_t \quad \text{(部分積分)} \\ &= B_t \phi_t d\tilde{S}_t + \tilde{V}_t dB_t \quad \text{(方程式(5.6))} \\ &= B_t \phi_t d\tilde{S}_t + (\psi_t + \phi_t \tilde{S}_t) dB_t \\ &= \phi_t (B_t d\tilde{S}_t + \tilde{S}_t dB_t) + \psi_t dB_t \\ &= \phi_t dS_t + \psi_t dB_t \quad \text{(部分積分)} \end{aligned}$$

となるから，無限小期間でのポートフォリオの価値の変化は資産価格の変化の結果となることがわかる．これは自己資金調達であることを示しており，そして $\{V_t\}_{t\geq 0}$ は実際に取引可能である．

逆方向はどうだろうか？ 過程 $\{B_t^{-1} V_t\}_{t\geq 0}$ は $(\mathbf{Q}, \{\mathcal{F}_t^{\tilde{S}}\}_{t\geq 0})$-マルチンゲ

ールで**ない**と仮定しよう．このとき確率 1 で，
$$B_s^{-1} V_s \neq \mathbf{E}^{\mathbf{Q}}[B_T^{-1} V_T | \mathcal{F}_s^{\tilde{S}}]$$
となるような時点 $s < T$ が存在する．$\{V_t\}_{t \geq 0}$ は取引可能とする．そして，
$$U_t = B_t E^{\mathbf{Q}}[B_T^{-1} V_T | \mathcal{F}_t^{\tilde{S}}]$$
によって過程 $\{U_t\}_{t \geq 0}$ を定義する．$\{B_t^{-1} U_t\}_{t \geq 0}$ は $(\mathbf{Q}, \{\mathcal{F}_t^{\tilde{S}}\}_{t \geq 0})$-マルチンゲールだから，$\{U_t\}_{t \geq 0}$ は取引可能だ．つまり，時点 T で同一の値をとる 2 つの取引可能な資産が存在したことになるが，それ以前の時点 s において，両者は正の確率で**異なる**値をとる．すでに演習問題 21 で，無裁定の場合にはこれは矛盾であることを示した．したがって，もし $\{B_t^{-1} V_t\}_{t \geq 0}$ がマルチンゲールでないとすると，$\{V_t\}_{t \geq 0}$ は取引可能では**ない**のだ．

もちろん金利は確定的であり，$\mathcal{F}_t^{\tilde{S}} = \mathcal{F}_t^S$ だから，我々は結局以下の補題を示したことになる．

補題 5.3 無リスク債券 $\{B_t\}_{t \geq 0}$ と取引可能な資産 $\{S_t\}_{t \geq 0}$ が与えられたとき，過程 $\{V_t\}_{t \geq 0}$ が取引可能であるのは，割引価値 $\{B_t^{-1} V_t\}_{t \geq 0}$ が $(\mathbf{Q}, \{\mathcal{F}_t^{\tilde{S}}\}_{t \geq 0})$-マルチンゲールとなるとき，かつそのときだけである．ここに，$\mathbf{Q}$ はそのもとで割引資産価格 $\{B_t^{-1} S_t\}_{t \geq 0}$ がマルチンゲールとなる測度だ．

取引可能資産とリスクのマーケット価格

2 つの取引可能なリスク証券を 1 つの Black-Scholes 市場，すなわちこれらの証券が同一の Brown 運動の関数で表される場合について考える．これらを確率微分方程式
$$dS_t^i = \mu_i S_t^i dt + \sigma_i S_t^i dW_t \qquad (i = 1, 2)$$
によって定義する．両者がともに取引可能であるためには，補題 5.3 から**同一の測度 $\mathbf{Q}$** に関してマルチンゲールでなければなならい．つまり $B_t = e^{rt}$ と仮定して，$i = 1, 2$ について，

5.6 リスクの市場価格

$$X_t = W_t + \left(\frac{\mu_i - r}{\sigma_i}\right)t$$

が **Q**-マルチンゲールでなければならないのだ．これが成り立つのは，

$$\frac{\mu_1 - r}{\sigma_1} = \frac{\mu_2 - r}{\sigma_2}$$

が成り立つ場合だけだ．経済学者はこのことについて，次のような意味を与えている．それぞれ μ を取引可能な資産の成長率，r を無リスク債券の成長率，σ を資産のリスクの測度と考えると，

$$\gamma = \frac{\mu - r}{\sigma}$$

は単位リスク当たりの（無リスク率以上の）余剰収益率だ．この理由から，しばしば**リスクの市場価格**と呼ばれている．また，**Sharpe率**としても知られている．このような単純な市場では，取引可能な資産は同一のリスク市場価格をもたなければならない．そうでなければ，裁定機会が存在してしまうからだ．

もちろん γ は，**P**（市場測度）から **Q**（マルチンゲール測度）へ変えたときに基礎をなす Brown 運動のドリフトの変化分である．しかし，γ に関するこの魅力的な経済的解釈によって，**Q** を使うことによる新しい議論は何も起こら**ない**．そもそも，**複製**が Black-Scholes 解析の根幹をなすもので，複製ポートフォリオがなければ我々の裁定議論は崩壊してしまうのだ．

第5章　演習問題

1. 資産価格 S_t は $dS_t = \mu S_t dt + \sigma S_t dW_t$ にしたがうとする．ここに，$\{W_t\}_{t\geq 0}$ はいつものように標準 **P**-Brown 運動である．r を無リスク利子率とする．したがって，無リスク資産の価格は $dB_t = rB_t dt$ にしたがう．時点 t において，ψ_t 単位の無リスク資産 B_t と ϕ_t 単位の S_t とから成るポートフォリオを $\{\psi_t, \phi_t\}$ と書く．以下の (a)〜(c) の ϕ_t に対して，$\{\psi_t, \phi_t\}$ が自己資金調達となるような ψ_t を求めなさい．

    (a) $\phi_t = 1$

    (b) $\phi_t = \int_0^t S_u du$

    (c) $\phi_t = S_t$

    (時点 t でのポートフォリオの価値は $V_t = \psi_t B_t + \phi_t dS_t$ であり，ポートフォリオが自己調達であるとは $dV_t = \psi_t dB_t + \phi_t S_t$ であることを思い出そう)

2. $\{\mathcal{F}_t\}_{t\geq 0}$ は **P**-Brown 運動 $\{W_t\}_{t\geq 0}$ に付随する自然なフィルターとする．もし **Q** が **P** と同値な確率測度で，H_T が $\mathbf{E}^\mathbf{Q}[H_T^2] < \infty$ をみたす $\mathcal{F}_t$-可測な確率変数とすると，
    $$M_t \triangleq \mathbf{E}^\mathbf{Q}[H_T | \mathcal{F}_t]$$
    は2乗積分可能な **Q**-マルチンゲールを定義することを示しなさい．

3. 例題 5.2 の記号を流用する．行使価格 K と満期 T のヨーロピアン・プット・オプションの時点 T での Black-Scholes 価格が $F(t, S_t)$ であることを示しなさい．ここに，
    $$F(t, x) = Ke^{-rt}\Phi(-d_2) - x\Phi(-d_1)$$

4. ヨーロピアン・コール・オプションの価値は，(命題 5.2 で証明したように) $V_t = F(t, S_t)$ と表されると仮定する．このとき，$\tilde{V}_t = e^{-rt} V_t$ とおき，$\tilde{F}$ を
    $$\tilde{V}_t = \tilde{F}(t, \tilde{S}_t)$$

によって定義する．リスク中立確率のもとで，割引資産価格は $d\tilde{S}_t = \sigma \tilde{S}_t dX_t$ にしたがう．ここに，$\{X_t\}_{t \geq 0}$ は（この確率測度もとで）標準 Brown 運動である．

(a) $\tilde{F}(t, \tilde{S}_t)$ によってみたされる確率微分方程式を求めなさい．

(b) $\tilde{V}_t$ はリスク中立確率のもとでマルチンゲールであるという事実を使って，$\tilde{F}(t,x)$ がみたす偏微分方程式を求めなさい．そして，

$$\frac{\partial F}{\partial t} + \frac{1}{2}\sigma^2 x^2 \frac{\partial^2 F}{\partial x^2} + rx\frac{\partial F}{\partial x} - rF = 0$$

が成り立つことを示しなさい．これは **Black-Scholes 方程式**だ．

5 **デルタ・ヘッジ**：ファイナンスの分野では，以下の Black-Scholes 方程式の導出方法は一般的だ．いつものように，資産価格は幾何 Brown 運動にしたがうとものとする．すなわち，あるパラメータ μ と σ に対して，

$$dS_t = \mu S_t dt + \sigma S_t dW_t$$

が成り立つ．この資産に基づくヨーロピアン・オプションの価格決定を試みることにする．時点 t におけるオプションの価格を $V(t, S_t)$ とする．時点 T において，ある関数 f について $V(T, S_T) = f(S_T)$ が成り立つことがわかっているとしよう．

(a) 伊藤の公式を使って，確率微分方程式の解として V を表しなさい．

(b) 1 つのオプションと（負の）量の資産 $-\delta$ からなるポートフォリオの値を π とする．このポートフォリオは自己資産調達であると仮定して，π がみたす確率微分方程式を求めなさい．

(c) 「瞬間的無リスク」，すなわち確率項が消滅するポートフォリオに対する δ の値を求めなさい．

(d) 瞬間的無リスクポートフォリオは，無リスク利子率と同じ収益率をもたなければならない．この考え方を使って，$V(t,x)$ に対する（確定的）偏微分方程式を求めなさい．これは，演習問題 4 で得られた Black-Scholes 方程式であることに注意．

もちろん，δ はちょうど複製ポートフォリオの株式保有量である．実

は，この導出は完全に満足すべきものではない．というのは，構築したポートフォリオは (b) の仮定が成り立たず，自己資金調達では**ない**ことがわかるからだ．厳密な方法では，1 つのオプションと $-\delta$ の資産，時点 t における $e^{-rt}(V(t, S_t) - \delta S_t)$ の証券から成るポートフォリオが必要となる．

6 　満期 T での行使価格 K のヨーロピアン・コール・オプションに対するギリシャ記号の値を計算しなさい．

7 　Black-Scholes 方程式を解く別の方法として，変数変換によって熱方程式に変換する方法がある．$F(t, x): [0, T] \times [0, \infty) \to \mathbf{R}$ は境界条件

$$F(t, 0) = 0, \quad \frac{F(t, x)}{x} \to 1 \quad (x \to \infty), \quad F(T, x) = (x - K)_+$$

のもとで，方程式

$$\frac{\partial F}{\partial t}(t, x) + \frac{1}{2}\sigma^2 x^2 \frac{\partial^2 F}{\partial x^2}(t, x) + rx \frac{\partial F}{\partial x}(t, x) - rF(t, x) = 0$$

をみたすとする．つまり，F は時点 T での行使価格 K のヨーロピアン・コール・オプションの価格決定に適合した境界条件をもつ Black-Scholes の解というわけだ．

(a) 変数変換

$$x = Ke^y, \quad t = T - \frac{2\tau}{\sigma^2}, \quad F = Kv(\tau, y)$$

とすると，上の式は

$$\frac{\partial v}{\partial \tau}(\tau, y) = \frac{\partial^2 v}{\partial y^2}(\tau, y) + (k - 1)\frac{\partial v}{\partial \tau}(\tau, y) - kv(\tau, y),$$

$$y \in \mathbf{R}, \quad \tau \in \left[0, \frac{1}{2}\sigma^2 T\right]$$

となることを示しなさい．ここに，$k = 2r/\sigma^2$ および $v(0, y) = (e^y - 1)_+$ である．

(b) $v(\tau, y) = e^{\alpha y + \beta \tau} u(\tau, y)$ とおく．

$$\frac{\partial u}{\partial \tau}(\tau, y) = \frac{\partial^2 u}{\partial y^2}(\tau, y), \quad y \in \mathbf{R}$$

をみたす α と β を求めなさい．そして，u について対応する初期条件

を求めなさい．

(c) u について解き，元に戻ってヨーロピアン・コール・オプションに対する Black-Scholes 微分価格決定公式を求めなさい．

8 　各定数 A に対して，$V(t,x)=Ax$ と $V(t,x)=Ae^{rt}$ は，ともに Black-Scholes 微分方程式の解であることを示しなさい．これらは何を表しているか？　また，それぞれの場合のヘッジ・ポートフォリオはどんなものか？

9 　以下の特別な形の Black-Scholes 方程式の最も一般的な解を見つけなさい．

(a) 　$V(t,x)=V(x)$

(b) 　$V(t,x)=f(t)g(x)$

これらに類似した解の例がある．解(a)は**パーペチュアル・オプション**の価格だ．

10 　$C(t,S_t)$ と $P(t,S_t)$ を，それぞれ満期 T と行使価格 K とが同じヨーロピアン・コールとプットの価値とする．$C(t,x)-P(t,x)$ は終端で $C(T,x)-P(T,x)=x-K$ となる Black-Scholes 方程式をみたすことを示しなさい．$x-Ke^{-r(T-t)}$ も Black-Scholes 方程式の解であることを導きなさい．これらの結果をファイナンス的に解釈しなさい．

11 　5.3節のモデルにおいて，時点 T で£1 を \$$K$ で買う権利を与えるポンドのコール・オプションに対する Black-Scholes 価格を求めなさい．これに対するヘッジ・ポートフォリオはどんなものか？

12 　5.3節のポンド投資家とドル投資家は，同一の複製戦略を使うことを確かめなさい．

13 　米ドル/日本円の交換レートは，ある定数 μ と σ について
$$dS_t=\mu S_t+\sigma S_t dW_t$$
にしたがうものとする．\$/¥交換レートと¥/\$交換レートの一年間の期

待値はともに $2S_0$ であると知らされたが，はたしてこれは可能だろうか？

14　これまでの記号法を流用する．資産価格は，時点 t において $S_t = S_0 \exp(\nu t + \sigma W_t)$ の幾何 Brown 運動にしたがうものとする．無限小期間において，資産がその保有者に $\delta S_t dt$ の配当をもたらすとき，満期 T の株価に基づくフォワード契約における公正な価格を表現しなさい．これに対するヘッジ・ポートフォリオはどんなものか？

15　演習問題 14 の市場における「プット・コール・パリティ」関係とは，どんなものか？

16　例題 5.6 にある契約の価格決定において，FTSE の構成株式からもたらされる配当の流れを考慮することはできなかった．その契約から得られる価格が高すぎるか，安すぎるかを示すようなファイナンス的議論をしなさい．その契約に対して得られる正確な値を求めなさい．

17　V_t は 5.4 節と同じように，周期的配当を支払う株式 ϕ_t 単位と ψ_t 単位の債券とで構成される自己資金調達ポートフォリオの価値とする．この設定において，V_t の自己資金調達性を特徴づける微分方程式を求めなさい．

18　例題 5.7 のフォワードを複製するポートフォリオを求めなさい．

19　5.4 節の周期的配当のある株式に基づいた満期 T と行使価格 K のヨーロピアン・コール・オプションの価格づけとをヘッジをしなさい．この答えを，方程式 (5.5) のフォワード価格によって評価された Black-Scholes 公式によって表現しなさい．

20　5.5 節で要求されたフォワード価格とコール・オプションの価値を確かめなさい．

21　時点 T において，同じ価値の 2 つの取引可能な資産があり，時点 $t < T$ では正の確率で異なる価値をとる場合，この市場には裁定機会が存在することを示しなさい．

第6章

いろいろなペイオフ

　これまでに考えてきたオプションの具体例は，ほとんどコールとプットの標準的なものだった．このようなオプションは流動性のある市場を持ち，その価格はかなり上手く定められており，しかもマージンは競争的なものだ．バニラ・コールやバニラ・プットのような標準的なオプションではないオプションは，エキゾティックと呼ばれている．エキゾティック・オプションは，銀行の商品領域を広げるために，あるいはヘッジや顧客の投機的なニーズに見合うように導入されたものだ．通常これらのオプションには市場がなくて，単に店頭だけで売買されている．エキゾティックの価格付けやヘッジの原則はバニラ・オプションとまったく同じであるが，リスクの取り扱いには注意を要する．これらのエキゾティック製品は，標準的なオプションより流動性が少ないばかりかしばしば不連続なペイオフをもつので，満期近くで巨大な「デルタ」をもつことになり，ヘッジが難しくなる．

　本章は，大部分をエキゾティック・オプションの例に割いている．価格付けとヘッジが最も容易にできるエキゾティックはパッケージ，すなわちペイオフが標準的「バニラ」オプションと原資の組合せからなるオプションだ．そのようなオプションは，すでに1.1節で議論した．我々はこの評価を演習問題によって検討する．その次に単純な例としてはヨーロピアン・オプション，つまりそのペイオフが満期における株価の関数となるオプションのことだ．6.1節で考えるペイオフは離散的であって，潜在的ヘッジの問題と遭遇する．6.2節では多段階オプションに注目する．これらのオプションでは，その契約有効期間

の中間日に意思決定することや条件の取決めを許容している．本章の残りの部分では，パスに依存するオプションについて考える．6.3節では，3.3節の結果をルックバック・オプションやバリヤー・オプションの価格付けに利用する．ペイオフがオプションの契約有効期間中の株価の平均に依存するオプションであるアジアン・オプションについては，6.4節で手短かに議論する．最後の6.5節では，連続時間におけるアメリカン・オプションの価格付けについて簡単に述べる．

6.1　不連続なペイオフをもつヨーロピアン・オプション

基本的な Black-Scholes の枠組で議論を進める．つまり，時刻 t での価値が $B_t = e^{rt}$ の無リスク債券と，価格 $\{S_t\}_{t \geq 0}$ が幾何 Brown 運動にしたがうリスク資産とからなるマーケットのことだ．

我々は5.2節において，この枠組でヨーロピアン・オプションに対する価格とヘッジ・ポートフォリオの両方の陽関数の公式を構築した．特に満期 T でのペイオフが C_T のオプションの，時点 $t (0 \leq t \leq T)$ における価格は，

$$V_t = f(t, S_t) = \mathbf{E}^{\mathbf{Q}}[e^{-r(T-t)}f(S_T)|\mathcal{F}_t]$$
$$= e^{-t(T-t)} \int_{\infty}^{\infty} f\left(S_t \exp\left(\left(r - \frac{\sigma^2}{2}\right)(T-t) + \sigma y \sqrt{T-t}\right)\right)$$
$$\times \frac{1}{\sqrt{2\pi}} \exp\left(-\frac{y^2}{2}\right) dy \tag{6.1}$$

となる．ここに $\mathbf{Q}$ はマルチンゲール測度であり，請求権 $f(S_T)$ を

$$\phi_t = \left.\frac{\partial F}{\partial x}(t, x)\right|_{x=S_t} \tag{6.2}$$

とするとき，時点 t において ϕ_t 単位の株式と $\psi_t = e^{-rt}(V_t - \phi_t S_t)$ の債券からなるポートフォリオにより複製することができる．数学的には，このストーリーの最後に出てくる積分を実際に評価するだけでよいのだが，以下で見るように，我々が立てた仮説を詳細に検討すると，ペイオフが変数

S_T の離散関数である場合，この公式の実用性に疑問が生じてくるのだ．

デジタルとピン・リスク

例6.1　デジタル・オプション：デジタル・オプションは，しばしば**2値オプション**あるいは**キャッシュ・オア・ナッシング・オプション**などと呼ばれることもあるが，Heaviside 関数で与えられる．たとえば，時点 T での行使価格が K のデジタル・コール・オプションは，満期時にペイオフ

$$C_T = \begin{cases} 1 & (S_T \geq K), \\ 0 & (S_T < K) \end{cases}$$

をもつ．このオプションの価格とヘッジを求めなさい．

解答　公式 (6.1) を実行するためには，まず

$$S_t f \exp\left(\left(r - \frac{\sigma^2}{2}\right)(T-t) + \sigma y \sqrt{T-t}\right) > K$$

をみたす y の範囲を決めなければならない．式を整理すると，$y > d$ となる．ここに，

$$d = \frac{1}{\sigma\sqrt{T-t}}\left(\log\left(\frac{K}{S_t}\right) - \left(r - \frac{\sigma^2}{2}\right)(T-t)\right)$$

これを式 (6.1) に代入して，正規分布関数 Φ を使って表すと

$$V_t = e^{-r(T-t)} \int_d^\infty \frac{1}{\sqrt{2\pi}} e^{-y^2/2} dy = e^{-r(T-t)} \int_{-\infty}^{-d} \frac{1}{\sqrt{2\pi}} e^{-y^2/2} dy$$
$$= e^{-r(T-t)} \Phi(-d) = e^{-(T-t)} \Phi(d_2)$$

を得る．ここに，

$$d_2 = \frac{1}{\sigma\sqrt{T-t}}\left(\log\left(\frac{S_t}{K}\right) + \left(r - \frac{\sigma^2}{2}\right)(T-t)\right)$$

は例題 5.2 と同じものだ．

次にヘッジについて考えよう．式 (6.2) より，時点 t での複製ポートフォリオの保有株式数は

$$\phi_t = e^{-r(T-t)} \frac{1}{S_t} \frac{1}{\sqrt{2\pi(T-t)}\sigma}$$

$$\times \exp\left(-\frac{1}{2(T-t)\sigma^2}\left(\log\left(\frac{S_t}{K}\right)+\left(r-\frac{\sigma^2}{2}\right)(T-t)\right)^2\right)$$

だ．ここで $t\uparrow T$ とすると，右辺は $S_T=K$ に集中するデルタ関数の $1/K$ 倍に収束する．$t\uparrow T$ のとき，このことが複製ポートフォリオに対して何を意味するか考えてみよう．$S_t=K$ から離れている場合，ϕ_t はゼロに近いが，もし S_t が K に近ければ，ポートフォリオの所有株式数はきわめて大きくなる．もし，満期近くになって資産価格が K の近くになると，高い確率で資産価格は満期前に値 $S_t=K$ を多数回交差する．しかし満期近くにおいて，資産価格が行使価格のまわりで振動する場合は，ヘッジ・ポートフォリオの処方箋によると，我々は多量の原資産を素早く売ったり買ったりしなければならない．市場は Black-Scholes モデルが描くような完全な対象ではない上に，瞬時には売買できないので，資産価格のわずかな変化による（手数料のことを指しているのではない）リスクは，我々がデジタル・オプションを売ることによって晒される最大限の負債を容易に越えてしまうのだ．これは，デジタル・オプションに付随する**ピン・リスク**として知られているものだ．　■

デジタル・オプションに対する Black-Scholes 価格決定法の有効性に関するこの懸念を払拭することができれば，この方法を他のエキゾチック・オプションにも使うことができる．実際，時点 T でのペイオフを $\mathbf{1}_{[K_1,K_2]}(S_T)$ とするオプションは，満期が T で行使価格が K_2 のデジタル・オプションを買って，満期が T で行使価格が K_1 のデジタル・オプションを売ることによって複製することができるから，理論的にはどんなヨーロピアン・オプションも，デジタル・オプションの（無限個を含めた）線形結合で複製することによって価格決定ができるというわけだ．

6.2　多段階オプション

オプションにはその有効期間の中間において意思決定を許したり，条件

の取決めをするものがある．第2章演習問題3のフォワード・スタート・オプションはその1例だ．多段階オプションの価格決定手順を例示するためには，フォワード・スタートのBlack-Scholes価格を求めるのがよい．

例6.2 フォワード・スタート・オプション：フォワード・スタート・オプションとは，その保有者が T_0 において付加的なコスト無しに，満期 $T_1 > T_0$ での行使価格が S_{T_0} のオプションを手に入れるという契約であったことを思い起こそう．無リスク金利が r のとき，このオプションの時点 $t < T_1$ における Black-Scholes 価格 V_t を求めなさい．

解答 まず $t \in [T_0, T_1]$ とする．時点 t までには S_{T_0} は判明しているので，オプションの価値は行使価格 S_{T_0} と満期 T_1 のヨーロピアン・コール・オプションの価格とまったく同じだ．つまり，

$$V_t = e^{-r(T_1-t)}\mathbf{E}^\mathbf{Q}[(S_{T_1}-S_{T_0})_+ | \mathcal{F}_t]$$

ここに，$\mathbf{Q}$ はそのもとで原資の割引価格がマルチンゲールとなる確率測度だ．特に時点 T_0 において，例題5.2を使って，

$$V_{T_0} = S_{T_0}\Phi(d_1) - S_{T_0}e^{-r(T_1-T_0)}\Phi(d_2)$$

となる．ここに，

$$d_1 = \frac{\left(r+\frac{\sigma^2}{2}\right)(T_1-T_0)}{\sigma\sqrt{T_1-T_0}}, \qquad d_2 = \frac{\left(r-\frac{\sigma^2}{2}\right)(T_1-T_0)}{\sigma\sqrt{T_1-T_0}}$$

すなわち，

$$V_{T_0} = S_{T_0}\left\{\Phi\left(\left(r+\frac{\sigma^2}{2}\right)\frac{\sqrt{T_1-T_0}}{\sigma}\right) - e^{-r(T_1-T_0)}\Phi\left(\left(r-\frac{\sigma^2}{2}\right)\frac{\sqrt{T_1-T_0}}{\sigma}\right)\right\}$$

$$= cS_{T_0}$$

となる．ここに，$c = c(r, \sigma, T_0, T_1)$ は資産価格と独立である．

時点 $t < T_0$ での価格を求めるために，期間 $0 \leq t \leq T_0$ を通じて c 単位の原資から成るポートフォリオは，T_0 においてオプションを正確に複製するということに注意する．よって $t < T_0$ に対するその価格は，cS_t で与えられる．特にオプションのゼロ時点での価格は，

$$V_0 = S_0 \left\{ \Phi\left(\left(r + \frac{\sigma^2}{2}\right)\frac{\sqrt{T_1 - T_0}}{\sigma}\right) - e^{-r(T_1 - T_0)} \Phi\left(\left(r - \frac{\sigma^2}{2}\right)\frac{\sqrt{T_1 - T_0}}{\sigma}\right) \right\}$$

■

一般的戦略

フォワード・スタート・オプションの価格を決定するためには，時点 T_1 から逆戻りしなくてはならないことに注意する．これは，一般的な戦略を反映している．満期を T_1 とし，中間時点 T_0 で規定された条件をもつ多段階オプションに対して，以下の手続きを行使する．

多段階オプションの価格決定

1 時点 T_1 でのペイオフを求める．

2 Black-Scholes 法によって，$t \in [T_0, T_1]$ に対するオプションの価格を決定する．

3 時点 T_0 で契約条件を適用する．

4 Black-Scholes 法によって，$t \in [0, T_0]$ に対するオプションの価格を決定する．

この手続きを2つの例題に応用してみよう．

例 6.3 **比率デリバティブ**：比率デリバティブは，次のように記述する．2時点 $0 < T_0 < T_1$ を固定する．このデリバティブは時点 T_1 で満期となり，ペイオフは S_{T_1}/S_{T_0} だ．時点 $t < T_0$ におけるオプションの価格を求めなさい．

解答 まず $t \in [T_0, T_1]$ としよう．このとき S_{T_0} は既知であり，よって

$$V_t = \frac{1}{S_{T_0}} \mathbf{E}^{\mathbf{Q}}[e^{-r(T_1 - t)} S_{T_1} | \mathcal{F}_t]$$

ここで，$\mathbf{Q}$ のもとで割引資産価格はマルチンゲールとなる．よって $V_t = S_t/S_{T_0}$ であり，特に $V_{T_0} = 1$ だ．それゆえ，$t < T_0$ に対するオプション価格は $e^{-r(T_0 - t)}$ となることは明らかだ． ■

中間時点 T_0 における株価の関数を行使価格とするフォワード・スタート・オプションも，比率デリバティブも，ともに**クリケット**の例だ．

重複選択権付きオプション

重複選択権付きオプションは，さらに複雑なオプションの仲間だ．オプションそのものが原資の役をするオプション，すなわち「オプション・オン・オプション」というものだ．重複選択権付きオプションには，コール・オン・コール，コール・オン・プット，プット・オン・コール，プット・オン・プットの4つの基本型がある．

例 6.4 **コール・オン・コール**：コール・オン・コール・オプションを記述するためには，2つの行使価格 K_0, K_1 と，2つの満期 $T_0 < T_1$ を特定しなければならない．「原資」オプションは，行使価格 K_1 と満期 T_1 のヨーロピアン・コール・オプションである．コール・オン・コール契約はその保有者に，原資オプションを時点 T_0 において価格 K_0 で買う権利を与えるものだ．このオプションの $t < T_0$ での価値を求めなさい．

解答 我々はすでに，原資コールの価格決定方法を知っている．Black-Scholes 公式によると，時点 T_0 での価値は

$$C(S_{T_0}, T_0 ; K_1, T_1) = S_{T_0} \Phi(d_1(S_{T_0}, T_1 - T_0, K_1))$$
$$- K_0 e^{-r(T_1 - T_0)} \Phi(d_2(S_{T_0}, T_1 - T_0, K_1))$$

となる．ここに，

$$d_1(S_{T_0}, T_1 - T_0, K_1) = \frac{\log\left(\dfrac{S_{T_0}}{K_1}\right) + \left(r + \dfrac{\sigma^2}{2}\right)(T_1 - T_0)}{\sigma\sqrt{T_1 - T_0}}$$

と $d_2(S_{T_0}, T_1 - T_0, K_1) = d_1(S_{T_0}, T_1 - T_0, K_1) - \sigma\sqrt{T_1 - T_0}$ とする．このとき，時点 T_0 における重複選択権付きオプションの価値は，

$$V(T_0, S_{T_0}) = (C(S_{T_0}, T_0 ; K_1, T_1) - K_0)_+$$

もう一度 Black-Scholes 公式を適用する．時点 $t < T_0$ でのオプションの価値は，

$$V(t, S_t) = e^{-r(T_0-t)} \mathbf{E}^{\mathbf{Q}}[(C(S_{T_0}, T_0 ; K_1, T_1) - K_0)_+ | \mathcal{F}_t^s] \qquad (6.3)$$

となる．ここに，割引資産価格は $\mathbf{Q}$ のもとでマルチンゲールだ．次式

$$S_{T_0} = S_t \exp\left(\sigma Z \sqrt{T_0-t} + \left(r - \frac{1}{2}\sigma^2\right)(T_0-t)\right)$$

を使うと，式(6.3)に対する2変数正規分布の累積分布関数によって解析的表現が得られる．ここに，$\mathbf{Q}$ のもとで $Z \sim N(0,1)$ である．さて，

$$f(y) = S_t \exp(\sigma y \sqrt{T_0-t} + \left(r - \frac{1}{2}\sigma^2\right)(T_0-t))$$

とおいて，x_0 を

$$x_0 = \inf\{y \in \mathbf{R} : C(f(y), T_0 ; K_1, T_1) \geq K_0\}$$

によって定義する．すると，

$$\log\left(\frac{f(y)}{K_1}\right) = \log\left(\frac{S_t}{K_1}\right) + \sigma y \sqrt{T_0-t} + \left(r - \frac{1}{2}\sigma^2\right)(T_0-t)$$

と表される．さらに，

$$\widehat{d}_1(y) = \frac{\log(S_t/K_1) + \sigma y \sqrt{T_0-t} + r(T_1-t) - \sigma^2 T_0 + \frac{1}{2}\sigma^2(T_1+t)}{\sigma\sqrt{T_1-T_0}}$$

および

$$\widehat{d}_1(y) = \frac{\log(S_0/K_1) + \sigma y \sqrt{T_0-t} + r(T_1-t) - \frac{1}{2}\sigma^2(T_1-t)}{\sigma\sqrt{T_1-T_0}}$$

とおくと，結局

$$V(t, S_t) = e^{-r(T_0-t)} \int_{x_0}^{\infty} \Big(f(y) \Phi(\widehat{d}_1(y)) \\ - K_0 e^{-r(T_1-T_0)} \Phi(\widehat{d}_2(y)) - K_0 \Big) \frac{1}{\sqrt{2\pi}} e^{-y^2/2} dy$$

が得られるのだ．∎

6.3　ルックバック・オプションとバリアー

さて，パスに依存するオプションの第1の例について考えよう．この種のオプションでは，契約期間を通じて資産価格が推移する履歴によって，

6.3 ルックバック・オプションとバリアー

満期時の支払いが決定する．

いつものように，$\{S_t\}_{0 \le t \le T}$ は契約期間内の原資産価格を表す．本節では，満期におけるペイオフが S_T と区間 $[0, T]$ 上で資産価格がとる最大値と最小値のいずれか1つ，または両方に依存するオプションについて考察する．

表記法　　$S_*(t) = \min\{S_u : 0 \le u \le t\}$
$S^*(t) = \max\{S_u : 0 \le u \le t\}$

定義 6.1　**ルックバック・コール**：ルックバック・コールとは，その保有者に対して，時点 T において1単位の株式を，その株式が時点 T までに達成する最小価格で買う権利を与えるものだ．つまりペイオフは

$$C_T = S_T - S_*(T)$$

定義 6.2　**バリアー・オプション**：バリアー・オプションとは，資産価格が事前に設けたバリアーを横切った場合に活性化したり不活性になったりするオプションのことだ．これには2つのタイプがある．

1　ノックイン

　　(a)　バリアーが**アップ・アンド・イン**というのは，バリアーを下からヒットしたときだけオプションが活性化する場合だ．

　　(b)　バリアーが**ダウン・アンド・イン**というのは，バリアーを上からヒットしたときだけオプションが活性化する場合だ．

2　ノックアウト

　　(a)　バリアーが**アップ・アンド・アウト**というのは，バリアーを下からヒットしたときオプションが無価値になる場合だ．

　　(b)　バリアーが**ダウン・アンド・アウト**というのは，バリアーを上からヒットしたときオプションが無価値になる場合だ．

例 6.5　　ダウン・アンド・イン・コール・オプションは，株価が時点 T 以前に前もって同意したレベル c より下落した場合だけ $(S_T - K)_+$ を支払い，そうでなければ無価値になる．つまりペイオフは

$$C_T = \mathbf{1}_{\{S_*(T) \leq c\}}(S_T - K)_+$$

いつもと同じように，我々はオプションの価値をマルチンゲール測度 $\mathbf{Q}$ のもとでの割引期待値として表すことができる．よって，時点ゼロでの価値は

$$V(0, S_0) = e^{-rT}\mathbf{E}^{\mathbf{Q}}[C_T] \tag{6.4}$$

と表されるのだ．ここに，r は無リスク金利で，割引株価は $\mathbf{Q}$-マルチンゲールだ．しかし，実際にバリアー・オプションに対して式(6.4)の期待値を評価するためには，マルチンゲール測度 $\mathbf{Q}$ のもとで $(S_T, S_*(T))$ や $(S_T, S^*(T))$ の結合分布を知る必要がある．しかし，幸いにも我々は，これについてはすでに第3章でほとんど求めてある．

補題3.9には，Brown運動とその最大値の結合分布が与えられている．具体的にいうと，$\{W_t\}_{t \geq 0}$ を標準 $\mathbf{P}$-Brown運動とし，$M_t = \max_{0 \leq s \leq t} W_s$ と表すとき，$a > 0$ と $x \leq a$ について，

$$\mathbf{P}[M_t \geq a, W_t \leq x] = 1 - \Phi\left(\frac{2a - x}{\sqrt{t}}\right)$$

が成り立つ．対称性から $m_t = \min_{0 \leq s \leq t} W_s$ と表すとき，$a < 0$ と $x \geq a$ について，

$$\mathbf{P}[m_t \leq a, W_t \geq x] = 1 - \Phi\left(\frac{-2a + x}{\sqrt{t}}\right)$$

が成り立つ．あるいは微分して，$a < 0$ と $x \geq a$ について

$$\mathbf{P}[m_T \leq a, W_t \in dx] = p_T(0, -2a + x)dx = p_T(2a, x)dx$$

が成り立つ．ここに，

$$p_t(x, y) = \frac{1}{\sqrt{2\pi t}} \exp(-(x - y)^2/2t)$$

これらの結果とGirsanovの定理（の2つの応用）を組み合わせることによって，マルチンゲール測度 $\mathbf{Q}$ のもとで $(S_T, S_*(T))$ や $(S_T, S^*T))$ の結合分布を計算することができる．

いつものように，マーケット測度 $\mathbf{P}$ のもとで

$$S_t = S_0 \exp(\nu t + \sigma W_t)$$

とする．ここに，$\{W_t\}_{t\geq 0}$ は $\mathbf{P}$-Brown 運動である．しばらくの間，$\nu=0$ と仮定する．このとき，$S_t=S_0\exp(\sigma W_t)$ であるから，$S_*(t)=S_0\exp(\sigma m_t)$ と $S^*(t)=S_0\exp(\sigma M_t)$ となる．よって，この場合の株価と最小値（または最大値）の結合分布は，(W_t, m_t)（または (W_t, M_t)）の結合分布から導かれる．もちろん一般的には，マーケット測度 $\mathbf{P}$ のもとでもマルチンゲール測度 $\mathbf{Q}$ のもとでも，ν はゼロではない．我々の戦略としては，マルチンゲール測度へ切り替えるだけでなく，一時的にそのもとで $S_t=S_0\exp(\sigma W_t)$ となる等価な測度へ切り替えるために Girsanov の定理を使うのだ．

補題6.1 $\{Y_t\}_{t\geq 0}$ を $Y_t=bt+X_t$ によって与える．ここに，b は定数で，$\{X_t\}_{t\geq 0}$ は $\mathbf{Q}$-Brown 運動とする．$Y_*=\min\{Y_u: 0\leq u\leq t\}$ とおくと，
$$\mathbf{Q}[Y_*(T)\leq a, Y_T\in dx]=\begin{cases}p_T(bT,x)dx, & (x<a), \\ e^{2ab}p_T(2a+bT,x)dx & (x\geq a)\end{cases}$$
となる．ここに，上と同じように，$p_t(x,y)$ は Brown 推移密度関数である．

証明 Girsanov の定理によって，$\{Y_t\}_{t\geq 0}$ が $\mathbf{P}$-Brown 運動となるような $\mathbf{Q}$ と同値な測度 $\mathbf{P}$ が存在して，
$$\left.\frac{d\mathbf{P}}{d\mathbf{Q}}\right|_{\mathcal{F}_T}=\exp\left(-bX_T-\frac{1}{2}b^2T\right)$$
をみたす．この式は，$\{X_t\}_{0\leq t\leq T}$ には X_T だけに依存していることに注意しよう．事象 $\{Y_*(T)\leq a, Y_T\in dx\}$ の $\mathbf{Q}$-確率は，この事象の $\mathbf{P}$-確率に $Y_T=x$ で評価された $\left.\dfrac{d\mathbf{Q}}{d\mathbf{P}}\right|_{\mathcal{F}_T}$ を乗じたものとなる．さて，
$$\frac{d\mathbf{Q}}{d\mathbf{P}}=\exp\left(bX_T+\frac{1}{2}b^2T\right)=\exp\left(bY_T-\frac{1}{2}b^2T\right)$$
であるから，$a<0$ と $x\geq a$ に対して
$$\mathbf{Q}[Y_*(T)\leq a, Y_T\in dx]=\mathbf{P}[Y_*(T)\leq a, Y_T\in dx]\exp\left(bx-\frac{1}{2}b^2T\right)$$

$$= p_T(2a, x)\exp\left(bx - \frac{1}{2}b^2 T\right)dx$$
$$= e^{2ab} p_T(2a+bT, x)dx \tag{6.5}$$

また，$x \leq a$ に対して $\{Y_*(T) \leq a, Y_T \in dx\} = \{Y_T \in dx\}$ は明らかであるから，$x \leq a$ に対して

$$\mathbf{Q}[Y_*(T) \leq a, Y_T \in dx] = \mathbf{Q}[Y_T \in dx]$$
$$= \mathbf{Q}[bT + X_T \in dx]$$
$$= p_T(bT, x)dx$$

となって，証明が終わる． ∎

a に関して式(6.5)を微分すると，$a < 0$ に対して

$$\mathbf{Q}[Y_*(T) \in da, Y_T \in dx] = \frac{2e^{2ab}}{T}|x - 2a|p_T(2a+bT, x)dxda$$
$$(x \geq a)$$

となる．結合密度が $x < a$ または $a > 0$ のときにゼロとなることは明らかだ．演習問題 13 において，$\mathbf{Q}$ のもとで Y_T と $Y^*(T)$ の結合分布を求めることを要求している．

価格の表現

第 5 章の議論から，マルチンゲール測度 $\mathbf{Q}$ のもとで $S_t = S_0 \exp(\sigma Y_t)$ となることがわかる．ここに

$$Y_t = \frac{\left(r - \frac{1}{2}\sigma^2\right)}{\sigma} t + X_t$$

となり，$\{X_t\}_{t \geq 0}$ は $\mathbf{Q}$-Brown 運動だ．そこで $b = \left(r - \frac{1}{2}\sigma^2\right)\big/\sigma$ とおき，これらの結果を使って，ペイオフが時点 T での株価と契約有効期間中の株価の最小値（あるいは最大値）に依存する，任意のオプションの時点 T における価格を評価することができる．ペイオフを $C_T = g(S_*(T), S_T)$ とし，無リスク金利を r とするとき，時点ゼロにおけるオプションの価値は，

$$V(0, S_0) = e^{-rT} \mathbf{E}^{\mathbf{Q}}[g[S_*(T), S_T]]$$
$$= e^{-rT} \int_{a=-\infty}^{0} \int_{x=a}^{\infty} g(S_0 e^{\sigma x}, S_0 e^{\sigma a}) \mathbf{Q}[Y_*(T) \in da, Y_T \in dx]$$

例6.6 ダウン・アンド・イン・コール・オプション：時点 T でのペイオフが，
$$C_T = \mathbf{1}_{\{S_*(T) \leq c\}}(S_T - K)_+$$
のダウン・アンド・イン・コール・オプションのゼロ時点における価格を求めなさい．ここに c は，前もって決められた K より小さい（正の）定数である．

解答 $S_t = S_0 \exp(\sigma Y_t)$ を使ってペイオフを
$$C_T = \mathbf{1}_{\{Y_*(T) \leq \frac{1}{\sigma}\log(c/S_0)\}}(S_0 e^{\sigma Y_T} - K)_+$$
と書き直す．$b = \left(r - \frac{1}{2}\sigma^2\right)/\sigma$, $a = \frac{1}{\sigma}\log(c/S_0)$ かつ $x_0 = \frac{1}{\sigma}\log(K/S_0)$ とおくと，

$$V(0, S_0) = e^{-rT} \int_{x_0}^{\infty} (S_0 e^{\sigma x} - K) \mathbf{Q}[Y_*(T) \leq a, Y_T \in dx]$$

が得られる．上で得られた $Y_*(T), Y_T$ の結合分布を使うと，

$$V(0, S_0) = e^{-rT} \int_{x_0}^{\infty} (S_0 e^{\sigma x} - K) e^{2ab} p_T(2a + bT, x) dx$$

となる．この式で，$c < K$ であるから $X_0 \geq a$ となるという事実を使った．まず，

$$e^{-rT} \int_{x_0}^{\infty} K e^{2ab} p_T(2a + bT, x) dx$$

$$= K e^{-rT} e^{2ab} \int_{(x_0 - 2a - bT)/\sqrt{T}}^{\infty} \frac{1}{\sqrt{2\pi}} e^{-y^2/2} dy$$

$$= K e^{-rT} e^{2ab} \int_{-\infty}^{(2a + bT - x_0)/\sqrt{T}} \frac{1}{\sqrt{2\pi}} e^{-y^2/2} dy$$

$$= K e^{-rT} \left(\frac{c}{S_0}\right)^{\frac{2r}{\sigma^2} - 1} \Phi\left(\frac{2a + bT - x_0}{\sqrt{T}}\right)$$

$$= K e^{-rT} \left(\frac{c}{S_0}\right)^{\frac{2r}{\sigma^2} - 1} \Phi\left(\frac{\log(F/K) - \frac{1}{2}\sigma^2 T}{\sigma\sqrt{T}}\right)$$

となる．ここに，$F = e^{rT} c^2 / S_0$ とする．同様に，

$$e^{-rT}\int_{x_0}^{\infty} S_0 e^{\sigma x} e^{2ab} p_T(2a+bT, x)dx$$

$$= S_0 e^{-rT} e^{-2ab}\int_{x_0}^{\infty} \frac{1}{\sqrt{2\pi}}\exp\left(\frac{(x-(2a+bT))^2 - 2\sigma xT}{2T}\right)dx$$

$$= S_0 e^{-rT} e^{2ab}\int_{(x_0-(2a+2T)-\sigma T)/\sqrt{T}}^{\infty} \frac{1}{\sqrt{2\pi}} e^{-y^2/2} dy$$

$$\times \exp\left(\frac{1}{2}\sigma^2 T + 2a\sigma + b\sigma T\right)$$

$$= e^{-rT}\left(\frac{c}{S_0}\right)^{\frac{2r}{\sigma^2}-1} F\Phi\left(\frac{\log(F/K)+\frac{1}{2}\sigma^2 T}{\sigma\sqrt{T}}\right)$$

これを例5.2と比較すると，

$$V(0, S_0) = \left(\frac{c}{S_0}\right)^{\frac{2r}{\sigma^2}-1} C\left(\frac{c^2}{S_0}, 0\,;\, K, T\right)$$

を得る．ここに $C(x, t\,;\, K, T)$ は，時点 t での株価が x の場合の行使価格 K と満期 T のヨーロピアン・コール・オプションの時点 t における価格だ．

バリアー・オプションの価格も，偏微分方程式の解として表すことができる． ∎

例6.7 **ダウン・アンド・アウト・コール**：ダウン・アンド・アウト・コールは，原資産価格が契約有効期間内に前もって同意されたバリアー c より下落しなければ，ヨーロピアン・コール・オプションのペイオフ $(S_T-K)_+$ と同じだ．下落した場合のオプションは，「ノック・アウト」で無効となる．

もし $S_t=x$ ならば，バリアー・オプションの時点 t における価値を $V(t, x)$ と表すものとし，$K>c$ とするとき，$V(t, x)$ は $(t, x) \in [0, T] \times [c, \infty)$ について境界条件

$$V(T, S_T) = (S_T - K)_+$$
$$V(t, c) = 0, \qquad t \in [0, T]$$
$$\frac{V(t, x)}{x} \to 1, \qquad (x \to \infty)$$

をみたす Black-Scholes 方程式の解だ．

最後の条件が成り立つことは，$S_t \to \infty$ のとき，資産価格が時点 T 以前にレベル c をヒットする確率がゼロとなることからわかる．

演習問題 16 では，これらの境界条件をもつ Black-Scholes 偏微分方程式の解法を与える．

もちろん，より複雑なバリアー・オプションを考えることもできる．たとえば**ダブル・ノックアウト・オプション**は，株価が契約有効期限内に区間 $[c_1, c_2]$ から出ると無効となるものだ．よって，このような契約に対する確率的価格公式には，3 つの組 $(S_T, S_*(T), S^*(T))$ の結合分布が必要だ．単一バリアーの場合と同じように，このような結合分布は $\{W_t\}_{t \geq 0}$ を $\mathbf{P}$-Brown 運動とし，$\{m_t\}_{t \geq 0}, \{M_t\}_{t \geq 0}$ をそれぞれ現行の最小値と現行の最大値とするとき，Girsanov の定理を使って (W_t, m_T, M_T) の結合分布から導くのが秘訣だ．これは，

$$\mathbf{P}[W_T \in dy, a < m_T, M_T < b]$$
$$= \sum_{n \in Z} \{P_T(2n(a-b), y) - p_T(2n(b-a), y-2a))\} \, dy$$

によって与えられる．この証明については，Freedman (1971) を参照のこと．よって，陽な価格公式は無限級数の形をとる．演習問題 20 では，Black-Scholes 方程式を直接解くことによって価格公式を与えている．

確率か？ それとも偏微分方程式か？

5.7 節で見たように，また本章末の演習問題でも見られるように，Black-Scholes 偏微分方程式は（適当な境界条件をもつ）熱方程式に変換して解くことができる．この方法は，価格の期待値を Brown 運動を変数とする関数の期待値に変換する確率的方法と，完全に匹敵するものだ．

6.4　アジアン・オプション

アジアン・オプションのペイオフは，契約有効期間における資産価格の平均値の関数だ．たとえば，行使価格が K で満期が T の**アジアン・コー**

ルのペイオフは，

$$C_T = \Big(\frac{1}{T}\int_0^T S_t dt - K\Big)_+$$

となる．明らかに $C_T \in \mathcal{F}_T$ であるから，第5章の Black-Scholes の方法により，ゼロ時点でのオプションの価値は

$$V_0 = \mathbf{E}^{\mathbf{Q}}\Big[e^{-rT}\Big(\frac{1}{T}\int_0^T S_t dt - K\Big)_+\Big] \qquad (6.6)$$

で与えられる．しかし，この積分の評価はきわめて難しく，前節のように陽な公式は得られない．

アジアン・オプションにはたくさんの仲間がある．たとえば，ペイオフが

$$C_T = f\Big(S_T, \frac{1}{T}\int_0^T S_t dt\Big)$$

で与えられる条件つき請求権の価値を求めるような問題もある．7.2節で，多次元の Black-Scholes 方程式の解として，このような請求権（あるいはもっと複雑な請求権）の価格を表現する技術を開発する．さらにこの方程式の解によって，ヘッジ・ポートフォリオの陽な表現を見つけることができるのだ（第7章演習問題12参照）．しかし，多次元の Black-Scholes 方程式は1次元の方程式に比べて格段に難しく，大抵の場合，数値解法に頼らなければならない．

式(6.6)を直接評価する一番の難しさは，S_T が対数正規分布にしたがうのに対して，平均過程 $\frac{1}{T}\int_0^T S_t dt$ のすべてのモーメントは陽な公式で表されるものの，分布関数に対する表現が得られないということだ．これを克服するために，多くの方法が提案されている．中には，単純に平均過程を適切なパラメータの対数正規分布で近似する方法もある．

最も自然な方法は，価格過程を決められた時点 $t_1, \cdots, t_n$ においてサンプリングし，そのサンプル値の算術平均をとるという離散的方法で連続的な平均値を置き換えるというものだ．この方法は，実務的観点からも意味がある．というのは，実際の資産に対して連続的な平均値を計算することはできない相談だからだ．たいていの契約は，たとえば日々の終値などの離

散サンプルから平均値を計算することを規定している．数学的には，連続的な平均 $\frac{1}{T}\int_0^T S_t dt$ を $\frac{1}{n}\sum_{i=1}^n S_{t_i}$ で置き換えることに相当する．離散サンプルに基づくオプションは，価格の評価がたちまち非現実的なものとなるものの（演習問題 21 参照），多段階オプションと同じ方法で扱われる．

その他の近似方法として，算術平均を**幾何**平均で置き換える方法もある．つまり，$\frac{1}{n}\sum_{i=1}^n S_{t_i}$ の代わりに $(\prod_{i=1}^n S_{t_i})^{1/n}$ を考えるのだ．これは対数正規分布をもつから（演習問題 22），アジアン・オプションに対する近似価格公式は正確に評価できる（演習問題 23 は連続的な幾何平均に基づいてアジアン・コール・オプションの価格決定公式を求める問題だ）．もちろん，正数からなる集合の算術平均は常に幾何平均より大きいので，この幾何平均による近似は，一貫してアジア・コール・オプションに低めの価格付けになっても驚くにはあたらない．

6.5 アメリカン・オプション

アメリカン・オプションを完全に取り扱うことは，ここでの範囲を越えている．アメリカン・オプションの価格に対する陽な表現は，きわめてわずかな特別の場合に存在するだけであるから，数値解法に頼らざるを得ない．1 つの方法としては，第 2 章の離散（2 項ツリー）モデルを使うことだ．これに代わる方法としては，偏微分方程式の解として価格を再定式化することである．我々は，この方程式を厳密に導くことはしないが，その代わり第 2 章の結果を使って，その定式にヒューリスティックな説明を加える．

離散の場合

第 2 章で見たように，無配当株式を基にしたアメリカン・オプションの価格はヨーロピアン・コールの価格と同じであるから，**アメリカン・プッ**

トだけに限って議論する．アメリカン・オプションは，その保有者に対して満期 T において行使価格 K で1単位の株式を売る権利を与える．

2.2節で例証したように離散時間モデルでの $V(n, S_n)$ は，時点 $n\delta t$ における資産価格が S_n であるという条件のもとでの時点 $n\delta t$ おけるオプションの価格であるから，

$$V(n, S_n) = \max\{(K-S_n)_+, \mathbf{E}^{\mathbf{Q}}[e^{-r\delta t}V(n+1, S_{n+1})|\mathcal{F}_n]\}$$

である．ここに，$\mathbf{Q}$ はマルチンゲール測度だ．特に，いたるところで $V(n, S_n) \geq (K-S_n)_+$ が成り立つ．固定した各 n に対して S_n のとり得る値は，境界値（これを $S_f(n)$ と表す）によって2つの領域に分けられることを見た．すなわち，もし $S_n > S_f(n)$ ならばオプションを保有していることが最適であり，もし $S_n \leq S_f(n)$ ならば行使するのが最適だ．ここで，$\{S_f(n)\}_{0 \leq n \leq N}$ を**行使境界**とよぶ．

例題2.9において，我々は行使境界の特徴を見い出した．割引オプション価格は，$\tilde{V}_n = \tilde{M}_n - \tilde{A}_n$ と表されることを見た．ここに，$\{\tilde{M}_t\}_{0 \leq n \leq N}$ は $\mathbf{Q}$-マルチンゲールで，$\{\tilde{A}_n\}_{0 \leq n \leq N}$ は非減少な可予測過程だ．オプションは，$\tilde{A}_{n+1} \neq 0$ となる最初の時点 $n\delta t$ において行使される．つまり，行使領域では $\tilde{A}_{n+1} \neq 0$ かつ $V_n = (K-S_n)_+$ であるのに対して，行使領域から離れると，つまり $S_n > S_f(n)$ のときは $V(n, S_n) = M_n$ となる．

$\tilde{A}_{n+1} \neq 0$ となる最初の時点で行使するという戦略は，もし値 $\{0, 1, \cdots, N\}$ をとるすべての可能な停止時刻の集合を $\mathcal{T}_N$ とするとき，

$$V(0, S_0) = \sup_{\tau \in \mathcal{T}_N} \mathbf{E}^{\mathbf{Q}}[e^{-r\tau}(K-S_\tau)_+|\mathcal{F}_0]$$

が成り立つという意味において**最適**である．すべての許容される戦略の行使時点は停止時刻であるから，このことはオプションの保有者にとって，その他の行使戦略を選択することによって改善されることはないことを示している．この最適性が公正価格の特徴づけをしていることは，今やお馴染みとなった裁定議論からわかる．演習問題24はこれを示す問題だ．

連続時間

さて，2.6節と同じようにして，連続極限へ形式的に極限移行しよう．極限においても $V(t, S_t) \geq (K - S_t)_+$ がいたるところで成り立ち，しかも各々の t に対して，もし $S_t > S_f(t)$ ならオプションを保有し続け，もし $S_t \leq S_f(t)$ ならオプションを行使する，という $S_f(t)$ が定義されるであろう．行使領域では $V(t, S_t) = (K - S_t)_+$ であるのに対して，行使領域から外れると $V(t, S_t) = M_t$ となる．ここに，割引過程 $\{\tilde{M}_t\}_{0 \leq t \leq T}$ は $\mathbf{Q}$-マルチンゲールであり，$\mathbf{Q}$ はそのもとで割引株価がマルチンゲールとなる $\mathbf{P}$ と同値な測度だ．$\{\tilde{M}_t\}_{0 \leq t \leq T}$ はヨーロピアン・オプションの割引価値と考えることができるので，行使領域から外れた場合，$V(t, S_t)$ は Black-Scholes 微分方程式をみたさなければならないことになる．

したがって，価格 $V(t, x)$ が $\{(t, x): x > S_f(t)\}$ 上で Black-Scholes 方程式をみたさなければならないこと，および領域外では $V(t, x) = (K - x)_+$ となることが予想される．もし，$S_f(t)$ に関する適切な境界条件を定めることができるならば，このことは $V(t, x)$ の特徴づけにまで拡張することが可能となる．しかし，これは $S_f(t)$ が**自由境界**であること，つまり事前にその位置が判明しないという事実によって，実は込み入った問題なのだ．

裁定の議論（演習問題25）から，アメリカン・プット・オプションの価格は連続でなければならない．すでに $V(t, S_f(t)) = (K - S_f(t))_+$ となることは示した．オプションの価格がゼロならば，時点 $t < T$ で行使するのは最適でないことは明らかである．実際，このときに $V(t, S_f(t)) = K - S_f(t)$ を得る．行使境界を横切る際に，$V(t, x)$ は x に関して連続微分可能であるとする（この証明は省略する）．このとき，

$$V(t, x) = (K - x), \quad x \leq S_f,$$

かつ

$$V(t, x) \geq (K - x), \quad x > S_f,$$

であるから，行使境界において $\frac{\partial V}{\partial x} \geq -1$ となるはずだ．行使境界のある点において $\frac{\partial V}{\partial x} > -1$ を仮定する．このとき，行使の選択を行う株価を S_f から S_f^* に減少することによって，$(t, (S_f(t))$ におけるオプション価格を実際に**増加**させることができる．これは，我々の行使戦略が最適であることに矛盾する．よって，行使境界では $\frac{\partial V}{\partial x} = -1$ とならなければならないのだ．

いまや以下の自由境界値問題の解として，$V(t, x)$ の完全な特徴づけができるのだ．

命題 6.1　**アメリカン・プットの価値**：行使価格 K で満期 T のアメリカン・プット・オプションの価値を $V(t, x)$ とし，無リスク金利を r とする．このとき，$V(t, x)$ は次のように特徴づけることができる．すなわち，時点 $t \in [0, T]$ について以下の条件をみたす $S_f(t) \in (0, \infty)$ が存在する．$0 \leq x \leq S_f(t)$ と $0 \leq t \leq T$ に対して，

$$V(t, x) = K - x, \qquad \frac{\partial V}{\partial t} + \frac{1}{2}\sigma^2 x^2 \frac{\partial^2 V}{\partial x^2} + rx\frac{\partial V}{\partial x} - rV < 0$$

が成り立つ．また，$t \in [0, T]$ と $S_f(t) < x < \infty$ に対して

$$V(t, x) > (K - x)_+, \qquad \frac{\partial V}{\partial t} + \frac{1}{2}\sigma^2 x^2 \frac{\partial^2 V}{\partial x^2} + rx\frac{\partial V}{\partial x} - rV = 0$$

が成り立つ．$x = S_f(t)$ における境界条件は，オプション価格が x について連続微分可能で，時間について連続で，かつ

$$V(t, S_f(t)) = (K - S_f(t))_+, \qquad \frac{\partial V}{\partial x}(t, S_f(t)) = -1$$

をみたすことである．さらに，V は終端条件

$$V(t, S_T) = (K - S_T)_+$$

をみたす．

命題 6.1 の自由境界値問題は，**線形双対問題**として解析する方がより簡

単だ．記号
$$\mathcal{L}_{BS}f = \frac{\partial f}{\partial t} + \frac{1}{2}\sigma^2 x^2 \frac{\partial^2 f}{\partial x^2} + rx\frac{\partial f}{\partial x} - rf$$
を使うと，自由境界値問題は次のようにいいかえることができる．すなわち，$\mathcal{L}_{BS}V(t,x) \leq 0$, $V(t,x)-(K-x)_+ \geq 0$, $V(T,x)=(K-x)_+$, $x \to \infty$ のとき，$V(t,x) \to \infty$ かつ $V(t,x)$ と $\frac{\partial V}{\partial x}(t,x)$ が連続であるという条件のもとで，
$$\mathcal{L}_{BS}V(t,x)(V(t,x)-(K-x)_+) = 0$$
をみたすことだ．

この再定式化によって，自由境界への陽な依存を排除していることに注意しよう．この問題を解くために，変分法を適用することができ，その結果この解から境界が再生されるのだ．このことは我々の領域外なので，詳細については Wilmott, Howison & Dewynne（1995）を参照のこと．

陽な解

本章を終わるにあたって，価格が陽に与えられるアメリカン・オプションの珍しい一例をあげておく．

例6.8 パーペチュアル・アメリカン・プット：無配当株に基づくパーペチュアル・アメリカン・プット・オプション，すなわちその保有者は任意の時点 t において行使することができ，そのときのペイオフが $(K-S_t)_+$ となる契約の価格を求めなさい．

解答 この問題に対する可能性のある2つの解法，すなわち命題6.1の自由境界値問題による方法と期待価格による方法について，その概略を述べる．

契約の行使時点は常に有限であるから，$V(t,x)$ は x だけの関数であり，行使境界はすべての $t>0$ とある a に対して，$S_f(t)=a$ の形になるに違いない．オプションは $S_t \leq a$ になると，ただちに行使される．Black-Scholes方程式は**常微分方程式**

に帰着する．方程式(6.7)の一般解は，ある定数 c_1, c_2, d_1, d_2 に対して $v(x)=c_1x^{d_1}+c_2x^{d_2}$ の形をとる．境界条件

$$\frac{1}{2}\sigma^2 x^2\frac{d^2V}{dx^2}+rx\frac{dV}{dx}-rV=0, \qquad x\in(\alpha,\infty) \tag{6.7}$$

$$V(\alpha)=K-\alpha, \qquad \lim_{x\downarrow\alpha}\frac{dV}{dx}=-1, \qquad \lim_{x\to\infty}V(x)=0$$

をあてはめると，

$$V(x)=\begin{cases}(K-\alpha)\left(\dfrac{\alpha}{x}\right)^{2r\sigma^{-2}}, & x\in(\alpha,\infty)\\ (K-x), & x\in[0,\alpha]\end{cases}$$

が得られる．ここに，

$$\alpha=\frac{2r\sigma^{-2}K}{2r\sigma^{-2}+1}$$

とする．

この問題へのもう1つの方法は，3.3節の結果を適用することだ．上で議論したように，このオプションは，株価がある $\alpha>0$ についてレベル α を最初にヒットしたときに行使される．つまり価格は，

$$V(0, S_0)=\mathbf{E}^{\mathbf{Q}}[e^{-r\tau_\alpha}(K-\alpha)_+]$$

の形をとるであろう．ここに，$\tau_\alpha=\inf\{t>0: S_t\leq\alpha\}$ である．このストッピング・タイムを，$\mathbf{Q}$-Brown 運動が傾斜ラインをヒットするまでの時間で書き直すことにする．まず，

$$S_t=S_0\exp\left(\left(r-\frac{1}{2}\sigma^2\right)t+\sigma X_t\right)$$

であるから，事象 $\{S_t\leq\alpha\}$ は事象

$$\left\{-\sigma X_t-\left(r-\frac{1}{2}\sigma^2\right)t\geq\log\left(\frac{S_0}{\alpha}\right)\right\}$$

と同じだ．ここに，$\{X_t\}_{t\geq 0}$ はマルチンゲール測度 $\mathbf{Q}$ のもとで標準 Brown 運動である．過程 $\{-X_t\}_{t\geq 0}$ もマルチンゲール測度 $\mathbf{Q}$ のもとで標準 Brown 運動であるから，3.3節の記号を用いると，

$$a=\frac{1}{\sigma}\log\left(\frac{S_0}{\alpha}\right), \qquad b=\frac{r-\dfrac{1}{2}\sigma^2}{\alpha}$$

として，τ_a は $T_{a,b}$ で与えられる．よって，命題 3.1 から $\mathbf{E}^Q[e^{-r\tau_a}]$ を求めることができ，さらに a について最大化して結果を得る． ∎

第6章　演習問題

1. K_1 と K_2 は，$0 < K_1 < K_2$ をみたす固定された実数とする．**カラー・オプション**は，ペイオフ

    $$C_T = \min\{\max\{S_t, K_1\}, K_2\}$$

    をもつ．このようなオプションの Black-Scholes 価格を求めなさい．

2. フォワード契約において，ロング・ポジションに付随する潜在的な最大損失とは何か？　また，ショート・ポジションの最大損失とは何か？
    ロング・ポジションの保有者に対する行使時点におけるペイオフが

    $$C_T = \min\{S_t, F\} - K$$

    のデリバティブを考える．ここに，F は原資株式に対する標準フォワード価格で，K は定数である．このような契約は，行使時点において価値がゼロとなるように構築する．この契約に書かれるべき K の値の表現を求めなさい．さて，ロング・ポジションの，またショート・ポジションの保有者に対する最大潜在損失は何か？

3. 時点 T での行使価格が K となる**デジタル・プット・オプション**のペイオフは，

    $$C_T = \begin{cases} 0, & S_t \geq K, \\ 1, & S_T < K. \end{cases}$$

    デジタル・プットの Black-Scholes 価格を求めなさい．デジタル・オプションのプット・コールパリティはいくらか？

4. **デジタル・コール・オプション**：例題 6.1 において，デジタル・コールの価格を計算した．ここでは別の方法をとる．

    (a) Feynman-Kac 確率表現を使って，行使価格 K と満期 T のデジタル・コールの価値がみたす偏微分方程式を求めなさい．

    (b) 標準的ヨーロピアン・コール・オプションのデルタは，(a)で求めた偏微分方程式の解であることを示しなさい．

(c) よって，もしくは，デジタルの値を求めるために(a)の方程式を解きなさい．

5 　行使価格 K と満期 T の**アセット・オア・ナッシング・コール・オプション**のペイオフは，
$$C_T = \begin{cases} S_T, & S_t \geq K, \\ 0, & S_T < K. \end{cases}$$
このオプションの Black-Scholes 価格を求め，ヘッジをしなさい．時点 T の近くで資産価格が K に近づくとき，複製ポートフォリオの保有株式に何が起こるか？　意見を述べなさい．

6 　キャッシュ・オア・ナッシング・オプションとアセット・オア・ナッシング・オプションとの2つのオプションによって構成されるポートフォリオを構築しなさい．ただし，これら2つのオプションは満期 T で行使価格 K のヨーロピアン・コール・オプションのポートフォリオと T における価値が等しくなるものとする．

7 　6.1節において，満期に離散ペイオフをもつある種のオプションに対して，複製ポートフォリオの保有株式は満期近くでひどく振動することがあることを見た．ペイオフが連続のとき，この現象は起こるだろうか？

8 　**ペイ・レイター・オプション**：このオプションは，**偶発プレミアム・オプション**として知られており，オプションがイン・ザ・マネーのときだけ購入者は満期にプレミアムを支払うというところが標準的なヨーロピアン・オプションとは異なる．このオプションは，行使価格 K と満期 T の標準的ヨーロピアン・コール・オプションと，満期 T で $-V$ のデジタル・コール・オプションによって構成されるポートフォリオと同等である．ここに，V はオプションのプレミアムである．
(a) このようなポートフォリオの時点ゼロでの価値はいくらか？
(b) V の表現を求めなさい．
(c) 投機家がこのオプション参加するとしたら，彼女にこれを勧めた市場

の見通しとは何か？

9 **ラチェット・オプション**：ツーレッグ・ラチェット・オプションは，以下のように述べることができる．時点ゼロにおいて，初期行使価格 K を固定する．時点 $T_0>0$ において，行使価格を原資の価格 S_{T_0} に**リセット**する．満期時点 $T_1>T_0$ において，保有者は行使価格 S_{T_0} のコールのペイオフに，もし $S_{T_1}-S_{T_0}$ が正ならこれを加えた分を受け取る．すなわちこの場合のペイオフは，$(S_{T_1}-S_{T_0})_+ + (S_{T_0}-K)_+$ だ．

    もし $(S_{T_0}-K)$ が正なら，中間の利益は「ロックド・イン」と呼ばれる．この理由は？ $0<t<T_1$ に対するこのオプションの価値を求めなさい．

10 **チューザー・オプション**：チューザー・オプションは，2つの行使価格 K_1, K_2 と2つの満期 $T_0<T_1$ によって明記することができる．時点 T_0 において保有者は，行使価格 K_1 と満期 T_1 のコール・オプション**または**プット・オプションを K_0 で買う権利をもっている．

    時点 T_0 でのオプション価格はいくらになるか？ $K_0=0$ という特別な場合について，プット・コール・パリティを使って適当に選んだ行使価格と，満期のコールとプットのそれぞれの価値の和として，このオプション価格を表しなさい．そして，時点ゼロでのオプションの価値を求めなさい．

11 **フューチャーに基づくオプション**：無リスク借入金利が確定的である単純なモデルでは，フォワードとフューチャーの価格は一致する．配達期日 $T_1>T_0$ のフューチャー契約に基づいた行使価格 K と満期 T_0 のヨーロピアン・オプションは，その保有者に対して，時点 T_0 においてフューチャー契約でロング・ポジションと $(F(T_0, T_1)-K)_+$ の現金をもたらす．ここに，$F(t_0, T_1)$ は時点 T_0 でのフューチャー契約の価値を表す．時点ゼロにおけるこのオプションの価値を求めなさい．

12 例題 6.4 の方法を使って，プット・オン・プット・オプションの価値を求めなさい．1つのコール・オン・プットを買い，(同じ行使価格と満期

の) 1つのプット・オン・プットを売って得られるポートフォリオを考えることにより, 重複選択権つきオプションに対するプット・コール・パリティ関係を求めなさい. これにより, 重複選択権つきオプションの4つのクラスすべての価格を明記しなさい.

13 b を定数とし, $\{X_t\}_{t \geq 0}$ を **Q**-Brown 運動とする. このとき, $Y_t = bt + X_t$ によって $\{Y_t\}_{t \geq 0}$ を定義する. $Y^*(t) = \max\{Y_u : 0 \leq u \leq t\}$ と表すとき, **Q** のもとでの $(Y_T, Y^*(T))$ の結合分布を求めなさい.

14 行使価格と満期が同じであるダウン・アンド・イン・コールとダウン・アンド・アウト・コールから構成されるポートフォリオの価値はいくらか?

15 $c > K$ のとき, バリアー c と行使価格 K と満期 T のダウン・アンド・アウト・コールの価値を求めなさい.

16 例題 6.7 のダウン・アンド・アウト・コールの価値を求める 1 つの方法は, それをマルチンゲール測度による期待値で表し, Brown 運動とその最小値の結合分布に関する知識を活用することだ. もう 1 つの方法は, 偏微分方程式を直接解くことであるので, これがこの演習問題の目的である.
  (a) 第5章演習問題7の方法を使って, 価格に関する方程式を熱方程式に変換する. この熱方程式の境界条件は何か?
  (b) 得られた熱方程式を, たとえば「イメージ法」(この方法について馴染みのない読者は Wilmott, Howison & Dewynne (1995) を参照されたい) によって解きなさい.
  (c) 偏微分方程式の解を得るために変換を元に戻しなさい.

17 アメリカン・キャッシュ・オア・ナッシング・コール・オプションは, 任意の時点 $t \in [0, T]$ において行使することができる. 時点 t で行使すると, そのペイオフは

  1, $S_t \geq K,$

$$0, \quad S_t \leq K.$$

このオプションの行使はいつがよいだろうか？ その価値を求めなさい．

18 　例題6.6のダウン・アンド・イン・コールを，もしオプションが達成されなければ，すなわち株価がバリアーを決して横切らなければ，保有者はリベートZを受け取るように変更するとしよう．この変更したオプションの価格を求めなさい．

19 　パーペチュアル・オプション（無期オプション）は，満期のないオプションのことだ．たとえば，パーペチュアル・アメリカン・キャッシュ・オア・ナッシング・コール・オプションは，任意時点で行使できる．もし時点tで行使すると，そのペイオフは$S_t \geq K$なら1で，$S_T < K$なら0である．このオプションが決して行使されない確率はどれくらいか？

20 　適切に選ばれた境界条件をもつ偏微分方程式の解として，ダブル・ノックアウト・コール・オプションの価格を定式化しなさい．演習問題16の真似をして，この価格が無限級数として表されることを調べなさい．

21 　行使価格Kのアジアン・コール・オプションの価値を計算しなさい．ただし，このオプションでは株価の平均はわずか2時点，0とTでの値をもとに計算される．ここに，Tは契約の満期を示す．

　3つの時点0と$T/2$とTをサンプリング・タイムとする場合の，このオプションの価値の表現を求めなさい．

22 　$\{S_t\}_{t \geq 0}$は，$\mathbf{P}$のもとで幾何Brown運動とする．$0 \leq t_1 \leq t_2 \leq \cdots \leq t_n$は固定された時点で，

$$G_n = \left(\prod_{i=1}^{n} S_{t_i} \right)^{1/n}$$

と定義する．このとき，G_nは$\mathbf{P}$のもとで対数正規分布をもつこと示しなさい．

23 　資産価格$\{S_t\}_{t \geq 0}$は，$\mathbf{P}$のもとで幾何Brown運動とする．

$$Y_T = \exp\left(\frac{1}{T}\int_0^T \log S_t dt\right)$$

と定義する．アジアン・コール・オプションは，時点 T でペイオフ $(Y_T - K)_+$ をもつものとする．時点ゼロにおけるこのオプションの価格の，陽な表現を求めなさい．

24 裁定議論を使って以下のことを示しなさい．$V(0, S_0)$ が行使価格 K と満期 T の無配当株式に基づくアメリカン・プット・オプションの公正価格とすると，$[0, T]$ に値をとるすべての可能なストッピング・タイムの集合を $\mathcal{T}_T$ と表すとき

$$V(0, S_0) = \sup_{\tau \in \mathcal{T}_T} \mathbf{E}^q[e^{-r\tau}(K - S_\tau)_+ | \mathcal{F}_0]$$

となる．

25 無配当株式に基づくアメリカン・プットの価値について考えよう．もし，(株価の関数として) オプションの価値に無限小時間以上続く不連続が存在するならば，オプションだけから構成されるポートフォリオは，裁定機会を提供するであろうことを示しなさい．

注意事項：このことは，オプション価格が**すべて**連続であることを意味するのではない．もし契約の条件に (多段階オプションのような) 瞬時的な変化があるならば，不連続は確かに起こり得るのだ．

26 無配当株式に基づくパーペチュアル・アメリカン・コール・オプションの価値を求めなさい．

第7章

拡張モデル

 我々は，これまでに基本的な Black-Scholes モデルをいくつかのエキゾチック・オプションの価格決定に応用してきたので，ここではさらに一般的な市場モデルについて考える．

 7.1 節では，基本的 Black-Scholes モデルを特徴づける（一定の）パラメータを可予測過程で置き換える．そこでは，適切な有界性の条件を仮定して，第 5 章の解析方法を繰り返すことによって，オプションの公正価格をマルチンゲール測度のもとで請求権の割引期待値として求める．一般的にはこの期待値は，数値的に評価しなければならない．我々は，一般化 Black-Scholes 方程式の Feynman-Kac 確率表現定理との関係づけも行う．

 これまでは，1 つの株式と 1 つの無リスク債権とからなる市場を仮定してきた．さらに複雑な金融商品はいくつかの異なる証券の挙動に依存しており，しかも一般に，これらの証券価格は必ずしも独立に推移するものではない．7.2 節では第 4 章の基本的結果のいくつかを拡張して，相関のある Brown 運動によってドライブされる確率微分方程式系を扱えるようにする．多くの資産から成る市場に対して，「基準資産」すなわち通貨交換比率基準の選択にはより多くの自由度があるので，「多因子」理論の応用を「クァント」商品の価格決定によって例証する前に，この基準資産の問題を再度取り上げることにする．

 我々はいまだ幾何 Brown 運動モデルに対して，十分な正当性を与えていない．事実，このモデルが株価の推移の特徴をすべて捉えてはいないという証拠が多く存在する．その異論の 1 つとして，株価はしばしば予期せぬ時点で「ジ

ャンプ」することがあげられる．7.3 節では Black-Scholes モデルに Poisson 過程を導入して，オプションの価格決定に与えるその影響について詳しく調べる．この方法は，信用リスクの解析ではよく知られている．1.5 節で，モデルが無裁定でかつ完備であるなら，ランダム源の個数と独立な株式の銘柄数とがバランスしなければならないことを見た．ここでも再度このことを繰り返し述べる．7.4 節では，Black-Scholes モデルが市場の真の動きを反映していないという多くの証拠を見る．これまでに多大な努力を傾注してきたこのモデルを糾弾するにしてはすでに遅すぎた嫌いがある．そこで，もし誤ったモデルを使うとどの程度の問題があるかを問うことにする．確率ボラティリティのモデル（このモデルは真の市場の振る舞いを反映する潜在能力を秘めているが）についても簡単に触れる．

本章では，金融解析の「中級」コースで扱うであろうトピックスの幾つかを指摘するだけにとどめる．さらに詳しくは，今後の学習や読書のために提示した参考文献の中に見つけることができる．

7.1　一般的な株式モデル

これまでの古典的な Black-Scholes モデルの枠組では，無リスク金利は一定で，株の収益は一定ドリフトの Brown 運動にしたがうと仮定した．この節では，Black-Scholes 解析が適用できるさらに一般的なモデルについて考える．しかし実務的には，バニラ・オプションに対してさえもその価格を求めるためには数値的な評価によらなければならないのだ．我々が堅持するカギとなる仮定は，市場には唯一つのランダム源，すなわち株価をドライブする Brown 運動が存在するということだ（7.3 節参照）．

モデル

$\{\mathcal{F}_t\}_{t\geq 0}$ は，ドライブする Brown 運動が生成するフィルターを表すものとする．これまでに Black-Scholes モデルで考えてきた無リスク金利

r とドリフト μ とボラティリティ σ を，それぞれ $\{\mathcal{F}_t\}_{t\geq 0}$-可予測過程の $\{r_t\}_{t\geq 0}$ と $\{\mu_t\}_{t\geq 0}$ と $\{\sigma_t\}_{t\geq 0}$ に置き換える．特に r_t, μ_t, σ_t は，t 時点までの市場の履歴に依存してもよい．よって市場モデルは以下のように述べることができる．

株価モデル：市場は無リスク債券 $\{B_t\}_{t\geq 0}$ と 1 つのリスク資産 $\{S_t\}_{t\geq 0}$ とから成り，それぞれ方程式

$$dB_t = r_r B_t dt, \quad B_0 = 1$$
$$dS_t = \mu_t S_t dt + \sigma_t S_t W_t$$

にしたがっている．ここに，$\{W_t\}_{t\geq 0}$ はフィルター $\{\mathcal{F}_t\}_{t\geq 0}$ を生成する **P**-Brown 運動で，$\{r_t\}_{t\geq 0}$ と $\{\mu_t\}_{t\geq 0}$ と $\{\sigma_t\}_{t\geq 0}$ はそれぞれ $\{\mathcal{F}_t\}_{t\geq 0}$-可予測過程である．

明らかに，これらの方程式の解はそれぞれ

$$B_t = \exp\left(\int_0^t r_s ds\right), \tag{7.1}$$

$$S_t = S_0 \exp\left(\int_0^t \left(\mu_s - \frac{1}{2}\sigma_s^2\right)ds + \int_0^t \sigma_s dW_s\right) \tag{7.2}$$

の形をとるが，これらが意味をもつためにはある種の有界性の条件が必要だ．そこで式(7.1)と式(7.2)の積分の存在を保証するために，$\int_0^T |r_t| dt$ と $\int_0^T |\mu_t| dt$ と $\int_0^T \sigma_t^2 dt$ はすべて **P**-確率 1 で有限であると仮定する．

ここで一言注意しておきたい．このモデルを市場に対して「較正」するためには，無限時限空間からパラメータ $\{r_t\}_{t\geq 0}, \{\mu_t\}_{t\geq 0}, \{\sigma_t\}_{t\geq 0}$ を選ばなければならない．しかし，これらの過程はなんらかの形式に制限しない限り，パラメータの選択は実装する際に大きな障壁となる．7.4 節において，価格やヘッジ戦略のモデルへの誤った設定がもたらす影響について検討するが，しばらくこの懸念を忘れて，一般の市場モデルのクラスに対して Black-Scholes 解析を続けることにする．

マルチンゲール測度

ここでも，古典的な設定で実行した 3 つの複製ステップの真似をする．第 1 のステップは，そのもとで割引株価 $\{\tilde{S}_t\}_{t\geq 0}$ がマルチンゲールとなる同値な確率測度 $\mathbf{Q}$ を見つけることだ．

これまでと同様に Girsanov の定理を使って，

$$\tilde{W}_t = W_t + \int_0^t \gamma_s ds$$

で定義される過程 $\{\tilde{W}_t\}_{t\geq 0}$ が標準 Brown 運動となるような測度 $\mathbf{Q}$ を求める．$\tilde{S}_t = S_t/B_t$ で定義される割引株価 $\{\tilde{S}_t\}_{t\geq 0}$ は，確率微分方程式

$$d\tilde{S}_t = (\mu_t - r_t)\tilde{S}_t dt + \sigma_t \tilde{S}_t dW_t$$
$$= (\mu_t - r_t - \sigma_t \gamma_t)\tilde{S}_t dt + \sigma_t \tilde{S}_t d\tilde{W}_t$$

によって支配される．よって，$\gamma_t = (\mu_t - r_t)/\sigma_t$ とすればよいことがわかる．$\{\tilde{S}_t\}_{t\geq 0}$ が実際に $\mathbf{Q}$-マルチンゲールであることを保証するために，さらに 2 つの有界性の仮定を設ける．第 1 に，Girsanov の定理を適用するために

$$\mathbf{E}^{\mathbf{Q}}\left[\exp\left(\int_0^T \frac{1}{2}\gamma_t^2 dt\right)\right] < \infty$$

を仮定する．第 2 に，$\{\tilde{S}_t\}_{t\geq 0}$ が（局所マルチンゲールだけでなく）$\mathbf{Q}$-マルチンゲールであることを要求するために，第 2 Novikov 条件：

$$E^{\mathbf{Q}}\left[\exp\left(\int_0^T \frac{1}{2}\sigma_t^2 dt\right)\right] < \infty$$

を仮定する．したがって，これらの付加的な有界性の仮定のもとで $\{\tilde{S}_t\}_{t\geq 0}$ は，

$$\left.\frac{d\mathbf{Q}}{d\mathbf{P}}\right|_{\mathcal{F}_t} = L_t^{(\gamma)} = \exp\left(-\int_0^t \gamma_s dW_s - \int_0^t \frac{1}{2}\gamma_s^2 ds\right)$$

によって定義される測度 $\mathbf{Q}$ のもとでマルチンゲールとなるのだ．これで複製戦略の第 1 ステップは完了した．

複製の第 2 ステップ

第 2 ステップは，

$$M_t = \mathbf{E}^{\mathbf{Q}}[B_T^{-1}C_T|\mathcal{F}_t]$$

で与えられる $(\mathbf{Q}, \{\mathcal{F}_t\}_{t\geq 0})$-マルチンゲール $\{M_t\}_{t\geq 0}$ を構成することだ．

請求権の複製

第3ステップでは，我々の市場が完備であること，すなわち任意の請求権 C_T が複製できることを示すことだ．まず，マルチンゲール表現定理を使うと

$$M_t = M_0 + \int_0^t \theta_s d\widetilde{W}_s$$

となり，結局 σ_t が決してゼロとならないという制約のもとで

$$M_t = M_0 + \int_0^t \phi_s d\widetilde{S}_s$$

となる．ここに，$\{\phi_t\}_{t\geq 0}$ は $\{\mathcal{F}_t\}_{t\geq 0}$-可予測過程だ．

すでに行った方法にしたがうと，複製ポートフォリオは時点 t で ϕ_t 単位の株式と $\psi_t = M_t - \phi_t S_t$ 単位の債券によって構築されるはずである．時点 t でのこの価値は，

$$V_t = \phi_t S_t + \psi_t B_t = B_t M_t$$

となる．特に時点 T では $V_T = B_T M_T = C_T$ となるから，したがって自己資金調達複製ポートフォリオが得られたことになる．通常の裁定議論からすると，時点 t での公正価格は V_t，すなわち時点 t におけるオプションの裁定価格は

$$V_t = B_t \mathbf{E}^{\mathbf{Q}}[B_T^{-1}C_T|\mathcal{F}_t] = \mathbf{E}^{\mathbf{Q}}[e^{-\int_t^T r_u du}C_T|\mathcal{F}_t]$$

となる．

一般化 Black-Scholes 方程式

一般にこのような期待値は，数値的に評価しなければならない．もし，r_t, μ_t, σ_t がそれぞれ (t, S_t) だけに依存するなら，1つの方法としては，これを一般化 Black-Scholes 偏微分方程式の解として表すことだ．この方法は，Feynman-Kac 確率表現定理によって達成される．具体的には，

例題 4.9 を使って $V_T = F(t, S_t)$ と表される．ここに，$F(t, x)$ は請求権 C_T に対応する終端条件と，少なくとも

$$\int_0^T \mathbf{E}^Q\left[\left(\sigma(t,x)\frac{\partial F}{\partial x}(t,x)\right)^2\right]dt < \infty$$

が成り立つという条件のもとで，

$$\frac{\partial F}{\partial t}(t,x) + \frac{1}{2}\sigma^2(t,x)x^2\frac{\partial^2 F}{\partial x^2}(t,x) + r(t,x)x\frac{\partial F}{\partial x}(t,x)$$
$$- r(t,x)F(t,x) = 0$$

をみたす解である．r, μ, σ がそれぞれ t だけの関数である特別な場合，つまりバニラ・オプションについては偏微分方程式は陽に解くことができる．演習問題 3 で示したように，その方法は通常の Black-Scholes 方程式を解く方法と同じだ．オプションの価格は，以下の簡単な法則によって古典的な Black-Shoules 価格から求めることができる．その法則とは，時点 t でのオプションの価格を求めるには，r と σ^2 をそれぞれ

$$\frac{1}{T-t}\int_t^T r(s)ds, \quad \frac{1}{T-t}\int_t^T \sigma^2(s)ds$$

で置き換えるというものだ．

7.2　複数銘柄の株式モデル

これまでの市場は，1 つの無リスク債券と 1 つの「リスク」資産から構成されていると仮定してきた．しかしながら，複数のオプションからなるポートフォリオ・モデルやより複雑な株式商品などの要求から，いくつかの証券を同時に記述するモデルが必要となる．こうしたモデルでは，それぞれの証券価格間の**相互依存性**を記述しなければならない．

相関のある証券価格

ここでは，n 個のリスク資産の推移と，これまでと同様に 1 つの無リスク債券の推移をモデル化する．これらの資産は，互いにその他の資産によって構成するポートフォリオでは正確に複製することはできないと仮定す

る．古典的な Black-Scholes モデルの最も自然な拡張としては，リスク資産の価格はそれぞれ独立に幾何 Brown 運動にしたがっていて，資産価格間の相互依存性はそれぞれをドライブする Brown 運動間に相関をもたせることによって達成されていると考える．つまり，我々は n 個の独立な Brown 運動の集合を考えて，これらの線形結合によって資産価格をドライブするというものだ（演習問題 2 を参照）．この考え方によって，以下のモデルが提案されるのだ．

複数銘柄株式モデル：このモデルは，方程式
$$dB_t = rB_t dt,$$
に支配された 1 つの債券 $\{B_t\}_{0 \leq t \leq T}$ と価格 $\{S_t^1, S_t^2, \cdots, S_t^n\}_{0 \leq t \leq T}$ が，確率微分方程式
$$dS_t^i = S_t^i \left(\sum_{j=1}^n \sigma_{ij}(t) dW_t^j + \mu_i(t) dt \right), \quad i = 1, 2, \cdots, n \tag{7.3}$$
によって支配されている n 種類の証券から構成されている．ここで，$\{W_t^j\}_{t \geq 0}, j = 1, 2, \cdots, n$ は独立な Brown 運動とし，行列 $\sigma = (\sigma_{ij})$ は正則であると仮定する．

注意事項 1 このモデルは n 個のランダム源があるので，n-因子モデルと呼ばれる．銘柄数よりランダム源が少ない場合は，モデルに冗長性が存在する．というのは，株式銘柄の内の一つは，他の株式銘柄によるポートフォリオによって複製できるからだ．他方，市場において任意の請求権をヘッジしようと思うならば，平たく言うと，ランダム源と同数の「独立な」株式銘柄が必要だ．このことは命題 1.1 に正確に示されている．

2 このモデルでは，株式のボラティリティは**ベクトル**であることに注意すること．Brown 運動 $\{W_t^j\}_{t \geq 0}, j = 1, 2, \cdots, n$ は独立であるから，過程 $\{S_t^i\}_{t \geq 0}$ の全ボラティリティは $\{\sqrt{\sum_{j=1}^n \sigma_{ij}^2(t)}\}_{t \geq 0}$ となる．　■

もちろん，このモデルが本当に意味をもつかどうかは検討の余地がある．つまり，確率微分方程式系 (7.3) が解をもつことを知る必要があるの

多因子伊藤公式

最も基本的な道具は，伊藤公式の n-因子バージョンであろう．1因子の伊藤公式を用いて，Brown 運動の関数として（確率微分方程式の形で）モデルの記述を見つけたが，ここでも同じようにして旧モデルから新モデルを構築する．基本的な基礎要素は，

$$dX_t^i = \mu_i(t)dt + \sum_{j=1}^{n} \sigma_{ij}(t)dW_t^j, \quad i=1,2,\cdots,n \tag{7.4}$$

なる形の確率微分方程式系の解だ．ここに，$\{W_t^j\}_{t \geq 0}, j=1,2,\cdots,n$ は独立な Brown 運動である．過程 $\{W_t^j\}_{t \geq 0}, j=1,2,\cdots,n$ から生成される σ-集合体を $\{\mathcal{F}_t\}_{t \geq 0}$ と表す．第4章の結果から，$\{\mu_i(t)\}_{t \geq 0}$ と $\{\sigma_{ij}(t)\}_{t \geq 0}, 1 \leq i \leq n, 1 \leq j \leq n$ は $\{\mathcal{F}_t\}_{t \geq 0}$-可予測で，条件

$$\mathbf{E}\left[\int_0^t \left(\sum_{j=1}^{n}(\sigma_{ij}(s))^2 + |\mu_i(s)|\right)ds\right] < \infty, \quad t>0, i=1,2,\cdots,n$$

をみたすならば，方程式系(7.4)の積分形式に厳密な意味が与えられる．

過程 $\{X_t^1, X_t^2, \cdots, X_t^n\}_{t \geq 0}$ のベクトルを $\{X_t\}_{t \geq 0}$ と表し，新しい確率過程 $Z_t = f(t, X_t)$ を定義する．ここで，$f(t, x) : \mathbf{R}_+ \times \mathbf{R}^n \to \mathbf{R}$ は 4.3 節と同じように，$\{Z_t\}_{t \geq 0}$ を支配する確率微分方程式を見つけるために，Taylor の定理が適用できる程度に十分に滑らかとする．こうして，$x=(x_1,\cdots,x_n)$ と書いて

$$dZ_t = \frac{\partial f}{\partial t}(t, S_t)dt + \sum_{i=1}^{n} \frac{\partial f}{\partial x_i}(t, X_t)dX_t^i$$
$$+ \frac{1}{2}\sum_{i,j=1}^{n} \frac{\partial^2 f}{\partial x_i \partial x_j}(t, X_t)dX_t^i dX_t^j + \cdots \tag{7.5}$$

を得る．Brown 運動 $\{W_t^i\}_{t \geq 0}$ は**独立**であるから，乗法表

$$
\begin{array}{c|ccc}
\times & dW_t^i & dW_t^j & dt \\
\hline
dW_t^i & dt & 0 & 0 \\
dW_t^j & 0 & dt & 0 \\
dt & 0 & 0 & 0
\end{array}
\quad (i \neq j) \tag{7.6}
$$

が得られ，よって $dX_t^i dX_t^j = \sum_{k=1}^n \sigma_{ik}\sigma_{jk}dt$ となる．また，この乗法表から $dX_t^i dX_t^j dX_t^k$ は $o(dt)$ となり，これらを式(7.5)に代入することによって，以下の結果に対してヒューリスティックな正当化を与えたことになる．

定理 7.1 **多因子の伊藤公式**：$\{X_t\}_{t \geq 0} = \{X_t^1, X_t^2, \cdots, X_t^n\}_{t \geq 0}$ を方程式

$$dX_t^i = \mu_i(t)dt + \sum_{j=1}^n \sigma_{ij}(t)dW_t^j, \quad i=1,2,\cdots,n$$

の解とする．ここに，$\{W_t^i\}_{t \geq 0}, i=1,\cdots,n$ は独立な **P**-Brown 運動．さらに，$\mathbf{R}_+ \times \mathbf{R}^n$ 上の実数値関数 $f(t,x)$ は t に関して連続微分可能で，x に関して 2 階微分可能と仮定する．このとき，$Z_t = f(t,X)$ と定義すると，

$$dZ_t = \frac{\partial f}{\partial t}(t, S_t)dt + \sum_{i=1}^n \frac{\partial f}{\partial x_i}(t, X_t)dX_t^i$$
$$+ \frac{1}{2}\sum_{i,j=1}^n \frac{\partial^2 f}{\partial x_i \partial x_j}(t, X_t)C_{ij}(t)dt$$

が得られる．ここに，$C_{ij}(t) = \sum_{k=1}^n \sigma_{ik}(t)\sigma_{jk}(t)$ である．

注意事項 行列 (σ_{ij}) を σ と書くと，$C_{ij} = (\sigma\sigma^t)_{ij}$ と表される．ここに，σ^t は σ の転置を意味する． ∎

さて，いまや我々は方程式系(7.3)の解が**存在**することを検証できる．

例 7.1 **多種資産モデル**：$\{W_t^i\}_{t \geq 0}, i=1,\cdots,n$ は独立な Brown 運動とする．$\{S_t^1, S_t^2, \cdots, S_t^n\}_{t \geq 0}$ を

$$S_t^i = S_0^i \exp\left(\int_0^t \left(\mu_i(t) - \frac{1}{2}\sum_{k=1}^n \sigma_{ik}^2(s)\right)ds + \int_0^t \sum_{j=1}^n \sigma_{ij}(s)dW_s^j\right)$$

によって定義すると，$\{S_t^1, S_t^2, \cdots, S_t^n\}_{t \geq 0}$ は方程式系(7.3)の解となる．

検証 過程 $\{X_t^i\}_{t \geq 0}, i=1,2,\cdots,n$ を

$$dX_t^i = \left(\mu_i(t) - \frac{1}{2}\sum_{k=1}^n \sigma_{ik}^2(t)\right)dt + \sum_{j=1}^n \sigma_{ij}(t)dW_t^j$$

によって定義すると，$S_t^i = f^i(t, X_t)$ と表されることがわかる．ここに，x

$=(x_1, x_2, \cdots, x_n)$ として,$f^i(t, x) \triangleq S_0^i e^{x_i}$である.定理 7.1 を適用すると,

$$dS_t^i = S_0^i \exp(X_t^i) dX_t^i + \frac{1}{2} S_0^i \exp(X_t^i) C_{ii}(t) dt$$

$$= S_t^i \left\{ \left(\mu_i(t) - \frac{1}{2} \sum_{k=1}^n \sigma_{ik}^2(t) \right) dt + \sum_{j=1}^n \sigma_{ij}(t) dW_t^j \right.$$

$$\left. + \frac{1}{2} \sum_{k=1}^n \sigma_{ik}(t) \sigma_{ik}(t) dt \right\}$$

$$= S_t^i \left(\mu_i(t) dt + \sum_{j=i}^n \sigma_{ij}(t) dW_t^j \right)$$

となって求める結果が得られる. ∎

注意事項　1 因子モデルと同じように,任意に複雑な確率微分方程式を書くことはできるが,その解の存在と一意性は保証されない.もし係数が有界で,一様に Lipschitz 条件をみたすならば,一意的な解が存在する.しかし,これについては我々の領域を越えているから,すでにあげた Chung & Williams (1990) や Ikeda & Watanabe (1989) を参照するとよい.

部分積分

n-因子バージョンの部分積分公式は,乗法表を使って求めることができる.

補題 7.1　もし,

$$dX_t = \mu(t, X_t) dt + \sum_{i=1}^n \sigma_i(t, X_t) dW_t^i$$

かつ

$$dY_t = \nu(t, Y_t) dt + \sum_{i=1}^n \rho_i(t, Y_t) dW_t^i$$

ならば,

$$d(X_t, Y_t) = X_t dY_t + Y_t dX_t + \sum_{i=1}^n \sigma_i(t, X_t) \rho_i(t, Y_t) dt$$

測度変換

複数銘柄の株式モデルにおける価格決定やヘッジは，お馴染みのパターンにしたがう．まず，$\tilde{S}_t^i = e^{-rt}S_t^i$ で定義される**すべての**割引株価 $\{\tilde{S}_t^i\}_{t\geq 0}$, $i=1,2,\cdots,n$ がマルチンゲールとなるような，等価な確率測度を求める．それから，複製ポートフォリオを構築するために，多因子バージョンのマルチンゲール表現定理を使うことだ．

マルチンゲール測度を構成するには，もちろん多因子バージョンの Girsanov の定理によらなければならない．

定理 7.2　多因子 Girsanov の定理：$\{W_t^i\}_{t\geq 0}$, $i=1,2,\cdots,n$ は測度 $\mathbf{P}$ のもとで独立な Brown 運動で，フィルター $\{\mathcal{F}_t\}_{t\geq 0}$ を生成するものとする．また，$\{\theta_i(t)\}_{t\geq 0}$, $i=1,2,\cdots,n$ は

$$\mathbf{E}^{\mathbf{Q}}\left[\exp\left(\frac{1}{2}\int_0^T \sum_{i=1}^n \theta_i^2(s)ds\right)\right] < \infty \tag{7.7}$$

をみたす $\{\mathcal{F}_t\}_{t\geq 0}$-可予測過程とする．さらに

$$L_t = \exp\left(-\sum_{i=1}^n \left(\int_0^T \theta_i(s)dW_s^i + \frac{1}{2}\int_0^T \theta_i^2(s)ds\right)\right)$$

とおき，$\mathbf{P}^{(L)}$ を

$$\left.\frac{d\mathbf{P}^{(L)}}{d\mathbf{P}}\right|_{\mathcal{F}_t} = L_t$$

で定義される確率測度とする．このとき，

$$X_t^i = W_t^i + \int_0^t \theta_i(s)ds$$

によって定義される過程 $\{X_t^i\}_{t\geq 0}$, $i=1,2,\cdots,n$ は，$\mathbf{P}^{(L)}$ のもとですべてマルチンゲールである．

証明のアウトライン　この証明は，1因子の場合の真似をするとよい．$L_t = \prod_{i=1}^n L_t^i$ と書くと便利だ．ここに，

$$L_t^i = \exp\left(-\int_0^t \theta_i(s)dW_s^i - \frac{1}{2}\int_0^t \theta_i^2(s)ds\right)$$

とする．$\{L_t\}_{t\geq 0}$ がマルチンゲールとなることは，式(7.7)と Brown 運動 $\{W_t^i\}_{t\geq 0}, i=1, 2, \cdots, n$ が独立であることから導かれる．

$\{X_t^i\}_{t\geq 0}$ が（局所）$\mathbf{P}^{(L)}$-マルチンゲールであることを検証するためには，まず $\{X_t^i L_t\}_{t\geq 0}$ がみたす確率微分方程式を見つける．

$$dL_t^i = -\theta_i(t) L_t^i dW_t^i$$

であるから，積法則を繰り返し適用すると

$$dL_t = -L_t \sum_{i=1}^n \theta_i(t) dW_t^i$$

さらに

$$dX_t^i = dW_t^i + \theta_i(t) dt$$

であるから，もう一度積法則を適用して

$$d(X_t^i L_t) = X_t^i dL_t + L_t dW_t^i + L_t \theta_i(t) dt - L_t \theta_i(t) dt$$
$$= -X_t^i L_t \sum_{i=1}^n \theta_i(t) dW_t^i + L_t dW_t^i$$

を得る．これは，有界性の条件(7.7)のもとで，$\{X_t^i L_t\}_{t\geq 0}$ が $\mathbf{P}$-マルチンゲールであることを示している．よって $\{X_t^i\}_{t\geq 0}$ は，$\mathbf{P}^{(L)}$-マルチンゲールである．測度 $\mathbf{P}^{(L)}$ と $\mathbf{P}$ は同値であるから，$\{X_t^i\}_{t\geq 0}$ は 2 次変分 $[X^i]_t = t$ を $\mathbf{P}^{(L)}$-確率 1 でもつ．そして，再度 Brown 運動に関する Lévy の特徴づけによって $\{X_t^i\}_{t\geq 0}$ が $\mathbf{P}^{(L)}$-Brown 運動であることが確認できるので，求める結果が得られる． ∎

マルチンゲール測度

すでに約束したように，この定理を用いて $\mathbf{P}$ と等価な，すべての割引株価過程 $\{\tilde{S}_t^i\}_{t\geq 0}, i=1, 2, \cdots, n$ がマルチンゲールとなる測度 $\mathbf{Q}$ を求める．測度 $\mathbf{Q}$ は，定理7.2の測度 $\mathbf{P}^{(L)}$ の一つである．必要なことは，適切なドリフト $\{\theta_i\}_{t\geq 0}$ を見つけることだ．

$\tilde{S}_t^i = B_t^{-1} S_t^i$ によって定義される割引株価 $\{\tilde{S}_t^i\}_{t\geq 0}$ は，確率微分方程式

$$d\tilde{S}_t^i = \tilde{S}_t^i (\mu_i(t) - r) dt + \tilde{S}_t^i \sum_{j=1}^n \sigma_{ij}(t) dW_t^j$$
$$= \tilde{S}_t^i \Big(\mu_i(t) - r - \sum_{j=1}^n \theta_j(t) \sigma_{ij}(t) \Big) dt + \tilde{S}_t^i \sum_{j=1}^n \sigma_{ij}(t) dX_t^j$$

によって支配されている．ここに，定理7.2と同様に

$$dX_t^i = \theta_j(t)dt + dW_t^i$$

だ．これらの割引株価過程は，すべてのドリフト項を消去できるならば，$\mathbf{Q}=\mathbf{P}^{(L)}$ のもとで（すべてが一斉に）（局所）マルチンゲールとなる．つまり，

$$\mu_i(t) - r - \sum_{j=1}^{n} \theta_j(t)\sigma_{ij}(t) = 0 \quad (i=1,2,\cdots,n)$$

をみたすような $\{\theta_j(t)\}_{t \geq 0}, j=1,2,\cdots,n$ を見つけることができれば，ということだ．表記法から t を省略して

$$\mu=(\mu_1,\cdots,\mu_n), \quad \theta=(\theta_1,\cdots,\theta_n), \quad 1=(1,\cdots,1), \quad \sigma=(\sigma_{ij})$$

と書くことにすると，上式は

$$\mu - r\mathbf{1} = \theta\sigma$$

と表される．この方程式の解は，σ が正則ならば，すなわち我々は多種資産モデルの設定でこのように仮定したので，確かに存在する．

割引価格過程が単に局所マルチンゲールというのではなく，マルチンゲールであることを保証するためには，Novikov の条件

$$\mathbf{E}^{\mathbf{Q}}\left[\exp\left(\int_0^t \frac{1}{2}\sum_{j=1}^{n}\sigma_{ij}^2(t)dt\right)\right] < \infty \quad (\text{各 } i \text{ に対して})$$

を付加することだ．

■ 請求権の複製

ここまで来れば，請求権 $C_T \in \mathcal{F}_T$ の時点 $t<T$ での価値は，測度 $\mathbf{Q}$ のもとでその割引期待値であることが推測できる．これを証明するために，自己資金調達複製ポートフォリオが存在することを示し，このことを多因子バージョンのマルチンゲール表現定理から推論する．

定理 7.3 多因子マルチンゲール表現定理：

$$\{W_t^i\}_{t \geq 0}, \quad i=1,\cdots,n$$

をフィルター $\{\mathcal{F}_t\}_{t \geq 0}$ を生成する独立な $\mathbf{P}$-Brown 運動とする．また，

> $\{M_t^1, \cdots, M_t^n\}_{t \geq 0}$ は
> $$dM_t^i = \sum_{j=1}^n \sigma_{ij}(t) dW_t^i$$
> によって与えられ，
> $$\mathbf{E}\Big[\exp\Big(\frac{1}{2}\int_0^T \sum_{j=1}^n \sigma_{ij}^2(t) dt\Big)\Big] < \infty$$
> をみたすものとする．さらに，ボラティリティ行列 $(\sigma_{ij}(t))$ は（確率1で）正則とする．このとき，もし $\{N_t\}_{t \geq 0}$ が任意の1次元 $(\mathbf{P}, \{\mathcal{F}_t\}_{t \geq 0})$-マルチンゲールならば，
> $$N_t = N_0 + \sum_{j=1}^n \int_0^t \phi_s^j dM_s^j$$
> をみたす，n-次元 $\{\mathcal{F}_t\}_{t \geq 0}$-可予測過程 $\{\phi_t\}_{t \geq 0} = \{\phi_t^1, \cdots, \phi_t^n\}_{t \geq 0}$ が存在する．

この定理の証明は我々の範囲を越えているので，たとえば Protter (1990) を参照するとよい．行列 σ の正則性は，定理 4.11 の証明の後の部分で述べた，2 次変分がゼロにならないという注意事項を反映していることに注意．

さて，多因子の場合，「請求権の価値はマルチンゲール測度 $\mathbf{Q}$ のもとでその割引期待値である」という我々の推測が正しいことを正当化しよう．

$C_T \in \mathcal{F}_T$ を時点 T の請求権とし，$\mathbf{Q}$ を上で得られたマルチンゲール測度とする．

$$M_t = \mathbf{E}^{\mathbf{Q}}[B_T^{-1} C_T | \mathcal{F}_t]$$

とおく．仮定から，行列 $\sigma = (\sigma_{ij})$ は正則であるので，n-因子マルチンゲール表現定理から，

$$M_t = M_0 + \sum_{j=1}^n \int_0^t \phi_s^j d\tilde{S}_s^j$$

をみたす $\{\mathcal{F}_t\}_{t \geq 0}$-可予測過程 $\{\phi_t^1, \cdots, \phi_t^n\}_{t \geq 0}$ が存在する．我々のヘッジ戦略は，各 $i = 1, \cdots, n$ に対して第 i 番目の株式を ϕ_t^i 単位保有し，証券を ψ_t だけ保有することだ．ここに

$$\psi_t = M_t - \sum_{j=1}^{n} \phi_t^j d\tilde{S}_t^j$$

だ．したがってポートフォリオの価値は $V_t = B_t M_t$ で，時点 T ではちょうど請求権の価値に等しくなる．それに，このポートフォリオは

$$dV_t = \sum_{j=1}^{n} \phi_t^j dS_t^j + \psi_t dB_t$$

が成り立つという意味で，自己資金調達だ．無裁定の場合，時点 t でのデリバティブの値は

$$V_t = B_t \mathbf{E}^\mathbf{Q}[B_T^{-1} C_T | \mathcal{F}_t] = e^{-r(T-t)} \mathbf{E}^\mathbf{Q}[C_T | \mathcal{F}_t]$$

となり，これは予想した通りの結果だ．

注意事項 我々が構築した多因子市場は完備で，しかも無裁定の市場だ．市場における雑音源の個数とリスクのある取引可能な資産の数を一致させて，説明を簡単化した．さらに一般的には，d 個の雑音源による k 個のリスク資産のモデルを構成することもできる．マルチンゲール測度の存在は，式 (7.8) の解の存在に相当する．マルチンゲール測度の**一意性**を与えるものはマルチンゲール表現定理であり，よって任意の請求権を複製する能力も与える．したがって，完全無裁定市場に対して $d \leq k$ かつ σ が最大階数であることが必要だ．すなわち独立なランダム源の個数は，市場で取引される「独立」なリスク資産の数と一致しなければならないのだ．■

多次元 Black-Scholes 方程式

演習問題 7 はデルタ・ヘッジ項を使って，多次元 Black-Scholes 方程式の解としてこのデリバティブの価格を求めることを要求している．この偏微分方程式は，平均価格と多次元バージョンの Feynman-Kac 確率表現から直接得ることもできる．この有用な結果の多次元バージョンを次にあげておく．

定理 7.4 多次元 Feynman-Kac 確率過程表現：$\sigma(t, x) = (\sigma_{ij}(t, x))$ は実対称 $n \times n$ 行列，$\Phi : \mathbf{R}^n \to \mathbf{R}$，かつ $\mu_i : \mathbf{R}_+ \times \mathbf{E}^n \to \mathbf{R}$, $i = 1, \cdots, n$ は実数値関数

で，r は定数とする．関数 $F(t,x)$ は $(t,x)\in \mathbf{R}_+\times \mathbf{R}$ に対して定義される境界値問題

$$\frac{\partial F}{\partial t}(t,x)+\sum_{i=1}^n \mu_i(t,x)\frac{\partial F}{\partial x_i}(t,x)+\frac{1}{2}\sum_{i,j=1}^n C_{ij}(t,x)\frac{\partial^2 F}{\partial x_i \partial x_j}(t,x)$$
$$-rF(t,x)=0,\quad F(t,x)=\Phi(x)$$

の解とする．ここに，$C_{ij}(t,x)=\sum_{k=1}^n \sigma_{ik}(t,x)\sigma_{jk}(t,x)$ とする．

また，各 $i=1,\cdots,n$ について，過程 $\{X_t^i\}_{t\geq 0}$ は確率微分方程式

$$dX_t^i=\mu_i(t,X_t)dt+\sum_{j=1}^n \sigma_{ij}(t,X_t)dW_t^j$$

の解とする．ここに，$X_t=\{X_t^1,\cdots,X_t^n\}$ とする．さらに，

$$\int_0^T \mathbf{E}\Big[\sum_{j=1}^n \Big(\sigma_{ij}(s,X_s)\frac{\partial F}{\partial x_i}(s,X_s)\Big)^2\Big]ds<\infty,\quad i=1,\cdots,n$$

が成り立つとする．このとき，

$$F(t,x)=e^{-r(T-t)}\mathbf{E}[\Phi(X_T)|X_t=x]$$

となる．

系 7.1 $S_t=\{S_t^1,\cdots,S_t^n\}$ は上と同じとし，$C_T=\Phi(S_T)$ は時点 T での請求権とする．このとき，時点 $t<T$ における請求権の価格

$$V_t=e^{-(T-t)}\mathbf{E}^{\mathbf{Q}}[\Phi(S_T)|\mathcal{F}_t]=e^{-r(T-t)}\mathbf{E}^{\mathbf{Q}}[\Phi(S_T)|S_t=x]\triangleq F(t,x)$$

は，

$$\frac{\partial F}{\partial t}(t,x)+\frac{1}{2}\sum_{i,j=1}^n C_{ij}(t)x_ix_j\frac{\partial^2 F}{\partial x_i \partial x_j}(t,x)+r\sum_{i=1}^n x_i\frac{\partial F}{\partial x_i}(t,x)$$
$$-rF(t,x)=0,\quad F(t,x)=\Phi(x)$$

をみたす．

証明 過程 $\{S_t\}_{t\geq 0}$ は，

$$dS_t^i=rS_t^i dt+\sum_{j=1}^n \sigma_{ij}(t)S_t^i dX_t^j$$

により支配されている．ここに，$\{X_t^j\}_{t\geq 0},j=1,\cdots,n$ は $\mathbf{Q}$-Brown 運動とする．したがって，定理 7.4 を適用することによって結果が得られる．∎

通貨交換比率基準

市場に多くの資産があればあるほど「通貨交換比率基準」や「基準資産」の選択に自由度が増える．通常，基準資産として証券を選択するが，実際に入手できる取引可能な資産ならば何でもよい．外国為替の文脈において，基準としてどの通貨の無リスク債券でも使うことができ，しかも1つの請求権に対して常に同じ価値をもつことを検証した．ここでは，同じ市場において2つの通貨交換比率基準を考えることにするが，これらはゼロでないボラティリティをもつものとする．

我々の市場は $n+2$ 個の取引可能な資産からなり，それらの価格は $\{B_t^1, B_t^2, S_t^1, \cdots, S_t^n\}_{t \geq 0}$ で表されるとする．1つのデリバティブに対して2人のトレーダー，すなわち基準資産として $\{B_t^1\}_{t \geq 0}$ を選択したトレーダーと $\{B_t^2\}_{t \geq 0}$ を選択したトレーダーとによってもたらされる価格を比較する．これらの価格の推移に対しては常に多次元 Brown 運動モデルを仮定するが，いずれの過程 $\{B_t^i\}_{t \geq 0}$ も必ずしも有限の変分をもつとは限らない．

もし基準資産として $\{B_t^1\}_{t \geq 0}$ を選んだ場合，まず $\{B_t^1\}_{t \geq 0}$ で割り引いた資産価格，つまり

$$\left\{ \frac{B_t^2}{B_t^1}, \frac{S_t^1}{B_t^1}, \cdots, \frac{S_t^n}{B_t^1} \right\}$$

がすべてマルチンゲールとなるような同値な測度 $\mathbf{Q}^1$ を見つけなければならない．時点 T でのペイオフが C_T であるデリバティブの価値は，

$$V_t^1 = B_t^1 \mathbf{E}^{\mathbf{Q}^1} \left[\frac{C_T}{B_T^1} \middle| \mathcal{F}_t \right]$$

となる（演習問題7参照）．

これに対して，基準資産として $\{B_t^2\}_{t \geq 0}$ を選んだ場合，その価値は

$$V_t^2 = B_t^2 \mathbf{E}^{\mathbf{Q}^2} \left[\frac{C_T}{B_T^2} \middle| \mathcal{F}_t \right]$$

ここで，測度 $\mathbf{Q}^2$ のもとで

$$\left\{ \frac{B_t^1}{B_t^2}, \frac{S_t^1}{B_t^2}, \cdots, \frac{S_t^n}{B_t^2} \right\}$$

はすべてマルチンゲールとなる．このような測度 $\mathbf{Q}^2$ が一意的であること
は証明していないが，もし請求権が複製可能ならば，同じ性質をもつ任意
の測度 $\mathbf{Q}^2$ に対して同じ価格が得られる．

そこで，$\mathbf{Q}^1$ に関する Radon-Nikodym 導関数が

$$\left.\frac{d\mathbf{Q}^2}{d\mathbf{Q}^1}\right|_{\mathcal{F}_t}=\frac{B_t^2}{B_t^1}$$

となるように $\mathbf{Q}^2$ を選択するものとする．$\mathbf{Q}^1$ は $\{B_t^1\}_{t\geq 0}$ を基準資産として
選んだ投資家にとってマルチンゲール測度であるから，$\{B_t^2/B_t^1\}_{t\geq 0}$ は $\mathbf{Q}^1$-
マルチンゲールである．ここで，

$$\left.\frac{d\mathbf{Q}}{d\mathbf{P}}\right|_{\mathcal{F}_t}=\zeta_t,\quad t>0$$

ならば，$0\leq s\leq t$ に対して

$$\mathbf{E}^{\mathbf{Q}}[X_t|\mathcal{F}_s]=\mathbf{E}^{\mathbf{P}}\left[\frac{\zeta_t}{\zeta_s}X_t\middle|\mathcal{F}_s\right]$$

となることを思い出そう．まずこのことを使って，各 $i=1,\cdots,n$ について $\{S_t^i/B_t^2\}_{t\geq 0}$ が $\mathbf{Q}^2$-マルチンゲールであることをチェックする．

$$\begin{aligned}\mathbf{E}^{\mathbf{Q}^2}\left[\frac{S_t^i}{B_t^2}\middle|\mathcal{F}_s\right]&=\mathbf{E}^{\mathbf{Q}^1}\left[\frac{B_t^2}{B_t^1}\frac{B_s^1}{B_s^2}\frac{S_t^i}{B_t^2}\middle|\mathcal{F}_s\right]\\&=\mathbf{E}^{\mathbf{Q}^1}\left[\frac{B_s^1}{B_s^2}\frac{S_t^i}{B_t^1}\middle|\mathcal{F}_s\right]\\&=\frac{B_s^1}{B_s^2}\frac{S_s^i}{B_s^1}=\frac{S_s^i}{B_s^2}\end{aligned}$$

ここで最後の等式は，B_s^1 と B_s^2 が $\mathcal{F}_s$-可測であることと，$\{S_t^i/B_t^1\}_{t\geq 0}$ が
$\mathbf{Q}^1$-マルチンゲールであることから導かれる．すなわち，$\{S_t^i/B_t^2\}_{t\geq 0}$ は
$\mathbf{Q}^2$-マルチンゲールだ．$\{B_t^1/B_t^2\}_{t\geq 0}$ が $\mathbf{Q}^2$-マルチンゲールであることも同
様に示される．

基準資産に $\{B_t^2\}_{t\geq 0}$ を選んだというもとで，デリバティブの価格は

$$V_t^2=\mathbf{E}^{\mathbf{Q}^2}\left[\frac{B_t^2}{B_T^2}C_T\middle|\mathcal{F}_t\right]$$

$$=\mathbf{E}^{\mathbf{Q}^1}\left[\frac{B_T^2}{B_T^1}\frac{B_t^1}{B_t^2}\frac{B_t^2}{B_T^2}C_T\middle|\mathcal{F}_t\right]$$

$$= \mathbf{E}^{\mathbf{Q}^1}\left[\frac{B_t^1}{B_T^1}C_T\bigg|\mathcal{F}_t\right] = V_t^1$$

となる．いいかえると，基準資産の選択は重要でないということだ．つまり，選び方によらず常に同じ価格になるからだ．

クァント

ここで，多因子技術を一つの例題に適用する．それは，**クァント・フォワード契約**の価格を決定することだ．

定義 7.1 金融資産が取引されている通貨以外の通貨で表示されているとき，その資産は**クァント商品**とよばれる．

クァント・フォワード契約は，**保証された交換レート・フォワード**としても知られている．これは，一つの例によって容易に説明される．

例 7.2 BP（イギリスの石油会社）はポンド建ての株式を発行している．この価格を $\{S_t\}_{t \geq 0}$ で表す．ドル投資家にとって，満期 T の BP 株に関するクァント・フォワード契約のペイオフは，$(S_T - K)$ を前もって決められた交換レートにしたがってドル換算したものだ．すなわち，交換レート E に対するペイオフは，$\$E(S_T - K)$ となる．ここに，S_T は T での**ポンド建て資産価格**だ．

5.3 節の外国為替市場と同様に，ドル市場とポンド市場のそれぞれに 1 つずつ無リスク債券が存在すると仮定する．今度の場合，モデルには株価 $\{S_t\}_{t \geq 0}$ と交換レート，すなわち 1 ポンドのドル価格 $\{E_t\}_{t \geq 0}$ の 2 つの確率過程が加わる．よって，これには 2 因子モデルが必要だ．

> **Black-Sholes のクァント・モデル**：$\{B_t\}_{t \geq 0}$ をドル債券，$\{D_t\}_{t \geq 0}$ をポンド債券とする．時点 t における 1 ポンドのドル価を E_t，ポンド資産価格を S_t と表すとき，このモデルは以下のように表される．

第7章　拡張モデル

> ドル債券　　　　　$B_t = e^{rt}$
>
> ポンド債券　　　　$D_t = e^{ut}$
>
> ポンド資産価格　　$S_t = S_0 \exp(\nu t + \sigma_1 W_t^1)$
>
> 交換レート　　　　$E_t = E_0 \exp(\lambda t + \rho \sigma_2 W_t^1 + \sqrt{1-\rho^2}\, \sigma_2 W_t^2)$
>
> ここに，$\{W_t^1\}_{t \geq 0}$ と $\{W_t^2\}_{t \geq 0}$ は独立な **P**-Brown 運動で，r, u, ν, $\lambda, \sigma_1, \sigma_2, \rho$ はすべて定数である．

このモデルにおいて，$\{S_t\}_{t \geq 0}$ と $\{E_t\}_{t \geq 0}$ のボラティリティはそれぞれ σ_1 と σ_2 であり，$\{W_t^1, \rho W_t^1 + \sqrt{1-\rho^2}\, W_t^2\}_{t \geq 0}$ は相関係数 ρ をもつ一対の相関のある Brown 運動だ．一対の独立な Brown 運動 $\{\tilde{W}_t^1, \tilde{W}_t^2\}_{t \geq 0}$ に対して，S_t と E_t を

$$S_t = S_0 \exp(\nu t + \sigma_{11} \tilde{W}_t^1 + \sigma_{12} \tilde{W}_t^2)$$
$$E_t = E_0 \exp(\lambda t + \sigma_{21} \tilde{W}_t^1 + \sigma_{22} \tilde{W}_t^2)$$

で置き換えても一般化にはならない．

クァント・フォワード契約の価格決定

時点ゼロでのクァント・フォワード契約の価値をゼロとする K の値は何か？

　外国為替の議論と同様にはじめのステップは，問題をドル取引の言葉で再構成することだ．ここでは3つのドル取引可能財，すなわちドル価のポンド債券 $E_t D_t$，ドル価の株価 $E_t S_t$，ドル債券 B_t がある．まず基準資産としてドル債券を選んで，他の2つのドル取引可能財の割引価値を支配する確率微分方程式をたてる．$Y_t = B_t^{-1} E_t D_t$ および $Z_t = B_t^{-1} E_t S_t$ と書く．

$$dE_t = \left(\lambda + \frac{1}{2}\sigma_2^2\right) E_t dt + \rho \sigma_2 E_t dW_t^1 + \sqrt{1-\rho^2}\, \sigma_2 E_t dW_t^2$$

となるから，多因子バージョンの部分積分を適用すると，

$$d(E_t D_t) = u E_t D_t dt + \left(\lambda + \frac{1}{2}\sigma_2^2\right) E_t D_t dt + \rho \sigma_2 E_t D_t dW_t^1$$
$$+ \sqrt{1-\rho^2}\, \sigma_2 E_t D_t dW_t^2$$

および
$$dY_t = \left(\lambda + \frac{1}{2}\sigma_2^2 + u - r\right)Y_t dt + Y_t(\rho\sigma^2 dW_t^1 + \sqrt{1-\rho^2}\sigma_2 dW_t^2)$$

を得る．同じようにして
$$dS_t = \left(\nu + \frac{1}{2}\sigma_1^2\right)S_t dt + \sigma_1 S_t dW_t^1$$
$$d(E_t S_t) = \left(\nu + \frac{1}{2}\sigma_1^2\right)E_t S_t dt + \sigma_1 E_t S_t dW_t^1 + \left(\lambda + \frac{1}{2}\sigma_2^2\right)S_t E_t dt$$
$$+ \rho\sigma_2 S_t E_t dW_t^1 + \sqrt{1-\rho^2}\sigma_2 S_t E_t dW_t^2 + \rho\sigma_1\sigma_2 S_t E_t dt$$

となるから，
$$dZ_t = \left(\nu + \frac{1}{2}\sigma_1^2 + \lambda + \frac{1}{2}\sigma_2^2 + \rho\sigma_1\sigma_2 - r\right)Z_t dt + (\sigma_1 + \rho\sigma_2)Z_t dW_t^1$$
$$+ \sqrt{1-\rho^2}\sigma_2 Z_t dW_t^2$$

となる．さて，これら2つの過程がともにマルチンゲールになるような測度の変換を見つけることにする．定理 7.2 の証明の後の計算から，
$$\lambda + \frac{1}{2}\sigma_2^2 + u - r - \theta_1\rho\sigma_2 - \theta_2\sqrt{1-\rho^2}\sigma_2 = 0$$

および
$$\nu + \frac{1}{2}\sigma_1^2 + \lambda + \frac{1}{2}\sigma_2^2 + \rho\sigma_1\sigma_2 - r - \theta_1(\sigma_1 + \rho\sigma_2) - \theta_2\sqrt{1-\rho^2}\sigma_2 = 0$$

をみたす θ_1, θ_2 を求めることに帰着する．この方程式系を解くと，
$$\theta_1 = \frac{\nu + \frac{1}{2}\sigma_1^2 + \rho\sigma_1\sigma_2 - u}{\sigma_1}$$

および
$$\theta_2 = \frac{\lambda + \frac{1}{2}\sigma_2^2 + u - r - \rho\sigma_2\theta_1}{\sqrt{1-\rho^2}\sigma_2}$$

が得られる．マルチンゲール測度 $\mathbf{Q}$ のもとで，$X_t^1 = W_t^1 + \theta_1 t$ と $X_t^2 = W_t^2 + \theta_2 t$ によって定義される過程 $\{X_t^1\}_{t \geq 0}$ と $\{X_t^2\}_{t \geq 0}$ は，ともに独立な Brown 運動だ．よって，
$$S_t = S_0 \exp\left(\left(u - \rho\sigma_1\sigma_2 - \frac{1}{2}\sigma_1^2\right)t + \sigma_1 X_t^1\right)$$

特に
$$S_T = \exp(-\rho\sigma_1\sigma_2 T)S_0 e^{uT}\exp\left(\sigma_1 X_T^1 - \frac{1}{2}\sigma_1^2 T\right)$$

このようにして，フォワードの価格づけをするところまで来た．$\{X_t^1\}_{t\geq 0}$ は $\mathbf{Q}$-Brown 運動であるから，
$$\mathbf{E^Q}\left[\exp\left(\sigma_1 X_T^1 - \frac{1}{2}\sigma_1^2 T\right)\right] = 1$$
となる．よって，
$$V_0 = e^{-rT}E\mathbf{E^Q}[(S_T - K)]$$
$$= e^{-rT}E(\exp(-\rho\sigma_1\sigma_2 T)S_0 e^{uT} - K)$$

となる．こうして，ボンド市場におけるフォワード価格を $F = S_0 e^{uT}$ と表し，$V_0 = 0$ とおくと，
$$K = F\exp(-\rho\sigma_1\sigma_2 T)$$
が得られる．

注意事項　交換レートは
$$E_t = E_0 \exp\left(\left(r - u - \frac{1}{2}\sigma_2^2\right)t + \rho\sigma_2 X_t^1 + \sqrt{1-\rho^2}\sigma_2 X_t^2\right)$$

で与えられる．$\rho X_t^1 + \sqrt{1-\rho^2}X_t^2$ が分散 1 の $\mathbf{Q}$-Brown 運動であることを再確認することによって，この $\{E_t\}_{t\geq 0}$ の表現は 5.3 節で得られたものと正確に一致することがわかるのだ．割引株価過程 $e^{-rt}S_t$ は，マルチンゲールでは**ない**ことに注意する．というのは，ポンド価格はドル取引可能ではないという事実を反映する余計な項がついているからだ． ∎

7.3　ジャンプのある資産価格モデル

　Black-Scholes の枠組は，非常に柔軟性に富んでいる．重大な前提は，連続時間取引と資産価格のダイナミックスが連続だということだ．実際，第 2 の条件のもとでの Black-Scholes 価格は，離散取引のもとでの裁定価格について取引期間がゼロに近づくときの漸近的近似であるとみなすこ

とができるのだ．しかし，資産価格は本当に連続的であろうか？

　これまで我々は，取り交わされた契約はすべて引き受けされるものと仮定してきた．特に国家や企業が債券を発行した場合，満期にその契約が不履行になるという可能性は無視してきた．しかし，不履行はしばしば起こるものだ．これは近年のアジアやラテン・アメリカ，ロシアにおける劇的な信用危機に見られたことである．もし A 社が B 社の大量の債権証券をもっているとき，B 社の不履行は A 社の株価に急激な下落という連鎖反応を及ぼしかねない．どうすれば，このような市場の「ショック」をモデルに組み入れることができるだろうか？

ジャンプ Poisson 過程

　その性格からして，不履行は予測不可能なことだ．もし不履行時点やその他の市場ショックの予測の助けとなる情報がまったくなければ，その場合は Poisson 確率変数でモデル化するのがよい．ショックの生起間隔は指数分布にしたがっていて，時点 t までのショックの回数はこれを N_t と書くことにするが，ある $\lambda>0$ についてのパラメータ λt の Poisson 確率変数である．ジャンプとジャンプの間では，資産価格はよく知られた幾何 Brown 運動にしたがうものと仮定する．

　ジャンプをともなうリスク資産の推移に対する代表的なモデルは，

$$\frac{dS_t}{S_t} = \mu dt + \sigma dW_t - \delta dN_t \tag{7.9}$$

である．ここに，$\{W_t\}_{t\geq 0}$ と $\{N_t\}_{t\geq 0}$ は独立だ．方程式(7.9)が意味をもつのは積分型であるが，その場合，$\{N_t\}_{t\geq 0}$ に関する確率積分の定義が必要だ．Poisson 過程の第 i ジャンプの時点を τ_i として，

$$\int_0^t f(u, S_u)dN_u = \sum_{i=1}^{N_i} f(\tau_i-, S_{\tau_i-})$$

と定義する．式(7.9)に対して，もし1つのショックがあれば，資産価格は $(1-\delta)$ 倍だけ減少する．このことから，式(7.9)の解は

$$S_t = S_0 \exp\left(\left(\mu - \frac{1}{2}\sigma^2\right)t + \sigma W_t\right)(1-\delta)^{N_t}$$

となるのだ．より一般的なモデルを扱うためには，これまでの方法を拡張して，ジャンプをもつ確率過程を組み込んだ確率解析論を構築することが必要だ．これまでと同様に，（拡張した）伊藤の公式がその第1ステップだ．

> **前提条件**：資産価格過程は càdlàg とする．すなわち左極限をもち，かつ右連続とする．

定理 7.5 ジャンプのある伊藤公式：
$$dY_t = \mu_t dt + \sigma_t dW_t + \nu_t dN_t$$
とする．ここに，$\mathbf{P}$ のもとで $\{W_t\}_{t\geq 0}$ は標準 Brown 運動で，$\{N_t\}_{t\geq 0}$ は強度 λ の Poisson 過程とする．もし，f が $\mathbf{R}$ 上の2階連続微分可能な関数とすると，

$$f(Y_t) = f(Y_0) + \int_0^t f'(Y_{s-})dY_s + \frac{1}{2}\int_0^t f''(Y_{s-})\sigma_s^2 ds$$
$$- \sum_{i=1}^{N_t} f'(Y_{\tau_i-})(Y_{\tau_i} - Y_{\tau_i-}) + \sum_{i=1}^{N_t}(f(Y_{\tau_i}) - f(Y_{\tau_i-})) \quad (7.10)$$

となる．ここに，$\{\tau_i\}$ は Poisson 過程のジャンプ時点である．

　この定理の証明はしないが，ヒューリスティックには正しい結果であることを見るのは難しくない．最初の3項は，もし $\{Y_t\}_{t\geq 0}$ が連続の場合は予想している通りだが，不連続性のため，Y_{s-} と Y_s とを区別しなければならない．$\{N_t\}_{t\geq 0}$ のジャンプとジャンプの間ではこの方程式を当てはめ，ジャンプ時点では変化分を補正しなければならないのだ．最初の3項に総和 $\sum_{i=1}^{N_t} f'(Y_{\tau_i-})(Y_{\tau_i} - Y_{\tau_i-})$ がすでに含まれているので，式(7.10)の第1の総和でこれを補正する．また，N_t は有限であるから，f'' を含む項を補正する必要はない．さて，ジャンプ時点での**実際**の貢献分を加えなければならないが，これが最後の総和項というわけだ．

補正

いつものようにマルチンゲールが中心的役を演ずる。明らかに，$\mathbf{P}$ のもとで強度 λ の Poisson 過程 $\{N_t\}_{t\geq 0}$ は，$\mathbf{P}$-マルチンゲールではない。というのは，これは単調増加であるからだ。しかし，これをマルチンゲールとドリフトの和として表すことはできる。演習問題 13 で示したように，$M_t = N_t - \lambda t$ によって定義される過程 $\{M_t\}_{t\geq 0}$ は，$\mathbf{P}$-マルチンゲールである。

さらに一般的に，時間的に均一ではない Poisson 過程を考えることもできる。この種の過程に対して，強度 $\{\lambda_t\}_{t\geq 0}$ は時間の関数である。時間 $[t, t+\delta t)$ におけるジャンプの確率は $\lambda \delta t + o(\delta t)$ だ。よって，たとえば区間 $[s, t]$ においてジャンプが起こらない確率は $\exp(-\int_s^t \lambda_u du)$ となる。この場合の **Poisson** マルチンゲールは $M_t = N_t - \int_0^t \lambda_s ds$ で，$\Lambda_t = \int_0^t \lambda_s ds$ によって定義される過程 $\{\Lambda_t\}_{t\geq 0}$ は $\{N_t\}_{t\geq 0}$ の**補正項**だ。

演習問題 14 において，Brown マルチンゲールに関する積分が（局所）マルチンゲールとなるのと同様に，Poisson マルチンゲールに関する積分がマルチンゲールとなることが示される。

Poisson 指数マルチンゲール

例 7.3 $\{N_t\}_{t\geq 0}$ は，$\mathbf{P}$ のもとで強度 $\{\lambda_t\}_{t\geq 0}$ の Poisson 過程とする。ここに，各 $t>0$ に対して $\int_0^t \lambda_s ds < \infty$ とする。任意の有界確定関数 $\{\alpha_t\}_{t\geq 0}$ に対して，

$$L_t = \exp\left(\int_0^t \alpha_s dM_s + \int_0^t (1+\alpha_s - e^{\alpha_s})\lambda_s ds\right) \tag{7.11}$$

とおく。ここに，$dM_s = dN_s - \lambda_s ds$ である。$\{L_t\}_{t\geq 0}$ を支配する確率微分方程式を求めなさい。さらに，$\{L_t\}_{t\geq 0}$ が $\mathbf{P}$-マルチンゲールであることを示しなさい。

解
$$Z_t = \int_0^t \alpha_s dM_s + \int_0^t (1+\alpha_s - e^{\alpha_s})\lambda_s ds$$

とおくと，$L_t = e^{Z_t}$ と表される。よって

$$dZ_t = \alpha_t dN_t - \alpha_t \lambda_t dt + (1+\alpha_t - e^{\alpha_t})\lambda_t dt$$

となり，一般化伊藤公式によって
$$dL_t = L_{t-}dZ_t + (-e^{Z_{t-}}\alpha_t + e^{Z_{t-}+\alpha_t} - e^{Z_{t-}})dN_t$$
となる．ここで，$\{Z_t\}_{t \geq 0}$ のジャンプが時点 t で起こるとき，ジャンプの大きさは α_{t-} であることを使った．この式に Z_t を代入して整理すると，
$$dL_t = L_{t-}\alpha_t dM_t + L_{t-}(1+\alpha_t-e^{\alpha_t})\lambda_t dt - L_{t-}(1+\alpha_t-e^{\alpha_t})dN_t$$
$$= L_{t-}(e^{\alpha_t}-1)dM_t$$
を得る．演習問題 14 から，$\{L_t\}_{t \geq 0}$ は **P**-マルチンゲールだ． ∎

定義 7.2 式 (7.11) で定義される $\{L_t\}_{t \geq 0}$ の形の過程は，**Poisson 指数マルチンゲール**と呼ばれる．

　Poisson 指数マルチンゲールや Brown 指数マルチンゲールは，Dolèan-Dade 指数の仲間である．

定義 7.3 $X_0 = 0$ をみたすセミ・マルチンゲール $\{X_t\}_{t \geq 0}$ に対して，$\{X_t\}_{t \geq 0}$ の **Dolèan-Dade 指数**とは方程式
$$Z_t = 1 + \int_0^t Z_{s-} dX_s$$
の一意的なセミマルチンゲール解 $\{Z_t\}_{t \geq 0}$ のことだ．

測度変換

　測度変換をするために，つまり連続の場合は「ドリフト変換」をすることになるのだが，Brown 指数マルチンゲールを使ったのと同じようにして，不連続資産価格モデルでは Brown 指数マルチンゲールと Poisson 指数マルチンゲールを組み合わせる．Poisson マルチンゲールについてドリフトを変換することは，Poisson 過程 $\{N_t\}_{t \geq 0}$ の強度を変換することに相当する．さらに正確には，次の Girsanov の定理で述べる．

定理 7.6 ジャンプのある資産価格に対する **Girsanov の定理**：$\{W_t\}_{t \geq 0}$ は標準 **P**-Brown 運動で，$\{N_t\}_{t \geq 0}$ は **P** のもとで強度 $\{\lambda_t\}_{t \geq 0}$ をもつ（時間に関して必ずしも均一ではない）Poisson 過程とする．つまり，

$$M_t = N_t - \int_0^t \lambda_u du$$

は $\mathbf{P}$-マルチンゲールとする．$\mathcal{F}_t^W \cup \mathcal{F}_t^N$ から生成される σ-集合体を $\mathcal{F}_t$ と書く．さらに，$\{\theta_t\}_{t\geq 0}$ と $\{\phi_t\}_{t\geq 0}$ は $\{\mathcal{F}_t\}_{t\geq 0}$-可予測過程で，各 t について ϕ_t は正であり，それぞれ

$$\int_0^t \|\theta_s\|^2 ds < \infty, \quad \int_0^t \phi_s \lambda_s ds < \infty$$

をみたすものとする．さらに，$\mathbf{Q}$ の $\mathbf{P}$ に関する Radon-Nikodym 導関数が

$$\left.\frac{d\mathbf{Q}}{d\mathbf{P}}\right|_{\mathcal{F}_t} = L_t$$

で与えられるとする．ここに，$L_0 = 1$ かつ

$$\frac{dL_t}{L_{t-}} = \theta_t dW_t - (1-\phi_t)dM_t$$

とする．

このとき，$X_t = W_t - \int_0^t \theta_s ds$ によって定義される過程 $\{X_t\}_{t\geq 0}$ は，$\mathbf{Q}$ のもとで Brown 運動となり，$\{N_t\}_{t\geq 0}$ は強度 $\{\phi_t \lambda_t\}_{t\geq 0}$ をもつ．

演習問題 16 において，$\{L_t\}_{t\geq 0}$ は Brown 指数マルチンゲールと Poisson 指数マルチンゲールとの積であることが示される．

定理 7.6 の証明は我々の領域を越えているが，過程 $\{X_t\}_{t\geq 0}$ と $\{N_t - \int_0^t \phi_s \lambda_s ds\}_{t\geq 0}$ がともに $\mathbf{Q}$ のもとで局所マルチンゲールであることを検証することは，伊藤公式を使った演習問題である．

経験則 この結果を非公式に正当化するには，次の拡張した乗法表による手法を用いる．

$\times$	dW_t	dN_t	dt
dW_t	dt	0	0
dN_t	0	dN_t	0
dt	0	0	0

よって，たとえば

$$d\left(L_t\left(N_t - \int_0^t \phi_s\lambda_s ds\right)\right) = \left(N_t - \int_0^t \phi_s\lambda_s ds\right)dL_t + L_t(dN_t - \phi_t\lambda_t dt)$$
$$- L_t(1-\phi_t)(dN_t)^2$$
$$= \left(N_t - \int_0^t \phi_s\lambda_s ds\right)dL_t + L_t(dM_t + \lambda_t dt)$$
$$- L_t\phi_t\lambda_t dt - L_t(1-\phi_t)(dM_t + \lambda_t dt)$$
$$= \left(N_t - \int_0^t \phi_s\lambda_s ds\right)dL_t + L_t\phi_t dM_t$$

過程 $\{M_t\}_{t\geq 0}$ と $\{L_t\}_{t\geq 0}$ は **P**-マルチンゲールであるから，適当な有界条件のもとで $\{L_t(N_t - \int_0^t \phi_s\lambda_s ds)\}_{t\geq 0}$ は **P**-マルチンゲールとなるので，結局，$\{N_t - \int_0^t \phi_s\lambda_s ds\}_{t\geq 0}$ は **Q**-マルチンゲールとなる．■

直観的には，割引資産価格がマルチンゲールとなるような同値な確率測度を求めるためには，拡張した Girsanov の定理を使えばよい．

そこで，
$$\frac{dS_t}{S_t} = \mu dt + \sigma dW_t - \delta dN_t$$
としよう．明らかに割引資産価格は，
$$\frac{d\tilde{S}_t}{\tilde{S}_t} = (\mu - r)dt + \sigma dW_t - \delta dN_t$$
を満足する．しかし，いまや定理7.6における $\{\theta_t\}_{t\geq 0}$ と $\{\phi_t\}_{t\geq 0}$ には**多くの選択肢があることがわかる．その難しさはもちろん市場が完備**でないことにあり，任意の複製可能な請求権に対してマルチンゲール測度ならどれを用いてもよいが，中にはヘッジできない請求権も存在するのだ．リスクには Brown 運動と Poisson 点過程という2つの独立な雑音源があるので，もし任意の請求権 $C_T \in \mathcal{F}_T$ がヘッジ可能であるとしようとするならば，これら2つの雑音による2つの取引可能なリスク資産が必要になる．

リスクの市場価格

そこで，請求権をヘッジするために十分な資産がある場合，これらの割引資産が**すべて**その下でマルチンゲールになるような測度を見つけること

は可能だろうか？　もしそうでなければ，この市場には裁定機会が存在してしまうことを思い出そう．

資産価格がジャンプをもたなければ，

$$\frac{dS_t}{S_t} = \mu dt + \sigma dW_t$$

$$= (r + \gamma\sigma)dt + \sigma dW_t$$

と書くことができる．ここに，$\gamma = (\mu - r)/\sigma$ はリスクの市場価格だ．第5章で見たように，無裁定の場合（よって市場に同値なマルチンゲール測度が**存在**するとき），γ は $\{W_t\}_{t \geq 0}$ によってドライブされる**すべて**の資産に対して同一となる．

資産価格にジャンプがある場合，投資家は，たとえその平均がゼロとなるようにジャンプ（dN_t を dM_t で置き換える）を「補正」したとしても，下方ジャンプの可能性による付加的リスクを補塡することを期待するであろう．このような資産の価格は，

$$\frac{dS_t}{S_t} = \mu dt + \sigma dW_t + \nu dM_t$$

$$= (r + \gamma\sigma + \eta\lambda\nu)dt + \sigma dW_t + \nu dM_t$$

によって支配される．ここで，ν は市場のショックに対する資産価格の感度を，η は単位当たりのジャンプ・リスクの超過率を表す．再び**すべて**の割引資産価格がマルチンゲールとなるようなマルチンゲール測度が存在するならば，σ と η は，その価格が $\{W_t\}_{t \geq 0}$ と $\{N_t\}_{t \geq 0}$ によってドライブされるすべての資産に対して同一でなければならないのだ．このマルチンゲール測度 **Q** は定理 7.6 の測度 **Q** であって，このもとで

$$W_t + \int_0^t \frac{\mu - r}{\sigma} ds, \quad M_t - \int_0^t \eta\lambda ds$$

はともにマルチンゲールである．すなわち，$\theta = \gamma$ と $\phi = -\eta$ とするのだ．

複数の雑音源

同じ考え方は，多くの独立な雑音によってドライブされる資産の場合にも拡張される．たとえば，

$$\frac{dS_t^i}{S_t^i} = \mu_i dt + \sum_{\alpha=1}^{n} \sigma_{i\alpha} dW_t^\alpha + \sum_{\beta=1}^{m} \nu_{i\beta} dM_t^\beta$$

によって支配される n 個の資産を考える．ここに，$\mathbf{P}$ のもとで $\{W_t^\alpha\}_{t \geq 0}$, $\alpha = 1, \cdots, n$ は独立な Brown 運動で，$\{M_t^\beta\}_{t \geq 0}$, $\beta = 1, \cdots, m$ は独立な Poisson マルチンゲールとする．

もし，各々の雑音源とリスクの一意的な市場価格とを対応することができるならば，**すべての割引資産価格がマルチンゲールとなるような同値なマルチンゲール測度が存在する**．この場合は，

$$\mu_i = r + \sum_{\alpha=1}^{n} \gamma_\alpha \sigma_{i\alpha} + \sum_{\beta=1}^{m} \eta_\beta \lambda_\beta \nu_{i\beta}$$

と書くことができるのだ．そのもとで，各 α について

$$\tilde{W}_t^\alpha = W_t^\alpha + \gamma_\alpha t$$

がマルチンゲールとなり，かつ各 β について

$$\tilde{M}_t^\beta = M_t^\beta + \eta_\beta \lambda_\beta t$$

がマルチンゲールとなるような測度 $\mathbf{Q}$ のもとで，すべての割引資産価格はマルチンゲールとなる．

いつものように，この理論を推し進めるのは**複製**という考え方だ．任意の $C_T \in \mathcal{F}_T$ をヘッジできるためには，これらの雑音源によってドライブされる $n+m$ 個の「独立」で取引可能なリスク資産が必要となることに注意する．思い通りにできる資産の個数が少ないと，ヘッジできない請求権 C_T が存在することになるのだ．

係数 μ, σ, λ が $\{W_t^i\}_{t \geq 0}, i = 1, \cdots, n$ によって生成されるフィルターに適合する場合は，これに変更点はほとんどない（演習問題 15 参照）．余計な雑音源を導入していないので，市場が完備であるためには同数の資産が必要となる．この考え方は，Jarro-Madan 理論の基礎をなすものだ．

7.4　モデルの誤差

ジャンプのない（あるいはジャンプとジャンプの間の）Samuelson モデル

$$dS_t = \mu S_t dt + \sigma S_t dW_t \qquad (7.12)$$

に対してさえも，我々は非常にあいまいな正当性しか与えていない．その上，この Samuelson モデルはデリバティブの価格決定やヘッジが唯一つのパラメータ σ によって決定されることを示しているが，実際にこの値を市場のデータから推定する方法については何も述べていない．それでは，市場の現場ではどうしているのだろうか？

インプライド・ボラティリティ

一般にバニラ・オプションでは交換取引が行われるので，そこでもしトレーダが，たとえばヨーロピアン・コール・オプションの価格を知りたいとすると，彼女は自分の取引スクリーンからそれを読み取ることができる．しかし，店頭取引デリバティブでは取引によって相場がつかないので，価格決定モデルが必要となる．通常の慣行では Black-Scholes モデルが立てられて，それを市場に合わせて**較正**する．つまり，市場から σ を推定するのだ．しかし，株価のデータから直接 σ を推定することは**しない**ものだ．その代わり，それと同じ株式を基にした交換取引オプションに対する相場価格を用いるのだ．この方法はとても簡単だ．与えられた行使価格と満期に対して，ヨーロピアン・オプションに関する Black-Scholes 価格公式を，ボラティリティ σ から価格 V への写像と見なすのだ．演習問題 17 ではバニラ・オプションについて，この写像は厳密に単調であることを示したので，価格から σ を推察するための逆写像が存在する．つまり，オプション価格が与えられると，Black-Scholes 公式から対応する σ の値を定めることができるのだ．この数値がいわゆる**インプライド・ボラティリティ**というものだ．

もし，市場が実際に Black-Scholes モデルにしたがっているとすると，この方法は交換取引されるオプションの行使価格や満期の如何に関わらず，σ と同じ値を与えてくれる．残念なことに，これは現実の観察からかけ離れているのだ．インプライド・ボラティリティは，固定された満期について行使価格に依存している（これによって有名なボラティリティ・ス

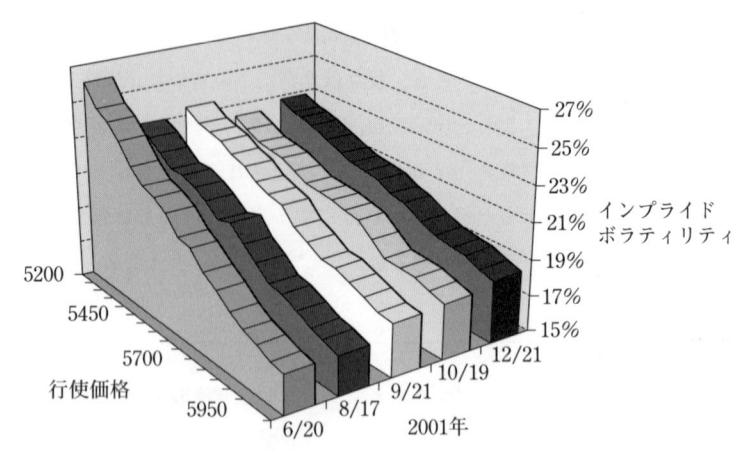

図7.1 FTSE 株指標にもとづくヨーロピアン・コール・オプションの行使価格と満期に対するインプライド・ボラティリティ

マイルが形成される）ばかりでなく，満期に近づくにつれて増加する傾向がある（図7.1参照）．市場の現場ではボラティリティ・パラメータとして，店頭取引オプションの価格を決定するために，それに「見合う」交換取引オプションから得られるインプライド・ボラティリティをあてるのがならわしだ．

ヘッジの誤差

この方法は，交換取引オプションと店頭取引オプションに対して**矛盾しない**価格をもたらすものと期待されているので，モデルの誤差は深刻な問題ではない．難しさは**ヘッジ**の際に起こるのだ．複製ポートフォリオを決めるためには，交換取引オプションに対してさえも1つのモデルが必要となる．これについて我々は，Davis (2001) にしたがうことにする．

実際の株価過程が，
$$dS_t = \alpha_t S_t dS_t + \beta_t S_t dW_t$$
によって生成されるものとする．ここに，$\{\alpha_t\}_{t\geq 0}$ と $\{\beta_t\}_{t\geq 0}$ は適応過程とするが，ここではひとまず，$\{S_t\}_{t\geq 0}$ はあるパラメータ σ に対する方程式 (7.12) にしたがうものとみて，時点 T でペイオフ $\Phi(S_T)$ のオプションの

7.4 モデルの誤差

価格決定とヘッジを行うことにする.

時点 $t<T$ でのオプション価格に対する我々の推定では, $V(t, S_t)$ となる. ここに, $V(t, S_t)$ は Black-Scholes 偏微分方程式

$$\frac{\partial V}{\partial t}(t, x) + rx\frac{\partial V}{\partial x}(t, x) + \frac{1}{2}\sigma^2 x^2 \frac{\partial^2 V}{\partial x^2}(t, x) - rV(t, x) = 0$$

$$V(t, x) = \Phi(x)$$

の解だ. 時点 t でのヘッジ・ポートフォリオは, $\phi_t = \frac{\partial V}{\partial x}(t, S_t)$ 単位の株式と総額 $\psi_t e^{rt} \triangleq V(t, S_t) - \phi_t S_t$ の債券とから構築される.

我々の懸念の1つは,不適切なモデルの設定に起因して,ポートフォリオが自己資金調達とならないことだ. そこで,そのような戦略によるコストはいくらとなるだろうか? 時点 t で「ヘッジ」ポートフォリオを購入するコストは $V(t, S_t)$ であるから,微小区間 $[t, t+\delta t)$ におけるこの戦略の増加コストは

$$\frac{\partial V}{\partial x}(t, S_t)(S_{t+\delta t} - S_t) + \left(V(t, S_t) - \frac{\partial V}{\partial x}(t, S_t)S_t\right)(e^{r\delta t} - 1)$$
$$- V(t+\delta t, S_{t+\delta t}) + V(t, S_t)$$

となる. つまり,時点 t での純持高を Z_t と書くと,

$$dZ_t = \frac{\partial V}{\partial x}(t, S_t)dS_t + \left(V(t, S_t) - \frac{\partial V}{\partial x}(t, S_t)S_t\right)rdt - dV(t, S_t)$$

を得る. $V(t, x)$ は,上にあげた Black-Scholes 偏微分方程式の解であるから, 伊藤の公式を適用すると,

$$dZ_t = \frac{\partial V}{\partial x}(t, S_t)dS_t + \left(V(t, S_t) - \frac{\partial V}{\partial x}(t, S_t)S_t\right)rdt$$
$$- \frac{\partial V}{\partial t}(t, S_t)dt - \frac{\partial V}{\partial x}(t, S_t)dS_t - \frac{1}{2}\frac{\partial^2 V}{\partial x^2}(t, S_t)\beta_t^2 S_t^2 dt$$
$$= \frac{1}{2}S_t^2 \frac{\partial V}{\partial x^2}(\sigma^2 - \beta_t^2)dt$$

となる. モデルに関係なく, $V(T, S_T) = \Phi(S_T)$ は時点 T での請求権に正確に一致するので,時点 T での我々の純持高(我々に対する請求権 $\Phi(S_T)$ を引き受けるとして)は

$$Z_T = \int_0^T \frac{1}{2} S_t^2 \frac{\partial^2 V}{\partial x^2}(t, S_t)(\sigma^2 - \beta_t^2) dt$$

だ．ヨーロピアン・コール・オプションとプット・オプションについて，$\frac{\partial^2 V}{\partial x^2} > 0$ （演習問題 18 参照）であるから，もしすべての $t \in [0, T]$ に対して $\sigma^2 > \beta_t^2$ ならば，我々のヘッジ戦略は利益を生むことになる．つまり，価格のダイナミックスがどんなものであれ，Black-Scholes モデルのパラメータ σ が真の拡散係数 β より大きいならば利益が生まれるのだ．これは，ヘッジが成功するための鍵である．価格過程がジャンプをもつ場合は上手く計算ができないが，十分大きな σ を選ぶことによって，Z_T の期待値が正となるようにすることができる．

　しかし σ の選択は微妙な問題だ．もし，あまりに注意深くなり過ぎるとオプションの購入者が誰もいなくなり，またあまりにも楽観的になるとボラティリティに起因する変化にともなうリスクに晒されるので，このリスクをヘッジしなければならなくなる．このようなヘッジは**ベガ・ヘッジ**として知られていて，オプションのギリシャ文字**ベガ**は σ の変化に対する Black-Scholes 価格の感度を表している．この考え方は，デルタ・ヘッジと同じだ（第 5 章の演習問題 5）．たとえば，もし我々が $\frac{\partial V}{\partial \sigma} = v$ の店頭オプションを買う場合は，同時にこれに匹敵する価格が V' の交換取引オプションを v/v' だけ売るのだ．ここに，$\frac{\partial V'}{\partial \sigma} = v'$ とする．このポートフォリオを**ベガ中立**という．

確率過程ボラティリティとインプライド・ボラティリティ

　我々にはボラティリティを直接観測することはできないので，それを確率過程としてモデル化するのは自然だ．数多くの試みが，いわゆる**確率ボラティリティ・モデル**を発展させてきた．データで観測される裾の厚い収益分布はこの枠組でモデル化することができ，資産価格の「ジャンプ」はときにはボラティリティのジャンプによって上手くモデル化することがで

きる．たとえば，ジャンプが定率のPoisson過程にしたがって起こり，時点τでのジャンプ$S_\tau/S_{\tau-}$が対数正規分布をもつならば，S_tの分布はPoisson確率変数の倍数で与えられる分散パラメータの対数正規分布となる（演習問題19）．確率ボラティリティは，インプライド・ボラティリティ曲線における「スマイル」をモデル化するのに使うこともできる．本章の最後で，確率ボラティリティ・モデルの選択とインプライド・ボラティリティ・モデルの選択の関係を明らかにしよう．再びDavis（2001）に戻ろう．典型的な確率ボラティリティ・モデルは，

$$dS_t = \mu S_t dt + \sigma_t S_t dW_t^1$$

$$d\sigma_t = a(S_t, \sigma_t)dt + b(S_t, \sigma_t)(\rho dW_t^1 + \sqrt{1-\rho^2}dW_t^2)$$

によって表される．ここに，$\{W_t^1\}$と$\{W_t^2\}$は独立な**P**-Brown運動で，ρは$(0,1)$内の定数で，係数$a(s,\sigma)$と$b(x,\sigma)$はボラティリティ・モデルを規程するものだ．

いつものようにマルチンゲール測度を求める．もし**Q**が**P**と同値とすると，**P**に関するRadon-Nikodym導関数は，ある被積分関数$\{\hat{\theta}_t\}_{t\geq 0}$と$\{\theta_t\}_{t\geq 0}$に対して

$$\left.\frac{d\mathbf{Q}}{d\mathbf{P}}\right|_{\mathcal{F}_t} = \exp\left(-\int_0^t \hat{\theta}_s dW_s^1 - \frac{1}{2}\int_0^t \hat{\theta}_s^2 ds - \int_0^t \theta_s dW_s^2 - \frac{1}{2}\int_0^t \theta_s^2 ds\right)$$

となる．割引資産価格$\{\tilde{S}\}_{t\geq 0}$が**Q**-マルチンゲールとなるためには，

$$\hat{\theta}_t = \frac{\mu - r}{\sigma_t}$$

だ．しかし，$\{\sigma_t\}_{t\geq 0}$は取引可能ではないから$\{\theta_t\}_{t\geq 0}$の選択は自由であり，それゆえ，無裁定議論をドリフトの決定に仕向けるのだ．また，**Q**のもとで

$$X_t^1 = W_t^1 + \int_0^t \hat{\theta}_s ds$$

および

$$X_t^2 = W_t^2 + \int_0^t \theta_s ds$$

は独立なBrown運動だ．よって，$\{S_t\}_{t\geq 0}$と$\{\sigma_t\}_{t\geq 0}$のダイナミックスは

$$dS_t = rS_t dt + \sigma_t S_t dX_t^1$$

および

$$d\sigma_t = \tilde{a}(S_t, \sigma_t)dt + b(S_t, \sigma_t)(\rho dX_t^1 + \sqrt{1-\rho^2}dX_t^2)$$

と表されることになる. ここに,

$$\tilde{a}(S_t, \sigma_t) = a(S_t, \sigma_t) - b(S_t, \sigma_t)(\rho \tilde{\theta}_t + \sqrt{1-\rho^2}\theta_t)$$

である. さて, 2番目の取引可能な資産を導入する. $\{S_t\}_{t \geq 0}$ に基づく時点 T での行使価値が, $\Phi(S_T)$ のオプションを所有するものとする. そして, 時点 $t<T$ におけるその価値を, 測度 $\mathbf{Q}$ のもとでの $\Phi(S_T)$ の割引価値と定義する. すなわち,

$$V(t, S_t, \sigma_t) = \mathbf{E}^{\mathbf{Q}}[e^{-r(T-t)}\Phi(S_T)|\mathcal{F}_t]$$

とするのだ. 多次元 Feynman-Kac の確率過程表現定理から, 関数 $V(t, x, \sigma)$ は偏微分方程式

$$\frac{\partial V}{\partial t}(t, x, \sigma) + rx\frac{\partial V}{\partial x}(t, x, \sigma) + \tilde{a}(t, x, \sigma)\frac{\partial V}{\partial \sigma}(t, x, \sigma)$$
$$+ \frac{1}{2}\sigma^2 x^2 \frac{\partial^2 V}{\partial x^2}(t, x, \sigma) + \frac{1}{2}b(t, x, \sigma)^2 \frac{\partial^2 V}{\partial \sigma^2}(t, x, \sigma)$$
$$+ \rho\sigma xb(t, x, \sigma)\frac{\partial^2 V}{\partial x \partial \sigma}(t, x, \sigma) - rV(t, x, \sigma) = 0$$

の解となることがわかる. $Y_t = V(t, x, \sigma)$ とおき, V と $\tilde{a}$ と b の表記法において変数 (t, x, σ) を省略し, 伊藤の公式を適用すると,

$$dY_t = \frac{\partial V}{\partial t}dt + \frac{\partial V}{\partial x}dS_t + \frac{\partial V}{\partial \sigma}d\sigma_t + \frac{1}{2}\frac{\partial^2 V}{\partial x^2}\sigma_t^2 S_t^2 dt + \frac{\partial^2 V}{\partial x \partial \sigma}\rho b\sigma_t S_t dt$$
$$+ \frac{1}{2}\frac{\partial^2 V}{\partial \sigma^2}b^2 dt$$
$$= \left(rV - rS_t\frac{\partial V}{\partial x} - \tilde{a}\frac{\partial V}{\partial \sigma} - \frac{1}{2}\sigma_t^2 S_t^2 \frac{\partial^2 V}{\partial x^2} - \frac{1}{2}b^2\frac{\partial^2 V}{\partial \sigma^2}\right.$$
$$\left. - \rho\sigma_t S_t b\frac{\partial^2 V}{\partial x \partial \sigma}\right)dt + rS_t\frac{\partial V}{\partial x}dt + \sigma_t S_t\frac{\partial V}{\partial x}dX_t^1 + \tilde{a}\frac{\partial V}{\partial \sigma}dt$$
$$+ b\rho\frac{\partial V}{\partial \sigma}dX_t^1 + b\sqrt{1-\rho^2}\frac{\partial V}{\partial \sigma}dX_t^2 + \frac{1}{2}\sigma_t^2 S_t^2\frac{\partial^2 V}{\partial x^2}dt$$
$$+ \rho d\sigma_t S_t \frac{\partial^2 V}{\partial x \partial \sigma}dt + \frac{1}{2}b^2\frac{\partial^2 V}{\partial \sigma^2}dt$$

$$= rY_t dt + \sigma_t S_t \frac{\partial V}{\partial x} dX_t^1 + b\rho \frac{\partial V}{\partial \sigma} dX_t^1 + b\sqrt{1-\rho^2} \frac{\partial V}{\partial \sigma} dX_t^2$$

を得る．もし，写像 $\sigma \mapsto y = V(t, x, \sigma)$ が逆転可能で，ある素直な関数 D によって $\sigma = D(t, x, y)$ と表されるならば，ある関数 c と d について

$$dY_t = rY_t dt + c(t, S_t, Y_t) dX_t^1 + d(t, S_t, Y_t) dX_t^2$$

となる．

 こうして我々は，$\mathbf{Q}$ が一意的なマルチンゲール測度であるような，取引可能な $\{S_t\}_{t \geq 0}$ と $\{Y_t\}_{t \geq 0}$ からなる完備な市場を構築することができた．もちろん実際には，$\{\theta_t\}_{t \geq 0}$ の選択に対応した市場を 1 つ造ったことになるのだ．$\{\theta_t\}_{t \geq 0}$ の選択によって関数 c と d が決まり，しかもこれらの関数がヘッジの方法を示してくれる．

 それでは，この確率ボラティリティ・モデルに相当するインプライド・ボラティリティ・モデルとはどんなものか？ もし方程式(7.12)のボラティリティを $\tilde{\sigma}(t)$ とするならば，インプライド・ボラティリティ $\tilde{\sigma}(t)$ とは，Y_t が (t, S_t) において評価された Black-Scholes 価格となるようなものだ．こうして $\{\theta_t\}_{t \geq 0}$ の選択に対して，同じことだが $\{Y_t\}_{t \geq 0}$ に対するそれぞれのモデルに対して，インプライド・ボラティリティ・モデルが与えられる．

 確率ボラティリティに関する文献は膨大だが，出発点としては Fouque, Papanicolau & Sircar (2000) がよいだろう．

第7章　演習問題

1　7.1節で定義した複製ポートフォリオは自己資金調達であることを確かめなさい．

2　$\{W_t^1\}_{t\geq 0}$ と $\{W_t^2\}_{t\geq 0}$ は $\mathbf{P}$ のもとで独立な Brown 運動とし，ρ は $0<\rho<1$ をみたす定数とする．

$$\tilde{W}_t^1 = a_{11} W_t^1 + a_{12} W_t^2$$

および

$$\tilde{W}_t^2 = a_{21} W_t^1 + a_{22} W_t^2$$

が $\mathbf{P}$ のもとで $\mathbf{E}[\tilde{W}_t^1 \tilde{W}_t^2] = \rho t$ をみたす 2 つの標準 Brown 運動を定義するような定数 $\{a_{ij}\}_{i,j=1,2}$ を求めなさい．その解は一意的か？

3　ヨーロピアン・コール・オプションの価格決定に適した境界値をもつ，時間的に不均質な Black-Scholes 偏微分方程式

$$\frac{\partial F}{\partial t}(t,x) + \frac{1}{2}\sigma^2(t,x)\frac{\partial^2 F}{\partial t^2}(t,x) + r(t)x\frac{\partial F}{\partial x}(t,x) - r(t)F(t,x) = 0 \tag{7.13}$$

の解を $F(t,x)$ とする．この方程式に

$$y = xe^{\alpha(t)}, \quad v = Fe^{\beta(t)}, \quad \tau = \gamma(t)$$

を代入して，得られた方程式から v と $\dfrac{\partial v}{\partial y}$ の係数を消去するように $\alpha(t)$ と $\beta(t)$ を選び，さらに

$$\frac{\partial v}{\partial \tau}(\tau,y) = \frac{1}{2}y^2\frac{\partial^2 v}{\partial y^2}(\tau,y)$$

となるように，残りの時間に依存する項を除くように $\gamma(t)$ を選択する．この方程式の係数は時間と独立であり，r と σ には関連していないことに注意すること．古典的な Black-Scholes の公式に適当な置き換えをすることによって，方程式(7.13)の解が得られることを導きなさい．

4　$\{W_t^i\}_{t\geq 0}, i=1,\cdots,n$ は独立な Brown 運動とする．

$$R_t = \sqrt{\sum_{i=1}^{n}(W_t^i)^2}$$

によって定義される $\{R_t\}_{t\geq 0}$ は，ある確率微分方程式をみたすことを示しなさい．過程 $\{R_t\}_{t\geq 0}$ は $\mathbf{R}^n$ における Brown 運動の半径部であり，**n-次元 Bessel 過程**として知られている．

5 2 次元 Brown 運動 $\{X_t\}_{t\geq 0}$ を $X_t=(W_t^1, W_t^2)$ によって定義したことを思い出そう．ここに，$\{W_t^1\}_{t\geq 0}$ と $\{W_t^2\}_{t\geq 0}$ は独立な（1 次元）標準 Brown 運動だ．$\{X_t\}_{t\geq 0}$ に対する Kolmogorov の後退方程式を求めなさい．

$\{W_t^1\}_{t\geq 0}$ と $\{W_t^2\}_{t\geq 0}$ をある $-1<\rho<1$ について，$\mathbf{E}[d\tilde{W}_t^1 d\tilde{W}_t^2]=\rho dt$ をみたす**相関**のある Brown 運動 $\{\tilde{W}_t^1\}_{t\geq 0}$ と $\{\tilde{W}_t^2\}_{t\geq 0}$ で置き換えた場合について，同じことをしなさい．

6 デルタ・ヘッジ議論を使って系 7.1 の結果を求めなさい．

7 基準資産 $\{B_t\}_{t\geq 0}$ がゼロでないボラティリティをもつ場合について，7.2 節の Black-Scholes 解析を行いなさい．そして，時点 T でペイオフが C_T のデリバティブの公正価格が適切に選ばれた **Q**（これを求めなさい）について，

$$V_t = B_t \mathbf{E}^{\mathbf{Q}}\left[\frac{C_T}{B_T}\bigg|\mathcal{F}_t\right]$$

となることを確めなさい．

8 7.2 節で述べた，同一の完備な無裁定 Black-Scholes 市場で営業している 2 人のトレーダーは，同一のオプションを販売しているが異なる基準資産を選択している．彼らのヘッジ戦略はどのように異なるのか？

9 例題 7.2 のクァント・フォワード契約を複製するポートフォリオを求めなさい．

10 例題 7.2 の BP 株式に基づいた**クァント・デジタル契約**は，ポンド建て BP 株価 S_T が K より大きいとき，時点 T において $1 支払うというも

のだ．7.2 節の Black-Scholes クァント・モデルを仮定して，このような
オプションの時点ゼロでの価格と複製ポートフォリオを求めなさい．

11　例題 7.2 の BP 株式に基づいた**クァント・コール・オプション**は，時点
T において $E(S_T-K)$ ドルの価値がある．ここに，S_T はポンド建て株価
だ．7.2 節の Black-Scholes クァント・モデルを仮定して，このオプショ
ンの時点ゼロでの価格と複製ポートフォリオを求めなさい．

12　**アジアン・オプション**：無リスク債券 $\{B_t\}_{t\geq 0}$ と 1 つのリスク資産価格
$\{S_T\}_{t\geq 0}$ がそれぞれ

$$dB_t = rB_t dt, \quad B_0 = 1$$

と

$$dS_t = \mu S_t dt + \sigma S_t dW_t$$

によって支配される市場を考える．あるオプションは，時点 T でペイオ
フ $C_T = \Phi(S_T, Z_T)$ をもつとする．ここに，ある $\mathbf{R}_+ \times \mathbf{R}$ 上の（確定的な）
実数値関数 g について，

$$Z_t = \int_0^t g(u, S_u) du$$

とおく．一般的な理論から，このようなオプションの時点 t での価値は

$$V_t = e^{-r(T-t)} \mathbf{E}^\mathbf{Q}[\Phi(S_T, Z_T)|\mathcal{F}_t]$$

をみたすことがわかっている．ここに，$\mathbf{Q}$ は $\{S_t/B_t\}_{t\geq 0}$ がマルチンゲール
となるような測度だ．このとき，$V_t = F(t, S_t, Z_t)$ は

$$\frac{\partial F}{\partial t} + rx\frac{\partial F}{\partial x} + \frac{1}{2}\sigma^2 x^2 \frac{\partial^2 F}{\partial x^2} + g\frac{\partial F}{\partial z} - rF = 0$$

$$F(T, x, z) = \Phi(x, z)$$

の解となることを示しなさい．ここに，$F(t, x, z)$ は $\mathbf{R}_+ \times \mathbf{R} \times \mathbf{R}$ 上の実
数値関数である．

　さらに請求権 C_T は，時点 t で

$$\phi_t = \frac{\partial F}{\partial t}(t, S_t, Z_t)$$

単位の株式と

$$\psi_t = e^{-rt}\Big(F(t, S_t, Z_t) - S_t \frac{\partial F}{\partial t}(t, S_t, Z_t)\Big)$$

の債券から構成される自己資金調達ポートフォリオによってヘッジされることを示しなさい．

13 　$\{N_t\}_{t \geq 0}$ は，$\mathbf{P}$ のもとで強度 $\{\lambda_t\}_{t \geq 0}$ の Poisson 過程とする．

$$M_t = N_t - \int_0^t \lambda_s ds$$

によって定義される $\{M_t\}_{t \geq 0}$ は，$\{N_t\}_{t \geq 0}$ によって生成された σ-集合体に関する $\mathbf{P}$ マルチンゲールであることを示しなさい．

14 　$\{N_t\}_{t \geq 0}$ は，$\mathbf{P}$ のもとで強度 $\{\lambda_t\}_{t \geq 0}$ の Poisson 過程とし，$\{M_t\}_{t \geq 0}$ は対応する Poisson マルチンゲールとする．$\{\mathcal{F}_t^M\}_{t \geq 0}$-可予測過程 $\{f_t\}_{t \geq 0}$ に対して，

$$\int_0^t f_s dM_s$$

は $\mathbf{P}$-マルチンゲールであることを示しなさい．

15 　7.3 節の解析方法は，ある有界性の仮定のもとで，資産価格をドライブする確率微分方程式の係数を $\{\mathcal{F}_t\}_{t \geq 0}$-適合過程としても成り立つことを示しなさい．

16 　定理 7.6 の過程 $\{L_t\}_{t \geq 0}$ は，Poisson 指数マルチンゲールと Brown 指数マルチンゲールの積であることを示しなさい．よって，この過程はマルチンゲールであることを証明しなさい．

17 　古典的 Black-Scholes モデルにおいて，ヨーロピアン・コール（またはプット）・オプションに対する**ベガ**は，厳密に正であることを示しなさい．バニラ・オプションでは，その価格から Black-Scholes モデルのボラティリティ・パラメータを推測できることを導きなさい．

18 　$V(t, x)$ を，時点 t における株価が x であるときに，時点 t でのヨーロピアン・コール（あるいはプット）・オプションの Black-Scholes 価格と

する．このとき，$\frac{\partial^2 V}{\partial x^2} \geq 0$ であることを証明しなさい．

19 資産価格 $\{S_t\}_{t \geq 0}$ は，一定強度 λ の Poisson 過程にしたがって起こるジャンプをともなう幾何 Brown 過程にしたがうとする．ジャンプが独立に起こる時点 τ において，$S_\tau/S_{\tau-}$ は対数正規分布をもつ．固定された各 t において，S_t は Poisson 確率変数の倍数で与えられる分散パラメータ σ^2 の対数正規分布をもつことを示しなさい．

記号

■ ファイナンス機器と Black-Scholes モデル

T ： 満期

C_T ： 時点 T における請求権の値

$\{S_n\}_{n\geq 0}, \{S_t\}_{t\geq 0}$ ： 原資の価値

K ： バニラ・オプションの行使価格

$\quad (S_T-K)_+ = \max\{(S_T-K), 0\}$

r ： 連続複利利子率

σ ： ボラティリティ

$\mathbf{P}$ ： 確率測度，市場測度

$\mathbf{Q}$ ： 市場測度と同値なマルチンゲール測度

$\mathbf{E}^{\mathbf{Q}}$ ： $\mathbf{Q}$ の下での期待値

$\dfrac{d\mathbf{Q}}{d\mathbf{P}}$ ： $\mathbf{Q}$ の $\mathbf{P}$ に関する Radon-Nikodym 導関数

$\{\tilde{S}_t\}_{t\geq 0}$ ： 原資の**割引価値**，一般に過程 $\{Y_t\}_{t\geq 0}$ に対して $\tilde{Y}_t=Y_t/B_t$. ただし $\{B_t\}_{t\geq 0}$ は時点 t における無リスク債券の価値

$V(t,x)$ ： 株価が $S_t=x$ のとき，時点 t におけるポートフォリオの価値

■ 確率

$(\Omega, \mathcal{F}, \mathbf{P})$ ： 確率空間

$\mathbf{P}[A|B]$ ： B の下での A の条件付き確率

Φ ： 標準正規分布関数

$p(t,x,y)$ ： Brown 運動の推移密度

$X \stackrel{D}{=} Y$ ： 確率変数 X と Y は同一分布をもつ

$Z \sim N(0,1)$ ：確率変数 Z は標準正規分布をもつ

$\mathbf{E}[X:A]$ ：定義 2.4 参照

■ マルチンゲールと確率過程

$\{M_t\}_{t \geq 0}$ ：ある確率測度のもとでのマルチンゲール

$\{[M]_t\}_{t \geq 0}$ ：$\{M_t\}_{t \geq 0}$ の 2 次変分過程

$\{\mathcal{F}_n\}_{n \geq 0}, \{\mathcal{F}_t\}_{t \geq 0}$ ：フィルター

$\{\mathcal{F}_n^X\}_{n \geq 0}$ （$\{\mathcal{F}_t^X\}_{t \geq 0}$）：過程 $\{X_n\}_{n \geq 0}$ （$\{X_t\}_{t \geq 0}$）によって生成されたフィルター

$\mathbf{E}[S|\mathcal{F}], \mathbf{E}[S_{n+1}|S_n]$ ：条件つき期待値

$\{W_t\}_{t \geq 0}$ ：特定された測度，普通はマーケット測度のもとでの Brown 運動

$X^*(t), X_*(t)$ ：$\{X_t\}_{t \geq 0}$ に対する最大過程と最小過程

■ その他

$\triangleq$ ：定義

$\delta(\pi)$ ：分割 π のメッシュ

$f|_x$ ：x で評価された f の値

θ^t ：θ の転置 （θ はベクトルまたは行列）

$x>0, x \gg 0$ ：ベクトル x に関する条件 （p. 13 参照）

参考文献

予備知識

- Geoffrey Grimmett and Dominie Welsh. *Probability, an Introduction*, Oxford University Press (1986).
- John Hull. *Options, Futures and Other Derivative Securities*, Prentice-Hall (Second edition 1993).

> Grimmett & Welsh には，本書で必要な確率論に関する概念がすべて含まれている．Hull は実務家に人気があり，モデルを調整する前段階として，市場の操作についてある程度詳しく説明している．

補足テキスト

- Tomas Björk. *Arbitrage Theorey in Continuous Time*, Oxford University Press (1998).
- Darrell Duffie. *Dynamic Asset Pricing Theory*, Princeton University Presss (1992).
- Damien Lamberton and Bernard Lapeyre. *Introduction to Stochastic Calculus Applied to Finance*, translated by Nicolas Rabeau and François Mantion, Chapman and Hall (1996).
- Paul Wilmott, Sam Howison and Jeff Dewynne. *The Mathematics of Financial Derivatives*, Cambridge University Press (1995).

> これらはすべて補足的読み物として有用だ．はじめの3冊はいろいろな技術的方法を扱っているが，Wilmott, Howison & Dewynne は偏微分方程式による方法に特化している．

ファイナンス数学のトピックス

- Martin Baxter and Andrew Rennie. *Financial Calculus : an Introduction to Derivatives Pricing*, Cambridge Univerisity Press (1996).
- Jean-Pierre Fouque, George Papanicolau and Ronnie Sircar. *Derivatives in Financial Markets with Stochastic Volatility*, Cambridge University Press (2000).
- Robert Merton. *Continuous Time Finance*, Blackwell (1990).
- Marek Musiela and Marek Rutkowski. *Martingale Methods in Financial Modelling*, Springer-Verlag (1998).

　　　　　Baxter & Rennie は，大学の授業よりはむしろ実務家をターゲットにしているが，第5章は利子率の研究へのよい出発点を与えてくれる．Fouque, Papanicolau & Sircar は，ファイナンス数学の中級コースにおける特別なトピックへのための素晴らしい基礎を与えてくれる手ごろなテキストだ．Merton は，ノーベル賞の対象となった顕著な研究をまとめた本だ．Musiela & Rutkowski は，百科事典的参照を与えてくれる．

Brown 運動, マルチンゲール, 確率解析

- Kai Lai Chung and Ruth Williams. *Introduction to Stochastic Integration*, Birkhäuser (Second edition 1990).
- Nobuyuki Ikeda and Shinzo Watanabe. *Stochastic Differential Equations and Diffusion Processes*, North-Holland (Second edition 1989).
- Ioannis Karatzas and Steven Shreve. *Brownian Motion and Stochastic Calculus*, Springer-Verlag (Second edition 1991).
- David Williams. *Probability with Martingales*, Cambridge University Press (1991).

　　　　　Williams は離散パラメータ・マルチンゲールの素晴らしい入門書で，さらに積分，条件つき期待値，測度などの入門書でもあるのだ．その他の本は，すべて連続の場合を扱っている．Chung & Williams は，簡単に通

読できるほどコンパクトだ．さらに有用な参考書として，Andrei Borodin and Paavo Saminen. *Handbook of Browinan Motion : Facts and Formulae*, Birkhäuser (1996) が挙げられる．

その他参考文献

- Luis Bachelier, La théoire de la speculation. *Ann Sce Ecole Norm Sup* **17** (1990), 21-86. English translation in *The Random Character of Stock Prices*, Paul Cootner (ed), MIT Press (1964), reprinted Risk Books (2000).
- J. Cox, S. Ross and M. Rubinstein, Option pricing a simplified approach. *J Finantial Econ* **7** (1979), 229-63.
- M. Davis, Mathematics of financial markets, in *Mathematics Unlimited—2001 and Beyond*, Bjorn Engquist and Wilfried Schmid (eds) Springer-Verlag (2001).
- D. Freedman, *Brownian Motion and Diffusion*, Holden-Day (1971).
- J. M. Harrison and D. M. Kreps, Martingales and arbitrage in multiperiod securities markets. *J Econ Theory* **20** (1979), 381-408.
- J. M. Harrison and S. R. Pliska, Martingales and stochastic integrals in the theory of continuous trading. *Stoch Proc Appl* **11** (1981), 215-60.
- F. B. Knight, *Essentials of Brownian Motion and Diffusion*, Mathematical Surveys, volume 18, American Mathematical Society (1981).
- T. J. Lyons, Uncertain volatility and the risk-free synthesis of derivatives. *Appl Math Finance* **2** (1995), 117-33.
- P. Protter, *Stochastic Integration and Differential Equations*, Springer-Verlag (1990).
- D. Revuz and M. Yor, *Continuous Martingale and Brownian Motion*, Springer-Verlag (Third edition 1998).
- P. A. Samuelson, Proof that properly anticipated prices fluctuate randomly, *Industrial Management Review* **6**, (1965), 41-50.

日本語文献

　　　　　　参考までに，日本語文献のほんの一部を挙げておく．確率論，確率過程論，確率積分，確率微分方程式などの数学的なものは前半に，ファイナンス関連のものは後半にある．

- 伊藤　清：確率論，岩波書店 (1963)．
- 遠藤　靖：確率モデルの基礎，東京電機大学出版局 (2002)．
- 飛田武幸：ブラウン運動，岩波書店 (1975)．
- 飛田武幸・櫃田倍之：ブラウン運動，岩波書店 (1975)．
- 舟木直久：確率微分方程式 岩波講座 現代数学の基礎，岩波書店 (1997)．
- 渡辺信三：確率微分方程式，産業図書 (1986)．
- 長井英生：確率微分方程式，共立出版 (1999)．
- I. カラザス，S. E. シュレーブ（渡邉寿夫訳）：ブラウン運動と確率積分，シュプリンガー・フェアラーク東京 (2001)．
- 小林道正：ブラック・ショールズと確率微分方程式，朝倉書店 (2003)．
- 津野義道：ファイナンスの確率積分—伊藤の公式，Girsanov の定理，Black-Scholes の公式，共立出版 (2001)．
- S. N. ネフツィ（投資工学研究会訳）：ファイナンスへの数学，朝倉書店（第 2 版 2002）．
- B・バクスター，A・レニー（藤田岳彦・髙岡浩一郎・塩谷匡介共訳）：デリバティブ価格理論入門，シグマベイスキャピタル (2001)．
- 藤田公彦：ファイナンスの基礎，日科技連 (1994)．
- T. ミコシュ（遠藤　靖訳）：ファイナンスのための確率微分方程式，東京電機大学出版局 (2000)．

索　引

【ア行】
アウトオブ・ザ・マネー　4
アジアン・コール　205
アット・ザ・マネー　4
アメリカン・プット　207
伊藤確率積分　116
伊藤積分　110
伊藤の公式　119
イン・ザ・マネー　4
インプライド・ボラティリティ　251
鋭利な包絡過程　61
オプショナル・ストッピング定理　56, 93
オプショナル・タイム　55
オプション　2

【カ行】
確率微分方程式　122
可予見　52
可予測　52
空売り　8
完全ヘッジ　9
完備　23
キャドラグ　93
共変分過程　131
ギリシャ文字　168
クァント・モデル　239
括り出し法則　47
原資　1

交換レート・フォワード　29
行使価格　3
行使期日　3
行使境界　208
後退帰納法　34
コール　3
コール・オン・コール　197

【サ行】
再結合　35
裁定　15
裁定価格　8
裁定機会　8
自己資金調達　52
自己資金調達戦略　157
市場の測度　48
指数マルチンゲール　92
ジャンプのある伊藤公式　244
収益　6, 142
収益率　142
周期的配当　178
条件つき期待値　44
条件つき請求権　11
状態価格ベクトル　16
ショート・ポジション　2
ストッピング・タイム　55, 84
ストラッドル　5
相互変分　131

索引

【タ行】

多因子マルチンゲール表現定理　233
対数正規分布　6
多因子 Girsanov の定理　231
多次元 Feynman-Kac 確率過程表現　235
達成可能　21
単純可予測関数　112
中心極限定理　66
超平面分離定理　17
重複選択権付きオプション　197
通貨交換比率基準　173
積み重ね法則　46
適合　43, 91
デジタル・オプション　68, 193
デリバティブ　1
同値　54
同値なマルチンゲール測度　22, 48
同値なマルチンゲール測度 Q　160

【ハ行】

パッケージ　5
パーペチュアル・アメリカン・プット　211
バリアー・オプション　199
反射原理　85
ヒッティング・タイム　84
比率デリバティブ　196
フィルター　43, 90
フィルター確率空間　43
フォワード　2
フォワード価格　8
フォワード・スタート・オプション　68, 195
複数銘柄株式モデル　227
複製ポートフォリオ　9
プット　3
部分積分　132
フューチャー　2

【マ行】

プット・コール・パリティ　28
ペイオフ　4
ベガ中立　254
ベガ・ヘッジ　254
変分　103

【マ行】

マルコフ過程　49
マルチンゲール　47, 91
満期　3
無記憶　49
無限小生成作用素　146
無リスク金利　7

【ヤ行】

優収束定理　95
優マルチンゲール　48
ヨーロピアン・コール・オプション　3

【ラ行】

離散型確率積分　53
リスク中立価格決定法　22
リスク中立確率測度　22
リスクの市場価格　185
ルックバック・コール　199
劣マルチンゲール　48
連続複利率　7
ロング・ポジション　2

【英数字】

2 項ツリー　35
2 項表現定理　62
2 次変分　107
2 乗可積分　139
Arrow-Debreu 証券　16
Black-Scholes 価格決定公式　165
Black-Scholes 通貨モデル　169

索引

Black-Scholes 方程式　　167
Brown 運動表現定理　　139
Feynman-Kac の確率的表現　　143
Girsanov の定理　　136, 248
Kolmogorov の後退方程式　　146
Kolmogorov の前進方程式　　147
Langevin 方程式　　152
Lipschitz 連続　　150

Orstein-Uhlenbeck 過程　　152
Poisson 指数マルチンゲール　　246
P-マルチンゲール　　50
Radon-Nikodym 導関数　　136
Riesz の表現定理　　17
Sharpe 率　　185
Stratonovich 積分　　110
Vasicek モデル　　154

<訳者紹介>

遠藤　靖
えんどう　やすし

学　歴　中央大学理工学部管理工学科卒業（1968年）
　　　　慶応義塾大学大学院理工学研究科博士課程修了（1973年）
　　　　工学博士（1973年）
現　在　中央大学理工学部教授

ファイナンスの数理
── デリバティブ価格の決定について ──

2005年3月20日　第1版1刷発行	著　者　アリソン・イーサリッジ
	訳　者　遠藤　靖

　　　　　　　　　　学校法人　東京電機大学
　　　　　発行所　東京電機大学出版局
　　　　　　　　　　代表者　加藤康太郎

　　　　　　　〒101-8457
　　　　　　　東京都千代田区神田錦町2-2
　　　　　　　振替口座　00160-5- 71715
　　　　　　　電話　(03)5280-3433(営業)
　　　　　　　　　　 (03)5280-3422(編集)

印刷　三美印刷㈱　　　　　© Endow Yasushi　2005
製本　渡辺製本㈱　　　　　Printed in Japan
装丁　福田和雄

　　　＊無断で転載することを禁じます。
　　　＊落丁・乱丁本はお取替えいたします。

ISBN4-501-62060-9　C3041